砂漠の師父の言葉

砂漠の師父の言葉

ミーニュ・ギリシア教父全集より

谷　隆一郎
岩倉　さやか　訳

知泉書館

目　次

目　次

目次

エジプト，シナイの歴史地図（3-5世紀）

砂漠の師父の言葉

ミーニュ・ギリシア教父全集より

至福なる師父たちの修道の書への序言

本書には、聖にして至福なる師父たちの有徳な修業と驚くべき生活の姿、そしてそれらを巡っての言葉が記されている。それは、天上的生活を送り天国への道を歩まんとした人々の、熱心さと訓育と主への模倣の姿とを明らかにするためであった。

そこで忘れてはならないのは、聖なる師父たち、つまり修道者の至福なる生活を鼓舞し、教え導く者が、一度び神的で天上的な愛に燃え立たせられるや、世の人々にあってはよきもの価値あるものをすべて、ひとえに無に等しいものと看做し、とくに何ごとをも名声のために行わぬように努めた、ということである。すなわち、彼らは世を去って隠棲し、また謙遜の極みによって己れの善行の大部分を秘密にして、そのような仕方で神の御旨に適う道を全うしたのである。

それゆえ、何人も彼らの有徳な生をわれわれのために正確に叙述することはできなかった。ただ、彼らのことを熱心に問い求めた人々は、聖なる師父たちの透徹した言葉とわざとを若干書き残したが、それはむろん自分のためにではなく、後世の人々を修道の熱意へと促すためであった。こうして、少なからぬ人々が、さまざまな機会に、単純で飾り気のない言葉によって、聖なる師父たちの言葉と正しい行いとを述べ伝えたのである。そしてそれはひとえに、多くの人々の魂の益となることを目指していたのである。

しかし、かなりの物語は多分に混乱してまとまりのないものであり、その叙述は読者をややまどわせるものであった。つまり、書き物の中に散らばって植え込まれている修道の心を、読者が十分に記憶に留めるのがむずかしいのであった。それゆえ、われわれはこれを順序づけることによって、書物から魂の益を求める人々に対して、できるだけ明快で確かに把握し得るアルファベット順の書物を提供するよう促されたのである。かくして、師父アントニオス、アルセニオス、アガトンなど、名前がAで始まる人々についての事柄はA巻にあり、次いで大バシレイオス、ビザリオン、ベンヤミンについてはB巻にあり、以下同様に、Ω巻にまで至る。

ただしかし、多くのことを語りかつ実践した人々の中で、その名が知られていない聖なる師父たちの他の言行もあるので、それらについてはアルファベット順の各々の系列を記し終わった後に、章ごとに配列することにした。また、多くの書き物を探索し吟味した結果、発見した限りのものを章の終わりに並べた。それは、われわれが、これらすべてから魂の益になるものを取り集め、蜜よりも甘美な師父たちの言葉を享受することによって、主から呼びかけられた召命に相応しい生活を送り、ひいては主の国に与る者となるためである。アーメン。

Ａ《アルファ》巻

アントニオス

一　聖なる師父アントニオスは、かつて砂漠で生活していたとき、空しい倦怠と想念の大きな闇とに捉われた。そこで、アントニオスは神に向かって言った、「主よ、わたしは救われることを望んでおりますのに、さまざまな想念がわたしを捉えて離しません。この苦しみの中で一体何を為すべきでしょうか、どうすれば救われるでしょうか。」しばらくして庵の外に出てみると、アントニオスは自分にそっくりの男を見た。その男はそこに座り、働き、そのわざをやめて立ち上がっては、祈った。そして改めて座っては縄を編み、さらにはまた、祈るために立ち上がるのであった[*1]。が、それは、アントニオスを戒め、かつ強めるために遣わされた主の使いであった。アントニオスは、その天使がこう言うのを耳にした。「このようにするがよい。そうすれば救われるであろう。」それを聞いたアントニオスは、大きな喜びと勇気とを得、同じようにそれを実行して救われたのである。

二　同じく師父アントニオスは、神の裁きの深遠さを凝視しようとして、次のように尋ねた。「主よ、どうしてある人は若くして死ぬのに、他の人は長生きするのですか。また、なぜある人は貧しく、他の人は富んでいるのですか。しかも、なぜ不正な人々が富んでいるのに、正しい人々が貧しいのですか。」すると、次のように語る声が聞こえてきた。「アントニオスよ、自分自身にこそよく注意するがよい。なぜなら、そのようなことは神の裁くところであり、それらを学び知ることは、あなたに何の益ももたらさないからである。」
三 ある人が師父アントニオスに尋ねた。「何に注意すれば、神の御心に適うことになるのですか。」長老は答えた。「わたしが命じることを守るがよい。どこに行こうとも、そなたの眼の前につねに神を思い浮かべるがよい[*2]。また何を為そうとも、聖書の証言に従え。また、どんな場所に住もうとも、たやすく居を移さぬがよい。これら三つのことを守れ、そうすれば救われるであろう。」
四 師父アントニオスは師父ポイメンに語った。「人間の偉大なわざとは、神の前で自分の過ちを凝視し、最後の息を引き取るまで試練を覚悟していることである。」
五 同じくアントニオスは語った。「試練を受けない人は誰も、天の国に入ることはできない。」実際、彼はこうも言う。「試練を取り除いてみよ。そうすれば、何人も救われることはないであろう[*3]。」
六 師父パンボは師父アントニオスに尋ねた。「わたしは何を為すべきでしょうか。」アントニオスは彼に言った。「自分の正しさを過信せず、過ぎ去ったことをいたずらに悔まず、自らの舌と腹とを制するがよい[*4]。」

七　師父アントニオスは語った。「わたしは地上に張り巡らされたあらゆる敵の罠を見て、うめきながら言った。『一体誰がこの罠から逃れられようか。』すると、次のように語る声が聞こえてきた。『謙遜こそが*5』。」
八　アントニオスはさらに語った。「ある人々は自分の体を苦行によって制御しているが、分別を欠いていたため、神から遠い者となってしまった。」
九　さらに彼は語った。「生も死も隣人から来る。というのも、われわれが兄弟を獲得するならば、神を獲得し、兄弟を躓かせるならば、キリストに対して罪を犯すことになるからである*6。」
一〇　さらに彼は語った。「魚が乾いたところに長い間いると死んでしまうように、修道者も、修屋の外をうろついたり、世の人々と無為な時を過ごしたりしていると、静寂の緊張をゆるめてしまう。だからわれわれは、魚が海に戻るように、直ちに修屋に戻らねばならない。それは、外をうろついて、内心の見張りを忘れることがないためである*7。」
一一　彼はさらに語った。「砂漠に住み、静寂を守る者は、聞くこと、喋ること、見ることという三つの闘いから解放されている。もはや彼にはただ一つのことしか残されていない。すなわち邪淫との闘いである。」

一二　ある兄弟たちが師父アントニオスのもとにやって来て、自分たちの見た幻を報告した。それは、幻が真実のものか、あるいは悪魔からのものかを学ぶためであった。彼らはろばを連れていたが、そのロバは道中で死んでしまった。兄弟たちが長老のもとに到り着いたとき、長老は、彼らが口を開く前にこう尋ねた。「なぜ子ろばは道中で死んだのか」と。彼らが「父よ、なぜそのことをご存じなのですか」と尋ねると、アントニオスは答えた。「悪霊どもがわたしにそのことを示したのだ。」彼らは長老に語った。「わたしたちは幻を見て、しばしばそれが真実なものだと思い込んでしまいます。それで、欺かれることがないようにと、あなたに尋ねるためにやってきたのです。」そこで長老は、そのろばの例によって、彼らの見た幻が悪霊からのものであることを、兄弟たちに十分に納得させたのである[*8]。
一三　砂漠で野生の動物を狩っている者がいた。その男は、師父アントニオスが兄弟たちと冗談を言い合っているのを見た。長老は、兄弟たちにとって時にはくつろぐことも必要だということを、その男に納得させようとして言った。「弓に矢をつがえて引き絞れ。」彼がそのとおりにすると、長老は言った。「さらに引き絞れ。」猟師は引き絞った。長老はさらに引き絞れと命じた。猟師は「これ以上引き絞ると、弓が壊れてしまいます」と言った。そこで長老は語った。「神に仕えるわざとて、同様である。兄弟たちをあまり張りつめさせると、すぐに駄目になってしまう。それゆえに、ときどきは兄弟たちもくつろがねばならないのだ。」猟師はアントニオスの言葉を聞いて胸を打たれ、長老に大いに益せられて、そこを立ち去った。また、兄弟たちも励みを得て、自分たちの修屋へと戻っていった。

一四　師父アントニオスは、ある若い修道者が道中で奇蹟を行った、ということを耳にした。その修道者は、徒歩で旅をして疲れてしまった長老たちを見て、ろばに命じ、アントニオスのもとまで運ぶようにさせたのである。長老たちは到着すると、師父アントニオスにこのことを話した。すると、彼はこう言った。「その修道者は財宝を一杯に積んだ船に似ているように思われる。しかし、その船が港に着くかどうかは知らない。」しばらくすると、師父アントニオスは突然泣き出し、髪を掻きむしって嘆き始めた。弟子たちが「師父よ、なぜお泣きになるのですか」と尋ねると、長老は言った。「教会の大きな柱が倒れた（これは、その若い修道者について言ったのである）。彼のところに行って、起こったことを見よ。」弟子たちが行ってみると、そこには、むしろの上に座り、自分の犯した罪に涙する修道者の姿があった。彼は長老の弟子たちを見て言った。「長老にお伝えください。あと一〇日だけわたしに与えてくださることを、神に執り成してくださるようにと。そうすればわたしは、救われることに希望が持てるでしょう。」しかし、彼は五日目に死んでしまった。
一五　ある修道者が、師父アントニオスの前で兄弟たちから称讃された。そこでアントニオスは、その修道者とたまたま出会ったとき、彼が侮辱に耐え得るかどうかを試した。彼がそれに耐えられないのを見ると、アントニオスは言った。「そなたはちょうど、正面は立派に飾り立てられていても、裏側は盗賊に荒らされている村のようだ。」
一六　兄弟が師父アントニオスに言った。「わたしのために祈ってください。」すると長老は答えて言った。「そなた自身が熱意を起こし、神に依り頼むことがないならば、わたしも、また神も、そなたを憐れまない[9]。」

一七　ある日、長老たちが師父アントニオスのもとを訪ねてきたが、師父ヨセフもまた、彼らに同行していた。アントニオスは、彼らを試そうとして、聖書からある一節を引き、若い者たちから順々に始めて、その語が何を意味するかを尋ねた。そこで、皆は各自の力に応じて、精一杯答えた。しかし長老は各々に言った。「そなたたちはまだわかっておらぬ。」最後に師父ヨセフに尋ねた。「そなたはこの言葉についてどのように言うか。」彼は答えた。「わたしは知りません。」すると、師父アントニオスは言った。「わたしは知らないと言うことによって、師父ヨセフは全き仕方で道を見出したのだ[10]。」

一八　兄弟たちが、スケーティス[11]からアントニオスのもとへと訪ねて行った。目的地に向かって舟に乗ったとき、彼らは、ある長老が同じく舟に乗ろうとするのを見た。しかし、兄弟たちは彼のことを知らなかった。彼らは船中に座し、師父の言葉や聖書からの言葉、さらには自分たちの手仕事について語り合った。しかし、長老は沈黙を守っていた。彼らが船着場に着いてみると、その長老も師父アントニオスの所に行こうとしているのが分かった。一行が到着すると、アントニオスは彼らに言った。「そなたたちは、この長老をよき道連れとして得たものだな。」そして、かの長老にも語りかけた。「師父よ、あなたもよき兄弟たちを見出された。」すると長老は答えた。「確かに良い人たちだが、その住まいには扉がない。それだから、望む者は誰でもその家畜小屋に入って、ろばを放つのだ。」彼がこのようなことを言ったのは、兄弟たちが思いにまかせて何でも口にしてしまっていたからである。

一九　兄弟たちが師父アントニオスのところに来て言った。「どうすれば救われるのか、お言葉をください。」アントニオスは彼らに言った。「聖書の言葉にしかと耳を傾けるがよい。それこそそなたたちにとってためになる。」しかし兄弟たちは「師父よ、わたしたちはあなたからお言葉をいただきたいのです」と言った。そこで長老は語った。「福音書にはこうある。『だれかがあなたの右の頬を打ったならば、他の頬をも向けよ』（マタイ五・三九）」。彼らは言った。「そんなことはできません。」長老は言った。「それができないのであれば、せめて同じ頬が打たれるのを忍べ。」彼らは「それもできません」と答えた。そして長老が「それもできないのであれば、そなたたちが受けた害の仕返しをしてはならない」と言うと、彼らはまたしても、「それもできません」と言うのだった。そこで長老は自分の弟子たちに向かって言った。「この兄弟たちに、わずかばかりの粥を作ってやるがよい。彼らは弱っているからだ。」そして、兄弟たちに告げた。「そなたたちがそれをなし得ず、また望みもしないと言うのならば、わたしに何ができようか。祈りが必要だ。」

二〇　ある兄弟が世間を捨て、財産を貧しい人々に施し、わずかのものを自分のために取っておいて、師父アントニオスのもとを訪ねてきた。このいきさつを知ったアントニオスは、彼にこう言った。「もし修道者になりたければ、村へ行って肉を買い求め、それをそなたの裸身にまとって、ここに戻って来なさい。」この兄弟が言われた通りにしてみると、犬や鳥が彼の体に喰いつき、ずたずたに引き裂いてしまった*12。彼が長老に出会うと、長老は自分の命令を果たしたかどうか尋ねた。兄弟が引き裂かれた自分の体を見せると、聖アントニオスはこう語った。「世間を捨てておきながら、財を持とうとする者は、悪霊たちに闘いを挑まれて、このように引き裂かれるのだ*13。」

二一　あるとき、師父エリトの共住修道院*14に住む兄弟が、誘惑に遭った。彼はそこから追放され、山中の師父アントニオスのもとへ身を寄せた。兄弟はしばらくそこで過ごしたが、アントニオスは、彼をもとの共住修道院に送り帰した。しかし、兄弟を見た者たちは、再び彼を追い出してしまった。師父アントニオスのもとに戻ってきた兄弟は、「父よ、彼らはわたしを受け容れようとはしませんでした」と告げた。長老は彼らに、次のように書き送った。「船が海で難破し、積荷をすっかり駄目にして、ほうほうの体で陸地に辿り着いた。それなのに、そなたたちは陸地に着いて救われた者を、再び海に投げ込もうとしているのだ。」共住修道院の者たちは、師父アントニオスがこの兄弟を送り帰したことを知り、すぐさま彼を迎え入れたのだった。
二二　師父アントニオスは語った。「思うに、体には、おのずと生じてくる自然の動きが備わっている。しかし、魂が意志しなければ、それは十全な働きをしない。こうしたものは、体のうちなる情念によらぬ動きのみを示している。他方、体を食べ物や飲みもので養い温めることによって生じる別の動きもある。それらを通して、血液の熱が体を現に働きへと促すのだ。ゆえに、使徒は言う。『放縦がそこに潜んでいるようなぶどう酒に酔ってはならない』（エフェソ五・六）。さらに、福音書の中で、主は、弟子たちにこう命じている。『飲酒に耽ることであなたたちの心が鈍らないよう心せよ』（ルカ二一・三四）。また、霊的に闘う者たちにとっては、悪霊の姦計と嫉妬から生ずる別の動きもある。それゆえ、三つの身体的な動きがあることを知らねばならない。一つは自然的なもの、他の一つは過度の食事からくるもの、三つ目は悪霊から来るものである*15。」

二三　彼はさらに語った。「神は、古人に対するようには、今の世代にあって闘いをお許しにならない。というのも、今の世代の者が弱く、闘いに耐えられぬのをご存じだからだ。」
二四　師父アントニオスは、砂漠で次のような啓示を受けた。「町に、熟達した医師で、おまえに似た者がいる。彼は自分の財産の余分なものを、それを必要とする者たちに施し、毎日天使たちとともに、『聖なるかな、聖なるかな、聖なるかな、万軍の神なる主』（イザヤ六・三）という三聖唱を歌っている*16。」
二五　師父アントニオスは語った。「人々が狂気に陥るときが来る。彼らは狂っていない人を見ると、『おまえは狂っている』と言って襲いかかる*17。それは、その人が彼らと同じではないからだ。」
二六　兄弟たちが師父アントニオスのもとを訪ねて、レビ記の一節を引用した。そこでアントニオスは砂漠に向かって立ち去ったが、彼の習慣を知っていた師父アンモナスは、ひそかについて行った。するとアントニオスは遠く離れたところで、祈りに身を委ね、大声で叫んだ。「神よ、モーセを遣わして、わたしにこの一節の意味を学ばせてください*18。」すると、アントニオスと話す声が聞こえてきた。が、師父アンモナスは、「アントニオスと話す声は聞いたのだが、その言葉の力（真の意味）は分からなかった」と言った。
二七　三人の師父たちは、毎年至福なるアントニオスのもとを訪れることを習慣としていた。そのうちの二人は想念と魂の救いとについて質問したが、残りの一人は何も質問せず、終始沈黙を保っていた。長い間経って、師父アントニオスはその者に言った。「そなたがここに来るようになって随分経つが、何もわたしに質問しないと見える。」するとその者は答えて言った。「父よ、わたしはあなたを見つめているだけで十分なのです。」

二八　ある人が語っていたところによると、長老のうちの一人が、父祖たちに会わせてくださるようにと神に願った。すると、師父アントニオスを除いて、父祖たちの姿が見えた。そこで長老は、自分にそれらの姿を示してくださった方に尋ねて言った。「師父アントニオスはどこにおられるのですか。」すると、その方はこう答えた。「神が在ますところに、アントニオスはいる*[19]。」

二九　共住修道院に住む一人の兄弟が、邪淫のそしりを受けた。そこで彼は共住修道院を去って、師父アントニオスのもとにやって来た。ところが、他の兄弟たちも、その兄弟を癒して連れ戻そうと、修道院からやって来て、兄弟の為したことを問いただし始めた。しかしその修道者は、そのようなことは何もしていない、と抗弁した。たまたまそこには修道院長パフヌティオスがおり、次のようなたとえ話を語った。「わたしは、川岸で膝まで泥につかっている者を見た。すると、数人がやって来て彼に手をかけ、首まで沈めてしまった*[20]。」これを聞いた師父アントニオスは、師父パフヌティオスを評して、弟子たちに言った。「見よ、これこそ真実の人、諸々の魂を癒し救うことのできる人である。」そこで、兄弟たちは二人の長老の言葉に深く胸打たれ、かの兄弟に心から痛悔の念を表した。そして、師父たちに励まされて、その兄弟を修道院へと迎え入れたのだった。

三〇　ある人が師父アントニオスについて語っていたところによると、彼は聖霊を担う者となったが、世の人々に語るようには何も語ろうとしなかった。彼は確かに、世で起こっていたこと、そして将来起こるべきことを身をもって示していたのだ。
三一　あるとき、師父アントニオスは皇帝コンスタンティヌス*21から、「コンスタンティノポリスに来るように」との手紙を受け取った。アントニオスはどうしようかと思い巡らし、弟子の師父パウロに尋ねてみた。「わたしは、あえて行くべきだろうか。」するとパウロは次のように答えた。「あなたが行けば、人はあなたを〔単に〕アントニオスと呼び、行かなければ師父アントニオスと呼ぶでしょう。」
三二　師父アントニオスは語った。「わたしはもはや神を恐れず、むしろ神を愛する。というのも、『愛はいたずらな恐れを締め出す』（一ヨハネ四・一八）からだ。」
三三　彼は語った。「つねに目の前に神への畏れを持て。『死を与え、生命を与えるお方を思い起こせ』（サムエル上二・六）。世と、そこにあるすべてのものを憎め。すべての肉体的な安楽を厭え。神に依り頼んで生きるために、この生から遠ざかれ。神に何を約束したのかを思い起こせ。神は審きの日に、それをあなたがたに問い尋ねるだろう。飢え、渇け。何も身に纏うな。眠るな。悲しめ。泣け。そなたたちの心において呻け。自分たちが神に相応しいものであるかを吟味せよ。己れの魂を救うために、肉体を軽んじよ。」

三四　あるとき、師父アントニオスは、師父アムーンをニトリア*[22]の山地に訪ねた。祈りをともにした後、師父アムーンは語った。「あなたの祈りのお蔭で、兄弟たちが増えています。そこで、何人かの人々が、静寂を保つために、離れた場所に修屋を建てようとしているのです。あなたは、ここからどのくらいの距離に修屋を建てることをお命じになりますか。」師父アントニオスは言った。「わたしたちはこれから第九時*[23]の食事を摂った後、修屋を出て砂漠の中を歩き、その場所を探してみよう。」日没まで砂漠を歩いた後、師父アントニオスは言った。「祈りを捧げて、ここに十字架を立てよう。望む者がここに修屋を建てられるように。また、余所の者がここにいる者たちを訪れるときには、第九時課に軽い食事をした後で彼らを訪れ、またここにいる者が余所を訪れるときも同様にする。そうすれば、互いに訪れ合う中で、気を散らすことなく過ごすことができよう。」ところで、その距離とは一二セーメイア（一八キロメートル）であった。
三五　師父アントニオスは語った。「鉄の塊を打つ者は、まず鎌、短剣、斧など、自分がこれから何を作るのかをまず思案する。それと同じように、われわれも無駄な骨折りをしないよう、自分がいかなる徳を伸展させるのかについて思いを巡らせねばならない。」
三六　彼はさらに語った。「自制を伴った聴従は、猛獣をも従わせる*[24]。」
三七　彼はさらに語った。「多くの労苦を経験した後に己れのわざを過信したために、心の秩序を失ってしまった修道者たちを、わたしは知っている。彼らは、『あなたの父に尋ねよ。そうすれば、父はあなたにそれを教えてくださる』(申命三二・七)と語ったお方の命令を誤解したのである。」
三八 さらに彼は語った。「修道者は、できれば、自分の進んだ段階や修屋で飲むひと滴の水についてすらも、自分がもしや躓いているのではないかと、進んで長老に告白せねばならない[*25]。」

アルセニオス

一 師父アルセニオスはかつて、宮廷にいた頃[*26]、神に祈って言った。「主よ、どうすれば救われるのか、わたしをお導きください。」すると、彼に次のように語る声が聞こえてきた。「アルセニオスよ、世の人々を避けよ。そうすれば救われよう。」
二 世を退き、隠修士の生活に入ったアルセニオスは、同じ言葉を口にして、さらに祈った。すると、彼に語る声を聞いた。「アルセニオスよ、人を避けよ、沈黙せよ、静寂を守れ。これらこそが罪を犯さぬ元なのだ。」
三 あるとき修屋で、アルセニオスを攻撃する悪霊たちが、彼に取り付いた。彼の奉仕者たちがそこに来て、修屋の外に立っていると、アルセニオスが神に向かって叫び、次のように語るのを聞いた。「神よ、わたしを見捨てないでください。わたしはあなたの面前で何一つよいことをしてきませんでしたが、あなたの恵みに従って、新たな歩みを始めさせてください。」

四　人々がアルセニオスのことを語って言うには、かつて宮廷の誰一人として、彼よりも良い服を身につけてはいなかったが、同じように、いま教会にあっては、彼ほど粗末な恰好をしている者はいなかった。
五　ある人が至福なるアルセニオスに言った。「われわれはこれほど多くの教養と知恵とを身に付けていながら、何の徳も持っていない。しかし、農夫やエジプト人はこれほど多くの徳を得ている。これはどういうことでしょうか。」アルセニオスはその人に語った。「われわれは世の学からは何も得られない。しかし、農夫やエジプト人たちは、自らの労苦によって、諸々の徳を己がものとしているのだ*27。」
六　あるとき、師父アルセニオスが、エジプトの老人に自分の想念について尋ねていたので、他の人が言った。「師父アルセニオスよ、あなたはそれほどローマとギリシアの教養を身に付けていながら、なぜこんな農夫にご自分の想念について尋ねたりなどなさるのですか。」すると、アルセニオスはその人に語った。「確かにわたしは、ローマとギリシアの教養を身に付けてはいるが、この農夫のアルファベットすら未だ学んではいないのだ。」
七　あるとき至福なる大主教テオフィロスが、長官とともに師父アルセニオスのもとを訪ねてきて、長老から言葉を聞かせてもらいたいと頼んだ。しばし沈黙した後、アルセニオスは言った。「わたしがあなたがたに何か言えば、それを守りますか。」彼らは守ることに同意した。すると長老は言った。

「アルセニオスがいると聞いた場所には、どこであれ近付かぬように。」
八　別のときに、大主教は彼を訪ねたいと思って、長老が戸を開けてくれるかどうか、まず人を送って伺いを立てた。すると、アルセニオスは彼に次のように知らせた。「おいでになるならば、戸を開けもしよう。だが、もしあなたに戸を開くならば、すべての人に戸を開くことになる。もはやそのときには、わたしはここに留まるまい。」これを聞いた大主教は言った。「もしわたしが訪ねていって、その結果彼を追い出すことになるのならば、もはやわたしは彼のところに行くまい。」
九　兄弟が、師父アルセニオスに、お言葉をいただきたいと頼んだ。長老は彼に言った。「あなたの内面の働きが神の御旨にかなうものであるよう、力の限り格闘せよ。そうすれば、外面の情念にも打ち勝つだろう。」
一〇　彼はさらに語った。「もしわれわれが神を探し求めるならば、神はわれわれに姿を現す。また、もし神を十分に心に留めるならば、彼はわれわれのもとに留まってくださる*28。」
一一　ある人が師父アルセニオスに言った。「わたしの想念が、このように言ってわたしを圧迫するのです。『おまえは断食することも働くこともできない。しかし病人を見舞うことはできる。そしてそれこそが、まさに愛なのだ』と。」しかし長老は、悪霊たちの姦計を知って、彼に言った。「行け。そして食べよ、飲め、眠れ、働くな。ただ、修屋から離れてはならない。」彼は、修屋に留まることこそが、修道者を自らの内的な秩序へともたらすことを知っていたのである。
一二　師父アルセニオスが語って言うには、「異郷をさすらう者たる修道者は、何ごとにもかかずらわってはならない[*29]。そうすれば安らぎを得る。」
一三　師父マルコスは師父アルセニオスに、「なぜわたしたちを避けるのですか」と尋ねた。長老は答えた。「神は、わたしがそなたたちを愛していることを知っておられる。だが、わたしは、同時に人と神との両方とともにあることはできない。天上の数千、数万の者たちは、一つの意志を持っているが、人間たちには多くの意志がある[*30]。とはいえ、わたしは神を捨てて人間とともに行くことはできないのだ。」
一四　師父ダニエルが師父アルセニオスについて語っていたところによると、彼は一晩中眠らずに過ごし、明け方に自然に眠気がさしてくると、眠気に対して「さあ、来い、悪い召使いよ」と言った。そして、座ったまま、わずかの間眠り、すぐに起き上がるのだった。
一五　師父アルセニオスは、修道者が闘士であるのなら、一時間眠るだけで十分だ、と語っていた。
一六　長老たちの話によると、あるときスケーティスで、わずかな乾し無花果が配られた。が、それはつまらないものだったので、失礼にならぬようにと、師父アルセニオスには持っていかなかった。

長老はこれを聞いて、集会に行かず、次のように言った。「神が兄弟たちに送ってくださった祝福を、あなたがたはわたしに与えず、わたしを拒んだ。まさにこの祝福がわたしには相応しくなかったのだ。」皆はこれを知って、長老の謙虚さに心打たれた。そこで、司祭が彼に乾し無花果を持ってゆき、喜びのうちに彼を集会に連れてきたのであった。

一七　師父ダニエルは語った。「師父アルセニオスがわたしたちのもとに留まっておられる間中、わたしたちは一年に一籠の穀物のみを渡していた。そして、わたしたちが彼のもとを訪れるときには、わたしたちがそれを食べるのだった。」

一八　彼が師父アルセニオスについてさらに語っていたところによると、師父はしゅろの水を一年に一度しか変えず、水を加えるだけであった。というのも、彼は第六時課*31まで縄を編み、編物をしていたからである。そこで師父たちは彼に請い願った。「なぜしゅろの水を換えないのですか。匂っています」するとアルセニオスは語った。「わたしは、かつて世間でわたしが享受していた香や香料の代わりに、この悪臭を受け入れねばならないのだ。」

一九　彼はさらに語った。師父アルセニオスはすべての種類の果物が熟したと聞くと、自分から「それをわたしのところに持って来なさい」と言った。そして、神に感謝しつつ、そのうちのわずかなものを、一度だけ味わうのだった。

二〇　師父アルセニオスは、あるときスケーティスで病気になったが、一枚の布さえ事欠くありさまであった。布を買う場所がなかったので、彼はある者から施しを受け、言った。「主よ、感謝します。あなたの御名において、わたしを施しを受けるにふさわしい者としてくださったことを。」
二一　人々が彼について語っていたところによると、彼の修屋は三二ミリア（約四八キロメートル）離れたところにあり、彼はおいそれとそこを離れようとはしなかった。実際、他の人が彼に奉仕していたのである。だがスケーティスが蛮族に荒らされたとき、アルセニオスは泣きながらそこを立ち去り、こう言った。「世界はローマを失い、修道者たちはスケーティスを失ってしまった*32。」
二二　師父マルコスは師父アルセニオスに尋ねた。「修屋の中に何の慰めをも持たないのは正しいことでしょうか。というのも、わたしはある兄弟がわずかな野菜を持っていながら、それを引き抜いてしまうのを見たからです。」そこでアルセニオスは答えた。「それは確かによいことではある。しかし、それは人間の生き方に応じてのことだ。もし彼がそんなことをする力がほんとうにはないのなら、彼は再び別なものを植えるであろう。」
二三　師父アルセニオスの弟子である師父ダニエルは、こう語った。「あるときわたしは師父アレクサンドロスの近くに住んでいたが、彼は労苦に襲われ、苦しみのために天を見上げるようにして気を失ってしまった。そこに、たまたま至福なるアルセニオスが、アレクサンドロスと話をするためにやって来て、彼が倒れているのを見た。やがて彼が語り始めたとき、師父アルセニオスは言った。「わたしがここで見た世俗の人は誰だったのか。」アレクサンドロスは彼に尋ねた。「どこでその者をご覧になったのですか。」そこで師父アルセニオスは言った。「山から下るとき、ここの洞窟に近付くと、仰向いて気を失っている人を見たのだ。」それを聞いて、アレクサンドロスは彼に頭を垂れて言った。「お赦しください。わたしだったのです。苦しみがわたしを捉えたものですから。」すると長老は言った。「ではそなただったのか。よろしい、わたしは世俗の者だと思ったので、そう尋ねたのだ。」

二四　別のときに、師父アルセニオスは、師父アレクサンドロスに言った。「そなたのしゅろの枝を刈ってしまったら、わたしとともに食事をするために来なさい。だがもし客人があれば、彼らとともに食事をしなさい。」そこで師父アレクサンドロスは、静かに辛抱強く仕事をした。さて、約束の時間になったが、枝はまだ残っていた。彼は長老の言葉を守ろうとして、枝をすっかり刈り終えるまで、そこに留まった。それゆえ、師父アルセニオスは彼が遅くなったのを見て、恐らく客があったのだろうと思い、一人で食事を摂った。ところで師父アレクサンドロスは、夕方になって仕事を終え、その場を立ち去った。アルセニオスが彼に「客人があったのか」と尋ねると、アレクサンドロスは「いいえ」と答えた。そこでアルセニオスは「なぜ来なかったのか」と尋ねた。アレクサンドロスはこう答えた。「あなたは、枝を刈り取ってしまってから来るように、とお命じになりました。それで、あなたのお言葉を守ろうと、刈り終えてしまうまで来なかったのです。」それを聞いたアルセニオスは、彼の律儀さに驚いて言った。「聖務時祷をするために、早く断食を終え、自分の水を飲みなさい。さもないと、そなたの体はすぐに弱ってしまう。」

二五　あるとき、師父アルセニオスがとある所に行くと、そこには葦が生えており、風にそよいでいた。長老は兄弟たちに尋ねた。「あの揺れているものは何か。」彼らは「葦です」と答えた。そこで、長老は彼らに言った。「実際、もし人が静寂のうちに座しているとしても、小鳥の鳴き声を聞くと、心はその静寂さを保てない。まして、この葦のそよぎを聞くそなたたちは、なおさらのことである。」
二六　師父ダニエルが語ったところによると、ある兄弟たちが亜麻布のためにテーベに行くとき、「折がよいから、ついでに師父アルセニオスに会ってゆこう」と話し合った。そこで、師父アレクサンドロスは師父アルセニオスの住まいに入って、こう告げた。「ある兄弟たちがアレクサンドロスからやってきて、あなたに会いたがっています。」長老は、「何のために来たのか、問いただしてみよ」と言い、亜麻布のためにテーベに行くのだと知ると、次のように語った。「彼らは確かにアルセニオスの顔を見ることはない。わたしに会いに来たのではなく、彼らの用事のためにやって来たのだから。彼らを休ませ、『長老はお会いになることはできない』と言って、平和のうちに送り帰しなさい。」
二七　ある兄弟がスケーティスに師父アルセニオスの修屋を訪ねてきた。そして、戸口から注意してのぞいてみると、長老が全身火のようになっているのを認めた*[33]。その兄弟は、まさにそれを見るのにふさわしい人物だったのだ。さて、兄弟が戸を叩くと、長老が出てきて、驚きに打たれている兄弟を見て尋ねた。「長い間戸を叩いていたのか。その間ここで何か見なかったか。」兄弟が「いいえ」と答えると、彼は打ちとけて話し、兄弟を送り帰したのだった。

二八　師父アルセニオスがカノポスに住んでいたとき、元老院議員の家柄の乙女がやってきた。彼女は非常に裕福で、しかも神を恐れる人であり、ローマから彼に会うためにやってきたのであった。大主教テオフィロスは彼女を迎えた。彼女はテオフィロスに、長老が自分を受け入れてくれるよう、説得してほしいと願った。大主教はアルセニオスのもとを訪ね、「ある高貴な家柄の乙女がローマからやって来て、あなたに会うことを望んでいます」と告げた。しかしアルセニオスは、彼女と会うことを承知しなかった。そこで、大主教がそれを彼女に告げると、彼女はろばに鞍を置くように命じて言った。「わたしは彼に会えると、神に信頼しています。なぜなら、わたしはただの人間に会いに来たのではないからです。人間なら、わたしたちの町に大勢います。しかし、わたしは預言者に会いに来たのです。」
彼女が彼に会いに来たとき、神の摂理により、彼は修屋の外でくつろいでいた。彼女は彼を見て、足元に身を投げ出した。しかし、アルセニオスは怒って彼女を引き起こし、彼女をじっと見つめて言った。「わたしの顔が見たければ見るがよい。」しかし、乙女は恥じらいから、彼の顔をまともに見ることができなかった。そこで長老は彼女に言った。「そなたはわたしのわざのことを聞かなかったのか。それらを考えてみる必要がある。そなたはなぜ、あえてこのような航海をしたのか。そなたは自分が女であり、どこへもよその地には出かけてはならないのを知らぬのか。それとも、ローマに帰り、わたしはアルセニオスを見た、と他の女に言いふらそうとでもいうのか。そんなことになれば、女たちがわたしのところにやってこようとして、海を自分たちの道にしてしまうだろう。」彼女は言った。「主の御旨ならば、わたしは誰もここには来させません。けれども、わたしのために祈り、絶えずわたしのことを心に留めていてください。」しかしアルセニオスはこう答えた。「わたしは、そなたの思い出をわたしの心から拭い去ってくれるよう、神に祈ろう。」彼女はこれを聞いて、心をかき乱されて立ち去った。

町に戻ると、彼女は悲しみの余りに高熱を出し、至福なる大主教テオフィロスに、自分が病気であることを告げさせた。大主教が彼女のもとにやってきて、何があったのかと尋ねると、彼女は言った。「わたしはここに来ないほうがよかったのです。なぜなら、長老にわたしのことを思い出してくださいと申し上げたのに、あの方は『そなたの思い出を拭い去ってくれるよう、神に祈る』と仰ったのですから。そのために、わたしは悲しみのあまり死んでゆくのです。」そこで大主教は彼女に言った。「そなたは自分が女であり、かの敵が女性を通して聖人に闘いを挑むことを知らないのか。そのために、長老はあのように言われたのだ。事実、彼はそなたの魂のために絶えず祈っておられる[*34]。」こうして、彼女の思いは癒され、喜びをもって自分の国に帰っていった。

二九　師父ダニエルが師父アルセニオスについて語っていたところによると、あるとき執政官が、師父アルセニオスに莫大な遺産を遺した親族の元老院議員の遺言状を携えてやってきた。アルセニオスがこれを取り上げて破ろうとすると、執政官は彼の足元に身を投げ出して言った。「お願いですから破らないでください。わたしの首が飛びますから。」そこで師父アルセニオスは彼に言った。「わたしはとうの昔に死んでいる[*35]。しかし、彼はいま死んだばかりだ。」そうして、何も受けとらずに、遺言状を返したのであった。

三〇　人々がさらに彼について話していたところによると、土曜日の晩から主の日の夜明けまで、太陽に背を向け、祈りつつ両手を天に差し伸べた。それは再び太陽が彼の顔を照らすまで続いた。そうして、彼は座るのであった。
三一　人々が師父アルセニオスとフェルメの師父テオドロスについて話していたところによると、彼らはあらゆることにもまして、人間的な名声を憎んでいた。それゆえ、師父アルセニオスは容易に人に会わず、師父テオドロスは、会いはするものの、その姿は剣のようであった。
三二　師父アルセニオスが〔ナイル河の〕下流地方に住んでいたとき、そこの群集に悩まされたために、自分の修屋を離れる方がよいと思った。彼は何も持たず、ファラン人で弟子のアレクサンドロスとゾイロスのもとへ行った。そこで、彼はアレクサンドロスに、「舟で川を遡れ」と言った。アレクサンドロスはその通りにした。ついでアルセニオスはゾイロスに、「わたしとともに川まで来い。そしてわたしのためにアレクサンドリア*36に下る舟を探せ。そして、そなたも兄弟を追って、川を遡るがよい」と言った。しかしゾイロスはその言葉に驚いて、黙っていた。こうして彼らは別れた。長老はアレクサンドリアに下ったが、重い病気にかかってしまった。一方、この奉仕者たちは、互いに話し合った。「われわれのどちらかが長老を苦しめたので、そのために長老はわれわれのもとを離れてしまわれたのか。」しかし、彼らは自分たちの中に何の原因も見出せず、またかつて彼に逆らったこともなかった。
さて、健康になった長老は言った。「わたしの師父たちのところに行こう。」そして、川を上り、師父たちのいるペトラに着いた。彼が川のほとりにいると、エチオピア人の下女がやって来て、彼の肌に触れた。長老が彼女を叱ると、下女は言った。「あなたが修道者ならば、山へお行きなさい。」長老はその言葉に胸を打たれ、自らに言った。「アルセニオスよ、おまえが修道者ならば、山へ行け。」その後、アレクサンドロスとゾイロスは、彼に出会った。そのとき、彼らは彼の足元に身を投げ出し、長老も自らひれ伏して、一同はともに泣いた。さて、長老は彼らに尋ねた。「そなたたちは、わたしが病気になったと聞かなかったのか。」弟子たちは、「はい、聞きました」と答えた。長老が「では、なぜ会いに来なかったのか」と尋ねると、師父アレクサンドロスは答えた。「あなたがわたしたちのもとを離れた理由が、納得できなかったからです。多くの人が納得せずに、『彼らが長老に逆らうことがなければ、長老は彼らから引き離されることもなかっただろうに』と言っています。」長老は言った。「では、人々はまた、こう言うようになるだろう。『鳩は足をとめて休息する場を見出せなかったので、ノアのいる箱舟に戻ってきた』（創世記八章）と。」こうして彼らは心が癒され、アルセニオスは死に至るまで彼らのもとに留まったのであった。

三三　師父ダニエルが語ったところによると、師父アルセニオスは誰か他の人のことであるかのように、こう語った（それは恐らくは自分についての話であった）。ある長老が修屋に座っていると、声が彼のもとに下り、こう言った。「来い。そなたに人間たちのわざを見せよう。」そこで彼は立ち上がり、修屋を出た。声は長老をとある場所へと導き、そこで一人のエチオピア人が木を切り、大きな束を拵えているのを示した。そのエチオピア人は、束を持ち上げようとしたが、できなかった。そして、その束に枝をさらに加え、こうしてそれを何度もくり返していた。さらに少し進むと、次に声は、湖のほとりに佇んでいる人を示したが、彼はその湖から水を汲み、それを穴の開いた容器に移し替えていた。その水は器から湖に流れ出るのだった。さて、声はさらに長老に語った。「来い。他のものを見せよう。」そこで彼は、馬に乗った二人の男を見た。男たちは丸太を横抱きにして、並んで立っていた。彼らは門から中に入ろうとしたが、できなかった。丸太が横になっていたからである。そして、一方が後ろに付いて、丸太を真っ直ぐに持とうとしなかったため、彼らは門の外に留まっていた。

さて、声は言った。「傲慢とともに正義のくびきを運び、謙って自らを正そうとせず、キリストの謙遜の道に歩もうとしない者は、神の国の外にいる*37。他方、木を切っている人間は、多くの罪の中にいる。彼は悔い改める代わりに、自分の罪の上に他の不法を加えているのだ。また、水を汲んでいる人間は、確かによいわざをなしてはいるのだが、己れのよいわざに悪しきことを混ぜ、自分のよきわざすら滅ぼしてしまった。それゆえ、すべての人間は、空しい労苦を為すことがないように、自分のわざに対して目を覚ましていなければならないのだ。」

三四　同じく師父ダニエルが語っていたところによると、あるとき、アレクサンドリアから幾人かの師父たちが、師父アルセニオスに会いにやって来た。そのうちの一人は、アレクサンドリアの高齢の大主教ティモテオスの叔父であり、彼は「貧者」と呼ばれていた。その者は、甥の一人を連れてきていた。そのときアルセニオスは病気であったので、他の人がやって来て自分をわずらわせることがないようにと思い、彼らに会うことを望まなかった。当時アルセニオスは、トロエのペトラにいた。彼らは悲しんで帰っていった。
しかし、折しも蛮族が侵入してきたので、彼は下流地方に住もうと考えた。先の師父たちはそのことを聞き、改めて彼に会いにやってきた。アルセニオスは喜びをもって彼らを迎えた。そこで、彼らと一緒にいたある兄弟が言った。「師父よ、あなたはご存じないのですか。わたしたちがあなたに会いにトロエに行ったとき、あなたがわたしたちを迎えてくださらなかったことを。」すると、長老は答えた。「そなたたちはパンを食べ、水を飲んだであろう。我が子よ、実はわたしは、そなたたちが自分たちの住みかに辿り着いたと思われるときまで、自分自身を罰して、パンも水も口にせず、座りもしなかった。わたしのために、そなたたちは疲労困憊してしまったからである。兄弟たちよ、わたしを赦して欲しい。」そうして、彼らは慰めを与えられ、立ち去って行ったのである。

三五　同じく師父ダニエルは語った。「ある日、師父アルセニオスは、わたしを呼んでこう仰った。『そなたの父親が主のもとに去ったとき、彼がそなたのために執り成し、そなたにとってよいことが起こるように、今、父親にとって安らぎとなるがよい。』」

三六　人々が師父アルセニオスについて語ったところによると、あるとき彼はスケーティスで病気になった。司祭は彼のもとへ行き、彼を教会へ連れて行った。そして布団に寝かせて、頭に小さな枕をあてがったのである。すると、そこへ長老の一人がアルセニオスを訪ねてやってきた。彼は、アルセニオスが布団の上に寝、枕をあてているのを見て躓き、こう言った。「これが師父アルセニオスですか。布団の上なぞに横になるのですか。」そこで、司祭はその人を自分のところに招き寄せて、言った。「そなたは、自分の村でどんな仕事をしていたのか。」彼は、「羊飼いでした」と答えた。司祭が、「それでは、そなたはどのように暮らしていたか」と尋ねると、彼は答えた。「大変苦労して生活していました。」司祭が、「それでは、いまの修屋での生活はどうか」と尋ねると、「大変くつろいでいます」と答えた。

そこで、司祭は彼に語った。「あなたは、このアルセニオスのことが分かっているのか。彼は世間で、皇帝たちの父としてあり、絹づくめの服に金の帯と首飾りと腕輪とを身につけた数千の従者が控えており、足元には高価な敷物が敷かれていた。さて、羊飼いであったあなたは、世間でいまのような安らいだ生活をしてはいなかった。彼は世間でしていたような贅沢な生活を、ここではしていない。見よ、それであなたはいま休息し、彼は苦しんでいるのだ。」これを聞いた長老は、悔恨の情に打たれ、ひざまずいて言った。「父よ、お赦しください。わたしは罪を犯しました。まさにこれこそは真実の道です。というのも、この方は謙虚さに、わたしは安楽に辿り着いたからです。」そうして、彼は益を受けて、帰っていった。
三七　師父の一人が、師父アルセニオスのところへやって来た。彼が戸を叩くと、アルセニオスはいつもの自分の奉仕者であろうと思って、戸を開けた。しかし、そこに他の者がいるのを見るや、彼は突っ伏してしまった。その師父はアルセニオスに、「父よ、どうぞお立ちください。わたしが挨拶を申し上げるために」と言ったが、長老は、「そなたが立ち去らねば、わたしは起き上がらない」と言った。そうして、何度か懇願されたにもかかわらず、アルセニオスはその人が立ち去るまでは起き上がらなかった。
三八　スケーティスの師父アルセニオスに会いに来たある兄弟について、人々が語っていたところによると、彼は教会に行き、師父アルセニオスに会わせてもらえるよう、執事たちに願った。彼らは、

「少し休みなさい、兄弟よ、それから彼に会うとよい」と言った。しかし、彼は「長老にお会いしないうちは、何も食べません」と言った。そこで、彼らはその兄弟を案内するため、一人の兄弟を遣わした。アルセニオスの修屋は大変遠いところにあったからである。

さて、彼らは戸を叩き、中に入って長老に挨拶し、黙って座った。そこで、教会から遣わされた兄弟は言った。「わたしは帰ります。わたしのために祈ってくださいますように。」しかし、よそから来た兄弟は、長老を前に、親しげに話す勇気もなかったので、その兄弟に、「わたしもあなたとともに帰ります」と言った。そうして二人はすぐに立ち去った。よそから来た兄弟は、案内役の兄弟に、「かつて盗賊であった師父モーセのところへ連れていってください」と頼んだ。そこで彼らがモーセのところへ行くと、長老は喜んで彼らを迎え、心を込めてもてなした上で、送り帰した。案内役の兄弟がよその兄弟に尋ねた。「わたしはあなたを、外国人アルセニオスとエジプト人モーセのところに案内しましたが、どちらがあなたの気に入りましたか。」彼は、「もちろんエジプト人です」と答えた。師父の一人が、この話を聞いて神に祈った。「主よ、このことの意味をわたしにお示しください。一方はあなたの御名のゆえに人を避け、また一方はあなたの御名のゆえに両手を広げて人を迎えるのです[*38]。」このとき、川に二艘の大きな船が現れた。そして、一方には師父アルセニオスと神の霊が静寂さのうちに進んでおり、また他方には、師父モーセが師の天使たちとともに川を進み、そこでは、天使たちが蜂蜜で彼を養っていたのだった。
三九　師父ダニエルは語っていた。「師父アルセニオスが死に臨んだとき、彼はわれわれに次のように告げた。『わたしのために愛餐をしようと思うな。というのも、もしわたしが自分のために愛餐をしたならば、それをまさに天上で見出すであろうから。』」
四〇　師父アルセニオスが死に臨んだとき、弟子たちは動揺した。すると、アルセニオスは彼らに言った。「まだその時は来ていない*39。時至れば、わたしがそなたたちに告げる。もしそなたたちが、わたしの遺体を誰かに渡すなら、わたしはそなたたちとともに恐るべき法廷で裁かれる。」そこで彼らは尋ねた。「わたしたちは埋葬の仕方を知りませんが、どうすればよいのでしょうか。」長老は彼らに言った。「わたしの足に綱をかけ、山に引いてゆくこともできないのか。」ところで、長老の言葉は、いつも次のようなものであった。「アルセニオスよ、おまえはなぜ世を捨てたのか。話したことについては幾度も後悔したが、沈黙したことについては、いまだかつて後悔したことはない。」死が迫ったとき、兄弟たちは、彼が泣くのを見た。そこで彼らは言った。「父よ、本当にあなたほどの人でも死を恐れるのですか。」するとアルセニオスは答えた。「いかにも、今このときにわたしが抱いている恐れは、修道者になったときからずっとわたしとともにある。」そうして、彼は死の眠りに就いた。
四一　人々が語っていたところによると、師父アルセニオスは生涯にわたってのことであるが、手仕事のために座っているとき、目から流れる涙のために、懐に布切れを持っていたという。その後、師父ポイメンは彼が永眠したことを聞いて、涙ながらにこう語った。「この世で己れに涙したあなたは幸いだ*40、師父アルセニオスよ。というのも、この世で泣かぬ者は、かの世で永遠に泣くからである。」事実、ある者はこの世では自ら泣き、またある者は、あの世で苦しみのために泣かずにはいられないのだ。

四二　師父ダニエルは、彼について次のように語った。「彼は、語ろうと思えば語ることができたにもかかわらず、聖書の疑問について、かつて一度もあえて口に出そうとはしたことはなく、手紙も容易には書かなかった。彼は時折教会にやって来たが、自分の顔を誰にも見られぬように、また自分も他人を見ることがないように、柱の陰に座っていた。彼の容貌は、ヤコブのような天使的な姿であり、髪はことごとく白く、体つきは均整が取れていた。やせていて、長い髭を腰まで伸ばしており、まつげは涙のために垂れていた。長身であったが、老齢のために背が曲がっていた。彼は九五歳まで生きた。彼は王子アルカディオスとホノリオスとの師父となり、誉れあるテオドシオス大帝[*41]の宮廷で、四〇年を過ごした。その後、四〇年をスケーティスで過ごし、一〇年をバビロン上流のメンフィスに面したトロエで、三年をアレクサンドリアのカノポスで過ごし、他の二年は再びトロエに戻り、そこで平安と神への畏れとのうちに、生涯を終えて永眠した。彼は『聖霊と信仰に満ちた、善き人であった』（使徒言行録一一・二四）。彼はわたしに、皮の上衣と白い毛の下衣としゅろの葉で編んだサンダルを残してくれた。わたしはそれを受けるに値しない者ではあるが、神に嘉されるように、それらを身に付けている。」

四三　師父ダニエルは、師父アルセニオスについて、さらに次のように語った。「あるとき彼は、わたしの霊的父である師父アレクサンドロスと師父ゾイロスとを呼び、自ら謙ってこう言った。『悪霊たちが戦いをしかけてくるのだが、眠っている間、彼らがわたしの心を乱すかどうか分からない。そこで、今夜わたしとともに徹夜して、その間にわたしが眠るかどうか見張っていてほしい。』そこで、夜になってから、一人はアルセニオスの右に、もう一人は左に、黙ったまま座った。それから、わたしの師父たちは語りあった。『われわれは一度眠って、目覚めた。これでは、彼が眠ったかどうか分からない。』朝になって、（われわれに眠ったと思わせるために故意にそうしたのか、それとも本当に眠ってしまったのかは、神がご存じであるが、）彼は三度ため息をついて、すぐに起き上がって尋ねた。『わたしは眠っただろうか。』そこで彼らは、『分かりません』と答えた。」
四四 あるとき、数人の長老が師父アルセニオスのところにやってきて、ともに話をしてくださるようにと、幾度も願った。そこで、アルセニオスは、彼らのために戸を開けた。長老たちは、静寂を守って誰とも会わぬ人々について、話をしていただけるように願った。そこで長老は次のように語った。「乙女が父の家にいる間は、多くの者が彼女と結婚したいと望む。しかし、夫を持った後は、彼女は何人にとっても、気にいらない存在となる。ある者たちは彼女を軽蔑し、他の者は賞賛する。そして、彼女が隠修の生活に入ると、以前のように人から誉れを受けることはない。魂に関するさまざまなことがらも、これと同様である。それが世俗にまみれてしまうと、誰をも満たすことはできない。」

アガトン

一 師父ロトの弟子である師父ペトロは、次のように語った。「わたしが師父アガトンの修屋に座っていると、一人の兄弟が来て、尋ねた。『わたしは兄弟たちと生活しようと思います。彼らとどのように暮らすべきか、お教えください。』長老は言った。『そなたが彼らのところにやって来た最初の日のように、生涯にわたり、異国の人のような状態を保つがよい。彼らとあまりに親密にならぬように。』

そこで、師父マカリオスは尋ねた。『では、親密さとはどのようなことを引き起こすのですか。』師父アガトンは答えた。『親密さとは、燃えさかる大火のようである。一旦それが起こるや、その前にあるすべてを眼前から払いのけて焼き尽くし、木の実をだめにしてしまう。』さらに師父マカリオスが尋ねた。『親密さとはそんなに危険なものなのですか。』それに答え、アガトンは語った。『親密さほどゆゆしい情念はない。それは、他のあらゆる情念を生み出すもとなのだ。それゆえ、わざを為す者にとっては、たとえ修屋に一人でいたとしても、あまりに親密さに囚われぬようにするのが望ましい[*42]。実際、わたしは、小さな寝台を持ち、修屋に長い間暮らしていた兄弟が、こう言ったのを知っている。『他の人がわたしに言ってくれなければ、この小さな寝台にも気づかずに、修屋を離れてしまうところでした。』このような人こそ、真の働き手であり、闘士である。』」
二　師父アガトンは語った。「修道者は、いかなる事態にあっても、良心が自分を咎めるままにしておいてはならない。」
三　師父アガトンはまた、次のように語った。「諸々の神的な掟を守ることなしには、人間はただ一つの徳においてさえ進歩することはない。」
四　彼はさらに語った。「わたしは、未だかつて、誰かに対して反発を抱いたままで床に就いたことはない。またできる限り、人がわたしに対して反感を抱いたままで、床に就くことがないようにした。」

五　人々がアガトンについて話していたところによると、ある人々が、彼が優れた分別を持っていることを聞き、会いにやってきた。彼らは、アガトンが怒るかどうか試そうとして、次のように尋ねた。「あなたがアガトンですか。わたしたちは、あなたが邪念を持ち、傲慢な者だと聞きました。」彼は、「さよう、その通り」と答えた。ついで、彼らが「アガトンはおしゃべりで中傷好きですか」と聞くと、「さよう」と答えた。さらに彼らが、「アガトンは異端者ですか」と尋ねると、「わたしは異端者ではない」と答えた*43。そこで、彼らはアガトンに問い尋ねた。「あなたは、わたしたちの言ったことはすべて認めたのに、なぜこの言葉には耐えられなかったのですか。」そこで、彼は言った。「はじめの種々の言葉は、わたし自身が認めるところで、わたしの魂にとって益となるものである。しかし異端者とは、神から離反した者であって、わたしは神から引き離されることを望まないのだ。」これを聞いた者たちは、彼の分別に驚嘆し、教化されて立ち去ったのだった。
六　人々が師父アガトンについて話していたところによると、彼は、弟子たちとともに、十分な時間をかけて修屋を作った。そして、それが完成すると、そこに入った。しかし、移ってきた最初の週に、彼は何か自分の益にならぬものを見て、弟子たちに言った。「立て。ここから離れよう。」すると、弟子たちは動揺して言った。「一体、移ろうとお考えだったならば、なぜ修屋を建てるのにこれほどの苦労をあえてなさったのですか。それに、人々が、『見ろ、移転をするぞ、宿なしめが』と言って、わたしたちのことで躓くでしょう。」アガトンは、彼らが小心翼翼としているのを見て言った。「躓く者もいれば、教えられて、『神のために移転し、すべてを軽視するものは幸いである』と言う者もいるだろう。とにかく、来たい者は来るがよい。わたしは行く。」そこで、弟子たちはアガトンに対して、ともに行くことを許されるまで、地にひれ伏して願った。
七　さらに、人々が彼について語っていたところによると、彼はしばしば、袋の中に自分の小刀だけを入れて移転した。
八　師父アガトンは尋ねられた。「身体的な苦行と内面の見張りとは、どちらがより優れているでしょうか。」そこで、長老は次のように語った。「人間とは樹木のようなもので、身体的な苦行は葉であり、内面の見張りは実りである。聖書に示されているところによれば、『良い実を結ばぬ木は、みな切り倒されて、火に投げ入れられる』（マタイ三・一〇）。それゆえ、明らかにすべての熱心さは実りのために、つまり心の見張りのためにある。しかし他方、葉による保護と飾りも必要であり、それがすなわち身体的な苦行のことなのだ*44。」
九　兄弟たちは、さらに次のように尋ねた。「父よ、修道の道にあって、より大きな努力を要する徳は何でしょうか。」彼は語った。「赦してほしい。実は、神に祈るよりも労苦を要するものはないと思う。事実、人が祈ろうと思うとき、つねに敵どもはその者を傷つけようとする。神への祈りから遠ざけること以外に、歩みを妨げる方法はないと知っているからだ。また人間は、もし求めるならば、他のすべての修行を忍耐によって獲得し、安息する。しかし闘う者には、最後の息を引き取るまで、祈りが必要である*45。」

一〇　師父アガトンは、思いにあっては知恵があり、身体的なことにあっては疲れを知らず、手仕事や衣食のことなどは、すべて自ら果たしていた。
一一　アガトンは、弟子たちと歩いていた。その中の一人が、熟していない小さな豆を道で見つけ、長老に言った。「父よ、これを拾いましょうか。」すると、長老は驚いて彼をじっと見つめ、言った。「それをそこに置いたのは、そなたなのか。」兄弟が、「いいえ」と答えると、長老は言った。「そなたが置かなかったものを、なぜ拾おうとするのか[*46]。」
一二　ある兄弟が、師父アガトンに言った。「あなたとともに生活させてください。」ところで、彼は来る途中、少しの硝石を見つけ、持ってきていた。長老が、「その硝石をどこで見つけたのか」と尋ねると、兄弟は、「歩いていて、道で見つけたので拾いました」と言った。そこで、長老は言った。「わたしと生活をしに来たのならば、なぜ自分が置いたのではないものを拾おうとするのか。」そして、硝石を拾った場所に、それを持っていかせた。
一三　ある兄弟が長老に尋ねた。「ある掟がわたしのところに下りました。掟のある場所で、霊的な闘いもあるのです。わたしはその掟に従って出発したいのですが、闘いが恐ろしいのです。」長老が言った。「アガトンならば、掟を実行し、闘いに勝つであろうに[*47]。」
一四　ある事件のためにスケーティスで集会が持たれ、解決策が取られた。そこへ、アガトンが遅れてやってきて、「あなたがたは事柄をよく解決していない」と言った。そこで彼らが、「そんなことを言うとは、一体あなたは何者ですか」と問うと、彼は言った。「人の子である。なぜなら、聖書には、『人の子よ、あなたがまことに正義を語るならば、正しく裁くだろう』（詩編五八・二）とあるからだ。」
一五　人々がアガトンについて話していたところによると、彼は沈黙のわざを真に学ぶまでに、口に石を含んで三年間を過ごした。
一六　人々が師父アガトンと師父アムーンについて話していたところによると、彼らは何かものを売るとき、一度だけ値を言い、心を騒がせないで、自分に与えられたものを黙って受け取った。さらに、何か買おうとするときには、言われた値を黙って払い、一言も話さずに品物を受け取るのだった。
一七　師父アガトンは次のように語った。「わたしは未だかつて愛餐を与えたことはない。しかし、わたしにとって、何かを与えたり受け取ったりすることは、実はすべて愛餐であった*48。というのも、兄弟の益になることは、実を結ぶわざだと思うからである。」
一八　アガトンは何かを見て、それを裁こうとする想念が生じたとき、自らに言った。「アガトンよ、おまえはそうしてはならない。」すると、彼の想念は鎮まるのだった。
一九　また、アガトンは語った。「怒る者は、たとい死人を甦らせたとしても、神には受け入れられない。」
二〇　かつて師父アガトンには二人の弟子がいた。ある日、アガトンは一方の弟子に尋ねた。「そなたは、修屋でどのように過ごしているか。」弟子は、「晩まで断食をして、それから固い乾パンを二つ食べます」と言った。アガトンは言った。「それはよい生き方だ。だが、あまり苦しくはない。」次に、もう一人の弟子に尋ねた。「そなたはどうだ。」すると弟子が答えた。「わたしは二日間断食して、それから固い乾パンを食べます。」そこで、アガトンは言った。「そなたは大変苦労して、二つの闘いを担っている。なぜならば、もしある者が、毎日食べるが、十分に食べないのであれば、苦しむ。またある者は、二日間断食するが、満足することを望む。しかし、そなたは、二日間断食して、しかも満足に食べないからだ。」
二一　兄弟が、邪淫について師父アガトンに尋ねた。すると、彼は答えた。「行って、神の前に己れの無力さを投げ出せ。そうすれば平安を得るだろう。」
二二　あるとき、師父アガトンともう一人の長老が病気になった。彼らが修屋で横になっていると、一人の兄弟が創世記を朗唱していた。やがてそれは、ヤコブが次のように語るくだりにさしかかった。「ヨセフはいなくなり、シメオンもいなくなった。そして、そなたたちは、ベンヤミンをも奪い取り、年老いたわたしに黄泉における悲しみを味わわせようとしているのだ」（創世記四二・三六―三八）。長老はそれに答えていった。「太祖ヤコブよ、あなたは他の一〇人では満足できないのですか。」すると、師父アガトンは言った。「やめなさい、長老よ、もし神こそが正しい裁き手ならば、誰が人を罪することができようか*49（ローマ八・三三）。」
二三　師父アガトンは語った。「もし誰かがわたしを過度に愛してくれたとしても、その者がわたしを過ちに導くと知ったならば、わたしはその者を遠ざける。」
二四　さらに彼は語った。「人間はいついかなる時でも、神の裁きに注意を向けねばならない。」
二五　兄弟たちが愛について話し合っていたとき、師父ヨセフは言った。「われわれは、愛とは何であるかを知っているだろうか。」そして、師父アガトンについて語ったところによると、彼は小刀を持っていたが、一人の兄弟が彼のところにやってきて、その小刀をほめると、彼はその小刀を兄弟が受け取るまで、帰そうとしなかったという。
二六　師父アガトンは次のように語った。「もし、らい病を患っている者を見つけて、わたしの体を与え、彼の体を受け取ることができるならば、わたしは喜んでそうする。なぜなら、それこそ完全な愛だからだ*50。」
二七　人々がさらに彼について話していたところによると、あるとき、彼は物を売るために町へやって来て、ある異邦人が、世話する者もなく、弱って道に横たわっているのを見つけた。そこで長老は、彼のもとに留まって小屋を借りた。そして、その借り賃を自分の手仕事の収益で払い、残りの金を病人に必要なものを買うのに使った上で、病人が治るまで、四か月間そこに留まった。そして、平安のうちに、自分の修屋へと戻っていったのだった。
二八　師父ダニエルは次のように語っていた。「わたしの師父たちのところへ師父アルセニオスが来る前、彼らは師父アガトンとともに住んでいた。ところで、師父アガトンは、師父アレクサンドロスを愛していた。彼が修行者で、注意深かったからである。ある日、彼の弟子たちが全員で、川でいぐさを洗っていたが、師父アレクサンドロスは、それを丁寧に洗っていた。そこで、残りの兄弟たちは、長老に『兄弟アレクサンドロスは、何もしていません』と言った。長老は、彼らを正そうとして言った。『兄弟アレクサンドロスよ、よく洗え。それは亜麻布なのだから。』アレクサンドロスは、それを聞いて心を痛めた。そこで長老は、その後につづけてこう言った。『兄弟よ、そなたがよく働いていることを、わたしが知らないことがあろうか。わたしが皆の前であんなことを言ったのは、そなたの従順さを見て、彼らの悪しき思いが癒されるようにしたのだ。』」
二九　人々が師父アガトンについて話していたところによると、彼は熱心に、すべての掟を果たそうとしていた。小舟で川を渡るときは、彼は真っ先に櫂を握るのだった。また兄弟たちが彼のもとを訪ねるときには、祈りの心をもって、手ずから夕食の席を調えた。それというのも、彼は神の愛に満たされていたからである。そして死に臨んだときには、彼は三日間、目を開いたまま動かずにいた。兄弟たちは彼を揺り動かし、言った。「師父アガトンよ、どうなさったのですか。」アガトンは彼らに言った。「わたしは、神の法廷の前に立っている。」兄弟たちが、「父よ、あなたでも恐れるのですか」と尋ねると、彼は答えた。「確かに、わたしは神の命令を守るために、できる限りのことをした。だが、わたしは人間だ。わたしのわざが神の御旨に適っていたかどうか、どうして分かろうか。」兄弟たちは言った。「あなたは、ご自分のわざが神に従ったものだと確信が持てないのですか。」アガトンは答えて言った。「わたしは、神にまみえなければ、確信が持てない。神の判断と人間のそれとは別だからだ。」兄弟たちが他のことを尋ねようとすると、彼は言った。「後生だから、これ以上わたしに話しかけないでほしい。わたしにはもはや暇がない。」そして、彼は喜びのうちに死に赴いた。彼らは、彼が友人たちや愛する者たちに別れを告げて、天に昇りゆくのを見た。彼はすべてにおいて非常に注意深く、こう言っていた。「大いに用心しなければ、人間はただ一つの徳においてすら、進歩することはない。」

三〇　あるとき、師父アガトンは、少しの品物を売りに町へ向かっていて、道で体に障害ある者を見つけた。その者はアガトンに、「どこへ行くのか」と尋ねた。師父アガトンは、「町へ、品物を売りに」と答えた。すると、障害者は言った。「お願いだから、わたしをそこへ連れていってくれ。」アガトンは障害者を背負い、町まで連れていった。障害者は言った。「あなたが品物を売るところに、わたしを下ろしてくれ。」アガトンはその通りにした。師父が品物を売ると、障害者は「いくらで売ったのか」と尋ねた。アガトンが「これこれの値段で」と答えると、「それでわたしに小さな菓子を買ってくれ」と言った。アガトンは菓子を買った。彼がさらに他の品物を売ると、障害者は尋ねた。「あれはいくらで売ったのか。」アガトンが「これこれで」と答えると、障害者は、「しかじかの品を買ってこい」と言った。アガトンは、言われたものを買った。アガトンが、すべての品を売り終わって立ち去ろうとすると、障害者は「帰るのか」と尋ねた。アガトンがはい、と答えると、「もう一度、お願いだから、わたしを見つけた場所まで連れていってくれ」と言った。アガトンは、障害者を、その場所まで連れていった。そこで、障害者は言った。「アガトンよ、天地の主によって祝せられよ。」彼は目を上げたが、誰も見えなかった。彼は、アガトンを試みるためにやって来た主の使いだったのである。

アンモナス

一　一人の兄弟が、師父アンモナスに「お言葉をください」と頼んだ。そこで長老は、こう語った。「行って、そなたの思いを、牢獄にいる罪人たちの思いのようにせよ。彼らは、どこに刑の執行人がいるのか、いつ来るのかを絶えず人々に尋ね、彼を待って泣いているからだ*51。それと同様に、修道者は絶えず己れを注視しなければならず、自らの魂を究明して、このように言うべきだ。『我に災いあれ。わたしはいかにキリストの法廷に立ち得ようか。いかにしてキリストに弁明し得ようか。』もし、絶えずこのように思いを潜めるならば、救いを得るだろう。」
二　人々が師父アンモナスについて話していたところによると、彼は大蛇でさえ殺したことがある。それというのも、彼は水溜まりの水を汲むために砂漠へ行き、そこで一匹の大蛇を見たのだった。そこで彼は地にひれ伏して言った。「主よ、わたしか蛇か、どちらかが死ぬことになるのでしょう。」すると、たちまちキリストの力によって、大蛇は息絶えた[*52]。

三　師父アンモナスは語った。「わたしは、怒りに打ち勝つことができるように、日夜神に懇願しながら、スケーティスで一四年間を過ごした。」

四　ある師父が語っていたところによると、ケリアに髪を編んで垂らしている、労苦を厭わぬ長老がいた。彼は師父アンモナスに会いに行ったが、アンモナスは彼が髪を編んでいるのを見て、言った。「それはそなたにとって、何の益にもならない。」そこで、その長老はこう尋ねた。「三つの想念がわたしを動揺させるのです。それは、砂漠をさまようか、誰もわたしを知らないような外国に行くか、修屋に閉じこもって、三日に一度だけ食事をして誰にも会わない、という考えです。」師父アンモナスは言った。「三つのうちのいずれも、そなたにとって役に立たない。それよりも、修屋に座って、毎日わずかなものを食べ、絶えずかの取税人の言葉（ルカ一八・一三）を心に留めよ[*53]。そうすれば救われよう。」

五　ある兄弟たちが、自分たちの住んでいる場所で困難に出合った。そこで、その場を離れようと思い、師父アンモナスのところに行った。見よ、長老は小舟に乗っていたが、彼らが川岸を行くのを見て、水夫たちに、「陸に下ろしてくれ」と言った。そして、兄弟たちを呼んで言った。「わたしが、あなたがたが会おうとしてやって来たアンモナスです。」そうして彼らの心を慰め、彼らがもといた場所に帰した。というのも、兄弟たちが遭遇した出来事とは、魂を害することではなく、人間的な困難に関わることだったからである。
六　ある日、師父アンモナスは川を渡りに行き、準備のできた渡し舟を見つけて、そこに座った。すると、別の小舟がやってきて、そこにいた人々を乗せた。人々は長老に、「師父よ、こちらへ来て、わたしたちとともに渡りましょう」と言ったが、彼は、「わたしは公の舟でなければ乗らない」と言った。彼はしゅろの葉を持ってきており、紐を編んだり解いたりしながら、渡し舟が準備できるまで座っていた。こうして、時は過ぎた。それゆえ、兄弟たちは彼に悔悟の念を表して言った。「なぜこのようになさったのですか。」すると、長老は言った。「いかなるときも、想念が忙しく動き回らないためだ。」これこそは、われわれが神の道を確固として歩むための範となるものである。
七　ある日、師父アンモナスは、師父アントニオスのもとに出かけていったが、道に迷ってしまった。そこで、彼は座って少しの間眠り、眠りから覚めると、神に祈った。「わたしの神なる主よ、あなたに懇願します。あなたの被造物を滅ぼしてしまうことのないように。」すると、主が空中にかかった人間の手の姿で現れ、アンモナスが師父アントニオスの洞窟の前にやって来るまで、道を示したのだった。
八　師父アントニオスは、この師父アンモナスに、「そなたは、神への畏れのうちに進歩するだろう」と預言した。そしてアントニオスはアンモナスを修屋の外に連れ出し、一つの石を示して言った。「この石を侮辱して叩け。」彼がそのとおりにすると、アントニオスは尋ねた。「石が何か言わなかったか。」アンモナスが「いいえ」と答えると、師父アントニオスは言った。「そなたもいまにこの域に達するであろう。」そして、実際にそのことが成就した。それというのも、師父アンモナスは、大きな善性の満ち溢れによって、もはや悪を知らぬまでに進歩したからである。ところで、司教が居合わせたとき、人々が彼のもとに、妊娠した娘を連れてきて言った。「ある男がこんなことをしたのです。彼ら二人に相応しい報いをお与えください。」しかし、彼は娘の腹に十字の印をし、六枚の上質の布を彼女に与えるよう命じた。「出産のとき、彼女か赤ん坊が死に、埋葬のときに要るものが見付からないと困るだろうから。」アンモナスに会いに来た人々は、彼に、「なぜこんなことをなさるのですか。彼らにふさわしい報いをお与えください」と言った。すると、アンモナスは答えて言った。「兄弟たちよ、死が近くに迫っているのを見るがよい。わたしに何ができようか。」そして、彼女を送り帰した。長老はあえて何人をも断罪しなかったのである*54。

九　人々が彼について話していたところによると、ある人々が、彼に裁いてもらおうとしてやって来た。しかし、長老は馬鹿のように振舞っていた。すると、彼の近くにいた女が、「この長老は愚か者です」と言った。長老はそれを聞いて、女を呼んでこう言った。「この愚かさを得るために、わたしはどれだけ砂漠で苦労したことだろう。そして、今日そなたのために、わたしはそれを失ってしまった。」

一〇　かつて師父アンモナスは、ある所に食事をしに来たが、そこには悪い噂のある兄弟がいた。そしてたまたま、女がやって来て、その悪い噂のある兄弟の修屋に入っていった。それを知った住人たちは動揺し、彼を修屋から追い出そうとして集まった。彼らはそこに司教アンモナスがいることを知り、彼らと同行してくれるよう頼みに来た。かの兄弟はそれを知って、女を抱きかかえ、大きな樽の中に隠した。そこへ群集がやってきた。師父アンモナスは兄弟のしたことを見たが、神のために事実を隠し、中に入って樽の上に座り、彼らに修屋を探すよう命じた。そこで人々は探したが、女を見つけることはなかった。師父アンモナスは言った。「これはどうしたことだ。神がそなたたちをお赦しくださるように。」そうして彼は祈り、すべての人をその場から立ち去らせた。それからかの兄弟の手を握って、言った。「兄弟よ、自分自身に注意せよ。」そして、彼は立ち去った。

一一　師父アンモナスは、「狭くて細い道（マタイ七・一四）とは何ですか」と尋ねられた。彼は答えた。「狭くて細い道とは、自分の想念を抑え、神ゆえに自らのさまざまな意志を打つことである。そしてそれは、『見よ、わたしはすべてを捨てて、あなたに従いました』（マタイ一九・二七）ということでもある。」

アキラス

一　ある日、三人の長老が師父アキラスのもとを訪ねてきたが、そのうちの一人は、悪い噂のある者だった。長老の一人が、「師父よ、わたしに引き網を編んでください」と言うと、アキラスは「わたしは編まない」と答えた。そこで、他の者が言った。「わたしたちが修屋であなたを思い出すことができるように、どうかお願いします。」しかし、アキラスは言った。「わたしには暇がない。」悪い噂のある他の者が言った。「師父よ、わたしが手仕事から実りを得られるように、わたしに網を編んでください。」すると、彼はただちに、「そなたのために編もう」と言った。そこで、他の二人の長老はアキラスにこっそりと尋ねた。「なぜ、わたしたちが頼んだときにはわたしたちのために編もうとはせず、彼が言ったときには『そなたのために編もう』と仰ったのですか。」アキラスは答えた。「わたしがそなたたちに『暇がないので編まない』と言ったとき、そなたたちは悲しまなかった。しかし、もし彼にわたしが編まなければ、彼は、『わたしの罪を聞き及んで、長老は編もうとなさらないのだ』と言うだろう。そうすれば、われわれはただちに絆を断ち切ることになる。それゆえ、彼が悲しみにうちひしがれることのないように、彼の魂を目覚めさせたのだ。」
二　師父ベティメスは語った。「あるとき、わたしがスケーティスに赴くと、ある者が長老たちに施すようにと、少しの果物をわたしに託した。そこで、わたしはそれを渡そうとし、師父アキラスの修屋の戸を叩いた。すると、彼は言った。『実に兄弟よ、たといそれが天からの糧、マナ*55であったとしても、わたしはそなたが今後わたしの修屋の戸を叩くことを望まない。また、他の修屋に行ってもならない。』そこで、わたしは自分の修屋に戻り。その果物を教会に持っていったのだった。」
三　ある日、師父アキラスは、スケーティスの師父イザヤのところへ来て、彼が食事をしているのを見た。その長老は皿の中に塩と水とを入れていた。アキラスは、彼が葦すだれの後ろに皿を隠したのを見て言った。「何を食べていたのか。わたしに言ってみよ。」イザヤは答えた。「師父よ、お赦しください。わたしはしゅろを切り、暑いさ中を登ってきました。パンに塩をつけて口に入れたのですが、暑さのために喉がかわいて、パンが喉を通りませんでした。そのため、食べることができるようにと、やむなく塩の中に水を少し入れたのです。お赦しください。」そこでアキラスは言った。「さあ、イザヤがスケーティスで汁を飲むのを見るがよい。もし汁が飲みたいのであれば、エジプトへ行け。」
四　長老のうちのある者が、師父アキラスのもとを訪ねた。彼はアキラスが口から血を吐いているのを見た。そこでアキラスに「父よ、一体それは何ですか」と尋ねた。すると長老は答えた。「これは、わたしを悲しませている兄弟の言葉なのだ。わたしは彼に告げないようにこれと闘い、それがわたしから取り去られるように神に願った。すると、その言葉はわたしの口の中で血となった*56。わたしはそれを吐き出し、安らかになり、悲しみを忘れたのである。」
五　師父アンモエスは語っていた。「わたしと師父ベティメスが、師父アキラスのもとを訪ねたとき、われわれは彼が次のような言葉を、思いを潜めて語っているのを聞いた。『ヤコブよ、エジプトに下るのを恐れるな』（創世記四六・五）と。彼はその言葉を何度も何度も繰り返した。われわれが戸を叩くと、彼は戸を開けて尋ねた。『どこから来たのか。』われわれは『ケリアからです』と答えるのを恐れ、『ニトリアの山地からです』と答えた*57。すると、彼は『そなたたちは遠くから来たのに、わたしに何ができるだろう』と言い、われわれを中に入れてくれた。そして、われわれは夜の間中、彼がたくさんの縄をなうのを見た。そこで、彼にお言葉をいただけるように頼むと、彼は言った。『わたしは昨夜からいままでずっと、二〇オルグイア*58を編んだが、実はその必要はなかった。しかし、神が怒って、おまえは働けたのになぜ働かなかったのか、とわたしを責めないように、労苦して力の限り働くのだ。』われわれは大いに益を受けて戻ってきた。」

六　またあるとき、偉大な長老が師父アキラスを訪ねてテーべからやって来た。その長老はアキラスに、「師父よ、わたしはあなたに反感を抱いています」と言った。そこでアキラスは言った。「言ってください。師父よ、あなたはほんとうに、わたしに反感を抱いているのですか。」しかし、長老は謙虚さゆえに、「はい、師父よ」と答えた。ところで、戸のそばに、盲目で足萎えの長老が座っていた。そこで、かの偉大な長老はアキラスに言った。「わたしは数日間滞在しようと思っていたのですが、この長老がいるために、滞在できなくなりました。」その言葉を聞いたアキラスは、かの長老の謙虚さに驚嘆して言った。「それはあなたの邪まな思いではなく、悪霊たちの妬みなのです。」

アンモエス

一　人々が師父アンモエスについて話していたところによると、彼は教会に行くとき、弟子がそばを歩くのを許さず、遠ざけた。そして、弟子が想念について質問し始めようものなら、その答えのみを言い、すぐに追い返してしまうのだった。彼が言うにはこうだった。「これは、益となることについて話しているときに、要らぬ会話が入り込まないためである。このため、わたしは自分のそばにそなたが来るのを許さないのだ。」
二　師父アンモエスが師父イザヤに、まずこう尋ねた。「今わたしはどのように見えるか。」イザヤは答えた。「天使のようです、父よ。」後に、アンモエスは再び尋ねた。「今わたしはどのように見えるか。」イザヤは答えた。「悪魔（サタン）のようです。あなたがわたしによいことをお話しになっても、それを剣として受け取ります。」
三　人々がアンモエスについて話していたところによると、彼は病気で長年床に就いていたが、修屋の中で何が起こっているかを知りたいなどと、思いを乱すことは決してなかった。実際、人々は、彼が病気だというので多くのものを運んできたのである。また、彼の弟子ヨハネが出入りするときにも、アンモエスは弟子が何をしているのかを見ないように、眼を閉じていた。というのも、その弟子が信仰厚い修道者であることを知っていたからである。
四　師父ポイメンが語ったところによると、あるとき、一人の兄弟が師父アンモエスのもとを訪ねてきて、言葉を乞うた。そして、アンモエスのもとに七日間留まった。だが、長老は何も答えることなく、兄弟を送り出して言った。「去るがよい、自分自身に注意せよ。わたしに関して言うならば、諸々の罪がわたしと神との間の暗闇となっている*[59]（イザヤ五九・二）。」
五　人々が師父アンモエスについて話していたところによると、彼は必要なときのために、五〇アルタベ*[60]の小麦を作り、それを日にさらしていた。しかし、それが乾いてしまう前に、その場所で自分の魂の益にならぬものがあるのを見て、弟子の若者たちに「ここを立ち去ろう」と言った。彼らは非常に悲しんだが、アンモエスはその悲しんでいるさまを見て言った。「パンのためにそなたたちは悲しんでいるのか。まさにわたしは、ある人が漆喰で白く塗った戸を開け放し、羊皮紙の書を持って逃げるのを見た。彼は戸を閉めずに、開け放したまま去ったのだ。」

ニトリアのアンモス

一　ニトリアの師父アンモスは、師父アントニオスのもとを訪ねて言った。「わたしはあなたよりも多くの苦労をしているのに、なぜあなたの名のほうが、わたしよりも人々の間で偉大なものとされるのでしょうか。」アントニオスは彼に言った。「それは、そなたが神を愛する以上に、わたしが神を愛しているからだ。」

二　人々が師父アンモスについて話していたところによると、彼はごく少量の大麦で二か月も過ごした。ある日アンモスは、師父ポイメンのもとを訪ねて、こう言った。「もしわたしが隣人の修屋に行ったり、また何かの必要のために人がわたしのもとを訪ねてきたりすれば、わたしは話の中に異質な会話が混じらないよう用心します。」ポイメンは答えて言った。「それはよい。というのも、若者には見張りが必要だからだ。」アンモスは尋ねた。「それでは、長老たちはどうなさるのですか。」そこで長老は答えた。「長老たちは霊において高みにあるので、彼らには何一つ余計なものはなく、話すときにも口には異質なものなどない。」アンモスはさらに尋ねた。「では、人と話す必要が生じたなら、聖書や長老たちの言葉についてお話しになろうとしますか。」長老は答えた。「そなたが沈黙を保ち得ないなら、聖書よりもむしろ長老たちの言葉について語るのがよい。というのも、その方がむしろ危険が少ないからだ*61。」

三　ある兄弟が、スケーティスから師父アンモスのもとを訪ねて来て言った。「わたしの師父が、わたしを仕え人として遣わすのですが、わたしは邪淫を恐れています。」長老は言った。「誘惑がそなたのもとへやって来たときには、こう言うがよい。『全能なる神よ、わたしの父の祈りでもって、わたしを救い出してください』[*62]と。」さてある日、その兄弟の面前で、一人の娘が戸を閉めた。そこで、彼は大声で叫んだ。「わたしの父なる神よ、わたしを救い出してください。」すると、彼がはっと気付いたときにはもう、彼はスケーティスへの道にいたのだった。

アヌーブ

一　師父ヨハネが語っていたところによると、師父アヌーブと師父ポイメン、そして一つ腹から生まれた彼らの兄弟たちは、スケーティスで修道者となった。マジク族が侵入して、手始めにスケーティスを荒らしたとき、彼らはそこを立ち去り、定住すべき場所を探して、テレヌティスと呼ばれるところにやって来た。彼らは数日、古い神殿に留まった。さて、師父アヌーブは師父ポイメンに言った。「頼みがある。そなたとそなたの兄弟は、各々静寂のうちに住まい、一週間は互いに会わぬことにしよう。」ポイメンは言った。「お望みのようにしましょう。」そして、彼らはその通りにした。
ところで、神殿には一つの石像があったが、長老である師父アヌーブは、朝早く像の顔に石を投げつけ、夕方には「お赦しください」と像に向かって言った。そして、彼は一週間ずっと、そのようにし続けた。さて、土曜日に彼らは互いに会ったが、ポイメンはアヌーブに尋ねた。「師父よ、わたしはあなたが今週、像の顔に石を投げつけ、それから像に赦しを乞うて拝するのを見ましたが、信仰厚い人がそんなことをするのですか。」長老は言った。「わたしはそなたたちのために、このようなことをしたのだ。わたしが像に石を投げつけるのを見たとき、像はしゃべったり怒ったりしたか。」ポイメンは「いいえ」と答えた。また長老は尋ねた。「わたしが後悔の念を示したとき、像は動揺したり、赦さない、と言っただろうか。」ポイメンは「いいえ」と答えた。そこで長老は言った。「さて、われわれは七人の兄弟である。もしともに住むことを望むならば、この像のようになろう。像は、侮辱されようが褒められようが、動じはしない。しかし、もしそのようになることを望まないならば、見よ、この神殿には四つの門がある。めいめい好きな所へと去るがよい。」そこで、彼らは地に身を投げ出して、アヌーブに言った。「父よ、あなたの望むとおりにし、仰せに従います。」

師父ポイメンはまた、次のように語っていた。「われわれは、長老がわれわれに言った言葉に従って働き、すべての時間をともに過ごした。彼はわれわれのうちの一人を家政を取りしきる者としたが、われわれは備えられたものは何でも食べた。だから、われわれのうちの誰も、何か別のものを持ってこい、こんなものは食べたくない、などと言うことはできなかった。こうして、われわれはすべての時を安らぎと平和のうちに過ごしたのである。」

二　師父アヌーブは語った。「キリストの御名がわたしから発せられて以来、ただ一つの嘘もわたしの口から出はしなかった。」

アブラハム

一　人々がある長老について話していたところによると、彼はめったにパンも食べず、ぶどう酒も飲まずに五〇年を過ごし、こう言っていた。「わたしは淫欲、金銭欲、そして虚栄心を殺した」と。師父アブラハムは、その長老がそう言っているのを聞いて、彼のもとにやってきて尋ねた。「そなたはこれこれのことを言ったか。」その長老は「はい」と答えた。そこで師父アブラハムは言った。「さて、そなたが自分の修屋に入ると、そなたのむしろの上に一人の女がいるのを見つけたとする。そなたは、それが女でない、と思えるだろうか。」長老は答えた。「いいえ、しかし、わたしはその女に触れぬよう、想念と闘います。」そこで、アブラハムは言った。「それでは、情念を殺したわけではない。確かに情念は生きている。ただ、縛られているだけだ。また、そなたが散策しているとき、石と陶器の破片との間に、金を見たとする。そなたの思いは、この金を石や破片と同じものだと考えられるか。」長老は答えた。「いいえ。しかし、わたしはそれを取らぬよう、想念と闘います。」師父アブラハムはさらに尋ねた。「それでは、情念は生きていて、単に縛られているだけだ。」師父アブラハムは言った。「ふたりの兄弟について、一人はそなたを愛し、一人はそなたを憎んで悪口を言っている、と聞いたとしよう。もし彼らがそなたのところにやって来たとしたら、ふたりを等しく遇することができるだろうか。」長老は、「いいえ。しかし、わたしを憎む者を、わたしを愛する者と同様によく遇するよう、想念と闘います。」師父アブラハムはその長老に言った。「では、情念はやはり生きている。ただ、聖人たちの祈りの力」によって縛られているだけだ*63。」

二　ある兄弟が、師父アブラハムに尋ねた。「もしわたしがしばしば食事をすることになったら、どうなるでしょうか。」すると、長老は答えて言った。「何を言い出すのか、兄弟よ。そんなに食べるのか。それともそなたは、穀物倉にでも来たと思っているのか。」
三　師父アブラハムは、スケーティスのある長老について次のように語った。それによると、彼は写字生で、パンを食べなかった。あるとき一人の兄弟が来て、書物を写してくれるよう、彼に頼んだ。だが、その長老は心をひたすら観想に向けていたので、数行を落として書き、句読点を打たなかった。さて、兄弟は本を受け取って句読点を打とうとし、言葉が抜けているのに気付いた。そこで、彼は長老に「師父よ、数行が落ちています。」と言った。すると、長老は答えた。「行って、まず書かれていることを実行せよ。そうして戻って来たら、残りを写してやろう。」

アレス

師父アブラハムが、師父アレスのもとを訪ねた。彼らが座していると、一人の兄弟が長老のところにやって来て、言った。「救われるためには何を為すべきか、お言葉をください。」すると、長老は答えた。「行け、夜、パンと塩だけを食べて今年を過ごし、またやって来い。そうすれば、そなたに話してやろう。」彼は立ち去り、その通りにした。さて、一年の期日が満ちて、その兄弟は再びその長老のところにやってきた。そのときたまたま、師父アブラハムも来ていた。すると、長老は再び兄弟に言うのだった。「行け、今年は二日に一度断食せよ。」そこで、兄弟が去ったとき、師父アブラハムは師父アレスに尋ねた。「あなたはすべての兄弟には軽いくびきを与えるのに、なぜこの兄弟には重荷を負わせるのですか*64。」長老は言った。「他の兄弟たちは、ただ求めに来ては、また去ってゆく。

しかし、この者は神のために言葉を聞きにやって来る。というのも、彼は勤勉であって、彼に何かを言ったならば、それをすべて熱心に果たすからだ。それゆえ、わたしも彼に神の言葉を語るのである。」

アロニオス

一　アロニオスは語っていた。「人は、心のうちで、『この世にはわたし一人と神だけがいる』と言わなければ、安らぎを得ることはないだろう[*65]。」
二　彼はさらに語った。「すべてを破壊しなかったならば、自分自身を建てることはできない[*66]。」
三　彼はさらに語った。「もし人が朝から晩まで望むならば、神的な尺度に達するだろう。」
四　あるとき、師父アガトンは師父アロニオスに尋ねた。「どうすれば、嘘を言わないように、自分の舌を制することができるでしょうか。」すると師父アロニオスは答えた。「そなたが嘘を言わなければ、もっと多くの罪を犯すことになろう。」アガトンが「どういう風にですか」と尋ねると、長老は言った。「二人の男がそなたの前で人を殺し、一人がそなたの修屋に逃げ込んだと想像するがよい。そして、役人が彼を探し、そなたに、『おまえの前で殺人が起こったのか』と尋ねたとしよう。もしそなたが嘘をつかなければ、その男を死に引き渡すことになる。捕まえることなく、神の御前に彼を委ねよ。というのも、神はすべてをご存じだからだ。」

アップフ

アップフと名づけられたオクシュリュンコスの司教について、人々が話していたところによると、彼は修道者であったとき、多くの苦行を為していた。司教になったとき、世間においても同じく熱心に苦行をしようとしたが、その力がなかった。そこで、彼は神の面前にひれ伏して言った。「ああ、いまは司教職のために、あなたの恵みはわたしから遠ざかったのですか。」すると、彼は次のような啓示を受けた。「そうではない、あのときは砂漠で人間がいなかったので、神がそなたを支えたのだ。しかし、今は世間があるので、人々がそなたを支える。」

アポロ

一　ケリアに、アポロという名の長老がいた。誰かがやって来て、彼に何か仕事を頼むと、彼は喜んで赴き、こう言うのだった。「キリストとともに、今日、わたしの魂のために働きに出よう。」というのも、キリストこそがわたしの魂の賃金だからである。」

二　人々がスケーティスのある師父アポロについて話していたところによると、彼はかつて粗野な羊飼いであった。彼は野原で妊娠している女を見て、悪霊にうながされて言った。「胎児がどのようにして、あの女の胎内にあるか見たいものだ。」彼は女を切り裂き、胎児を見た。すると、途端に彼の心は騒ぎ、悔恨の念に打たれた。彼はスケーティスにやって来て、師父たちに自分の犯したことを告白した。そして、長老たちが次のように詩編を唱えているのを聞いた。「我らの齢は七〇年、健やかであっても八〇年、残りはすべて苦しみと悲しみのみ」（詩編九〇・一〇）。そこで、アポロは彼らに言った。「わたしは四〇歳にもなる今まで、一度も祈ったことがありません。もしあと四〇年生きるなら、神がわたしの罪を赦してくれるよう、絶えず神に祈ります。」事実、彼は手仕事をやめて、つねに神に祈り、こう言うのであった。「人としてわたしは罪を犯しました。神よ、わたしを憐み給え。」この祈りは日夜、彼の勤めとなった。さて、一人の兄弟が彼とともに生活していて、彼が次のようにいうのを耳にした。「主よ、わたしはあなたを悩ませましたが、わたしに少し安らぎをお与えください。」そして彼は、神がすべての罪と女殺しとを赦してくださったことを確信するに到ったが、子供については確信がもてなかった。そこで、長老の一人が彼に言った。「神は子についてもそなたを赦した。だが、そなたを苦しみに委ねているのだ。というのも、それはそなたの魂に益となるからである。」

三　師父アポロは兄弟たちのもてなしについて、次のように語った。「客人としてやって来る兄弟たちを拝さなければならない。なぜなら、それは兄弟にではなく、神に礼拝することになるからだ。事実、次のように言われている。『あなたの兄弟を見たとき、あなたの神なる主を見た』（創世記三三・一〇）。」それに加えてこうも言った。「これは、アブラハムから学んだことである*67。あなたがこれを受け入れるならば、安らぎへと導かれることになろう。そしてこれは事実、天使たちをもてなすロトからも学んだことである（同、一九・一―三）。」

アンドレアス

師父アンドレアスは語っていた。「修道者にふさわしい三つのことがある。それは、世を捨てること、清貧を保つこと、そして忍耐をもって沈黙することである。」

アイオ

人々がテーベの長老、師父アンティアノスについて話していたところによると、彼は若い頃多くの修行を行っていたが、年取って病気になり、また盲目になった。兄弟たちは彼の病気のために、多くの慰めを与え、彼の口に食物をあてがった。彼らがこのことについて師父アイオに、「このような多くの慰めによって、どんなことが起こるのでしょうか。」と尋ねると、彼は言った。「そなたたちに言っておく。たとえなつめやしの実一個であっても、彼の心がそれを欲し、喜んで食べるならば、神は彼の労苦を甲斐のないものにする。しかし、もし彼がそれに同意せず、いやいや取るのであれば、神は彼の労苦を健やかなものとして守る。なぜなら、自ら欲することなく、強いられただけだからだ。また、兄弟たちもよき報いを受けるだろう。」

アンモナタス

あるとき、一人の長官がペルシオンにやって来て、俗世の者たちと同じように、修道者からも人頭税を要求しようとした。それゆえすべての兄弟は、師父アンモナタスのところへ集まって、師父たちの幾人かを皇帝のもとに派遣することに決めた。だが師父アンモナタスは言った。「そんな苦労は必要ではない。むしろ、自分たちの静寂を保ち、二週間断食せよ。キリストの恵みによって、わたし一人でこの問題に対処しよう。」そこで、兄弟たちは各々の修屋に戻り、長老も自分の修屋で静寂を保った。このようにして、二週間後の期日が来たとき、兄弟たちは長老のことで嘆いた。彼が動くのを少しも見なかったからである。彼らは、「長老はわれわれの問題を放っておかれたのだ」と言うのであった。さて、一五日目に兄弟たちは決められた通りに集まった。そこに長老は、皇帝によって印が押された勅書を持って、彼らのところにやって来た。それを見た兄弟たちは、驚いて彼に尋ねた。

「師父よ、いつそれを持ってきたのですか。」長老は答えて言った。「兄弟たちよ、わたしを信ぜよ。わたしは昨夜皇帝のもとへ行き、皇帝はこの勅書を書いた。そしてわたしは、長官たちの署名をいただきにアレクサンドレイアに行き、こうしてそなたたちのところにやって来たのだ。」これを聞いて、彼らは恐れ、彼の前で悔い改めた。彼らの問題が片付いたので、もはや役人も、彼らを苦しめることはなかった。

B《ベータ》巻

大バシレイオス

ある長老が語っていたところによると、聖バシレイオスは、ある共住修道院を訪ね、ふさわしい教話をしたのち、修道院長に言った。「ここに、従順な兄弟がいますか。」修道院長は答えた。「師よ、皆があなたのしもべであり、救われるよう熱心に努めています。」だが、バシレイオスは重ねて尋ねた。「ここに、真に従順な者がいますか。」そこで、修道院長は一人の兄弟を連れてきた。聖バシレイオスは、彼を食事の世話係に命じた。食べ終わって、その兄弟はバシレイオスに手を洗う水を渡した。すると、聖バシレイオスは彼に言った。「さあ、今度はわたしが手洗いの水を与えよう。」そこで、兄弟はバシレイオスが水を手に注ぐに任せていた。バシレイオスは言った。「わたしが至聖所*1に入るときに、そなたを助祭にするので、近くに来なさい。」このようにして、聖バシレイオスは彼を司祭にも挙げて、その従順さのゆえに、司教のもとに連れて行った。

ビザリオン

一　師父ビザリオンの弟子、師父ドゥラスはこのように語った。「ある日、われわれが海岸を歩いていると、喉が渇いたので、師父ビザリオンに、『師父よ、たいそう喉が渇きました』と言った。彼は祈りを為し、わたしに「海から飲め」と言った。すると水が甘くなったので[*2]、わたしは飲んだ。さて、わたしは後で喉が渇くことがないように、器にその水を汲んだ。それを見ていた長老は、わたしに言った。『なぜ水を汲むのか。』わたしは、『お赦しください。後で喉が渇くのを恐れたのです』と言った。そこで、長老は言った。『神はここにおられ、またあらゆるところに在ます。』」
二　別のときに、やむを得ない用事が生じたので、彼は祈りを済ませ、歩いてクリュソロアスの川を渡り、向こう岸へと進んだ。わたしは驚嘆し、彼を拝して言った。「水の中を歩いたときに、あなたの足は何か感じましたか。」すると長老は答えた。「かかとまでは水を感じたが、あとは乾いていた。」
三　またあるとき、われわれがある長老のもとへと向かっていると、太陽が沈もうとしていた。すると、長老は祈って言った。「主よ、どうかお願いです。あなたのしもべのところに着くまで、太陽が止まりますように。」すると、その通りになった。
四　またあるとき、わたしが彼の修屋に行くと、彼が手を天に伸ばし、立ったまま祈っているのを見た。彼はそのようにしたまま、二週間を過ごした。その後、彼はわたしを呼んで、こう言った。「わたしについて来い。」そしてわれわれは砂漠に向かった。喉が渇いたので、わたしは、「師父よ、喉が渇きました。」と言った。すると、長老はわたしの革袋を取り、石を投げて届くくらいの距離に行って祈りを為し、それに水を満たしてわたしのもとへ持って来た。歩いていくと、ある洞窟までやって来た。中に入ると、一人の兄弟が座って縄を編んでいた。だが彼はわれわれに顔も向けず、挨拶もせず、ともに語り合うことも望まなかった。長老はわたしに言った。「ここから立ち去ろう。恐らく、この長老はわれわれと話すことに満足を覚えないのだ。」そして、リュコへの道をとり、師父ヨハネのもとへ辿り着いた。彼に挨拶をして祈り、それから座って師父ビザリオンが見た示幻について語った。ビザリオンが言うには、神殿を破壊せよとの勅令が出るとのことだった。そして、その通りになり、神殿は破壊された。

帰る途中、われわれは再びかの兄弟を見た洞窟のそばに来た。すると、長老はわたしに言った。「中に入ろう。神が、彼にわれわれと話す気を起こさせたかもしれない。」中に入ると、彼が死んでいるのを見つけた。長老は言った。「さあ、兄弟よ、彼の体を葬ろう。なぜなら、このために神はわたしをここに遣わしたのだから。」われわれが彼を包んで埋葬を終えたとき、それが実は女性であることに気付いた。すると、長老は驚嘆して言った。「見よ、女たちもまたどのようにして悪魔に打ち勝つかを。しかも、われわれは都市で恥しらずな振る舞いをしているのだ。」そして、ご自分を愛する人々を守る神を称えながら、そこを立ち去ったのであった。

五　あるとき、悪霊に憑かれた者がスケーティスにやって来たので、教会で彼のために祈りが為された。だが、悪霊は離れなかった。その悪霊が頑迷なものだったからである。そこで、聖職者たちは互いに言った。「この悪霊をどうしたものだろうか。師父ビザリオン以外には、誰もこれを追い出すことはできない。けれども、彼に頼んだとしても、決して教会には来てくれないだろう。だからこうしよう。長老は朝早く、皆より先に教会に来る。悪霊の憑いた者をその場所に眠らせておき、彼が入ってきたら、祈りを始め、『師父よ、この兄弟も起こしてください』と言うのだ。」さて、彼らはその通りにした。長老が朝早く来ると、彼らは祈り始め、彼に言った。「この兄弟も立ち上がらせてください。」長老はその者に言った。「起きて外に出よ。」すると、悪霊はただちに彼から出て行き、そのとき以来、その者は癒されたのだった。
六 師父ビザリオンは語った。「わたしは四〇日の間*3、昼も夜も茨の中に立って、眠らずに過ごした。」
七 罪を犯したある兄弟が、司祭によって教会から追い出された。すると、師父ビザリオンは立ち上がり、「わたしもまた罪人である」と言いながら、彼とともに出て行った。
八 同じく師父ビザリオンは語った。「わたしは四〇年間、横になったことはなく、座ったままか、立ったままで眠った。」
九 彼は語った。「あなたが、たまたま平安のうちにあって闘いがないときは、いっそう謙るがよい。それは、うわべの喜びが侵入して、自惚れて無用な闘いに引き渡されないためである。というのも、弱さのゆえにわれわれが滅びないように、神はしばしば、われわれが誘惑されるのをお許しにならないからである。」

一〇　兄弟たちと共住生活を送っている兄弟が、師父ビザリオンに尋ねた。「わたしは何を為すべきでしょうか。」長老は彼に言った。「沈黙せよ。そして自分を高く評価してはならない。」
一一　臨終のとき、師父ビザリオンはこう語った。「修道者というものは、ケルビムやセラフィム*4のように、全身が目でなければならない。」
一二　師父ビザリオンの弟子たちは、彼の生涯がどのようなものであったかを話していた。すなわち彼は、空の鳥、魚、地の生き物のように、煩いも心配事もなくすべてのときを過ごしていた。なぜなら、彼には家族の心配もなく、彼の魂が、土地を欲しがったり、贅沢にふけったり、家を建てたり、書物を持ち歩いたりすることもなかったからである。かえって彼は、すべてのときにわたり、体の情念から解放されていることを、身をもって示していた。彼は来たるべきことの希望に守られ、信仰に固く守られ、あちらこちらに引かれてゆく捕虜のように耐え忍んだ。寒さと裸とにあって忍び、太陽の炎に焼かれ、つねに野外にいたのである。彼は迷子のように砂漠の涯に入り、海のように広大な無人の砂漠の中に、連れられるままになることを喜んでいた。
そして、同じ生活を送る修道者たちと一緒に住む、より居心地のよい穏やかな場所に来るようなことになると、海から投げ出された難破船のように、戸の外に座って嘆き、呻いた。まもなく、兄弟たちの一人が外に出て、彼が世間の乞食のように座って物乞いしているのを見つけ、憐れみの情に打たれ、近づいて言った。「人よ、なぜ泣いているのですか。何か必要ならば、取れるだけお取りなさい。わたしたちと食卓をともにするために、入って慰めを得てください。」しかし彼は、自分の家の財産を見つける前に、屋根の下に留まることはできない、と言った。「わたしは事実、海賊の手に落ち、難船し、名誉から不名誉の状態になった。」この言葉に悲しんで、兄弟は戻って一切れのパンを取り、彼に与え、「父よ、これをお取りなさい。他のものはあなたが言うように、神が返してくださるでしょう。あなたの言う家も身分も富も。」すると、長老はいっそう泣きながら歯がみし、大きな声で言うのだった。「わたしは失っていて、いま探している持ち物を、再び見つけることができるかどうか分からない。日ごとに絶えず死に瀕していて、それを従容と受け容れている。とほうもない災害にあって、何のくつろぎもない。わたしはつねにさまよいながら、道を全うしなければならないのだ。」

ベンヤミン

一　師父ベンヤミンは語った。「われわれが収穫を終えてスケーティスに戻ってくると、アレクサンドリアからわれわれに、収穫の実りが届けられ、それに添えられた壺は、石膏で塗り固められていた。そして、再び収穫の時期がやってくると、残っている油があれば、兄弟たちはそれを教会に持っていった。わたしは自分の壺を開けずにいて、針で穴を開けてわずかの油を出しただけであった。そして、内心ではたいしたことをしたと思っていた。しかし、兄弟たちが石膏で蓋をしたままの壺を持ってきたとき、自分の壺は穴を開けていたので、邪淫の罪を犯したときのように恥ずかしく思った。」
二　ケリアの司祭、師父ベンヤミンは語っていた。「ある日、われわれはスケーティスのある長老のもとを訪ねた。そして、彼にわずかの油を贈ろうとすると、彼は言った。『三年前にそなたたちが持ってきた小さな壺がどこかにあるので、見てみるがよい。そなたたちが置いていったまま残っている。』それを聞いて、われわれは長老の修業の姿に驚嘆した。」
三　また彼は語った。「われわれが別の長老のところに行ったとき、彼は食事をするようにと、われわれを引きとめた。彼はわさび大根の油を出してくれたので、『父よ、もう少し上質の油を与えてください』と言った。それを聞くと、彼は自らに十字の印をして言った。『これ以外の油があるのかどうか、わたしは知らない』と。」
四　師父ベンヤミンは死に際に、息子である弟子たちに言った。「次のことを行え。そうすれば救いを得よう。どんなときも喜べ。絶えず祈れ。すべてにおいて感謝せよ」（一テサロニケ五・一六—一七）。
五　また、彼は語った。「王道を歩め。道のりをわきまえよ。怠惰であってはならない。」

ビアロス

ある人が師父ビアロスに尋ねた。「救われるためには何を為すべきでしょうか。」彼は語った。「行って、そなたの腹を小さくし、手仕事を少なくし、また修屋にあって心が乱されることがないようにせよ。そうすれば救われよう。」

Γ《ガンマ》巻

神学者グレゴリオス

一　師父グレゴリオスは語った。「洗礼を受けたすべての人から、神が要求する三つのことがある。それはすなわち、心からの正しい信仰、語ることの真実、身体の節制である。」
二　彼はさらに語った。「人間の一生は、欲望に悩まされる人々にとっては、ただの一日にしかすぎない*1。」

ゲラシオス

一　人々が師父ゲラシオスについて話していたところによると、彼は金貨一八枚の価値がある羊皮紙の聖書を持っていた。そこには、旧・新約のすべてが記されており、読みたいと思う兄弟たちのために、教会に置かれていた。さて、長老を訪ねて来た兄弟が、それを見て欲しくなり、盗んで立ち去った。長老はそのことに気付いたが、彼をつかまえるために追いかけたりはしなかった。その兄弟は町に行き、それを売るところを探したところ、買いたいという者を見つけて、金貨一六枚を要求した。

すると、買いたいと言った人は、「まずその聖書をわたしに渡し、調べさせてくれ。それから値を払おう。」と言った。そこで彼はそれを渡した。受け取った者は、調べるためにそれをゲラシオスのところへ持って行き、売り手の言った値を話した。すると長老は、「買うがよい。それはよいもので、そなたが言っただけの価値がある」と言った。その人は戻って、売り手に長老の言った通りには語らず、こう言った。「これを師父ゲラシオスに見せると、彼は『それは高い、そなたの言っただけの値打ちはない』と言った。」それを聞いて、兄弟は買い手に、「長老はそのほかに何も言いませんでしたか」と尋ねた。買い手が「何も」と答えると、兄弟は言った。「わたしはもうこれを売りたくない。」彼は悔恨の情に打たれ、長老のところに行って身を投げ出して謝り、その聖書を受け取ってくれるよう願った。だが、長老は受け取ろうとしなかった。兄弟が「あなたがこれを受け取ってくださらないと、わたしは安らぎを得られません」と言うと、長老は答えた。「そなたが安らぎを得られないのであれば、受け取ろう。」そこで、兄弟は長老のわざから益を受けて、死ぬまでそこに留まったのである。
二　あるときゲラシオスは、ある長老から修屋とその周りの地所を贈られた。その長老は修道者であったが、ニコポリスの近くに住まいを持っていたのである。さて、パレスティナのニコポリスの総督であったバカトスの農夫で、亡くなった長老の親戚である者が、自分はその土地を手に入れるに相応しい者であるとして、（その土地は法律上は彼に帰属すべきものだった）そこにやってきた。この者は乱暴者で、自分の手で師父ゲラシオスから土地を奪い取ることを企てたのだった。しかし、師父ゲラシオスは、修道者の修屋が世俗の者に渡されるのを望まず、譲歩しなかった。
さて、バカトスの農夫は、ゲラシオスに遺された土地のオリーブを運ぶ、師父の家畜を見て、乱暴にこれを捕え、オリーブを奪い取って家に持っていき、生き物の方は、他のいろいろな家畜とともに手荒に放逐した。しかし至福なる師父は、果物は全く要求しなかったが、先の理由から、土地の所有については譲歩しなかった。バカトスの農夫はそのことに苛立った。また彼は、別の事件のために、コンスタンティノポリスに向かって出発した。事実、彼は争い好きだったのである。彼は徒歩で旅をしていて、アンティオケイアの近くに到着すると、聖シメオンについて聞き及んだ*2。（当時シメオンは偉大な光として輝いており、実に人間以上の者であった。）彼は、自分もキリスト教徒として、その聖人を見たいと思った。

彼が修道院に入るとすぐに、シメオンは柱の上から彼を見て、尋ねた。「そなたはどこから来てどこへ行くのか。」彼が、「わたしはパレスティナからの者で、コンスタンティノポリスに行きます」と答えると、聖人は「何のためか」と尋ねた。彼は、「多くの事件のためです。そして、わたしはあなたの聖性の祈りによって立ち帰り、あなたの聖なる足元に拝したいのです」と言った。すると、聖シメオンは言った。「人間として希望なき者よ、神の人に反対して行こうとしていると、なぜ言おうとしないのか。そなたの旅はうまくゆかず、もはや家を見ることもない。よって、もしわたしの忠告に従う気があるならば、すぐにここから彼のもとへと戻り、彼の前で悔い改めるがよい。しかし、それも生きているうちにその場所に到着できればの話だが。」果たして、その男はすぐに高熱を出した。そこで仲間は彼を駕籠に乗せ、彼が聖シメオンの言葉に従って故郷に帰り、師父ゲラシオスのもとで悔改めることができるよう、急いだ。しかし、ベリュトスに着いたとき、彼は聖人の予言通り、自分の家を見ることなく死んだ。このことは、彼の息子で、やはりバカトスと呼ばれた者が、父親の死後、多くの信頼できる人々に話したことである。

三　またこれも、師父ゲラシオスの多くの弟子たちが話していたことだが、かつてある人が彼らのところに魚を持ってきた。料理係がそれをまな板に据え、修室係が持っていった。だが、係は用があったので、地面にある皿に魚を置き、自分が戻ってくるまでしばらくそれを見張っておくよう、至福なるゲラシオスの幼い生徒に命じて、貯蔵室を立ち去った。ところが、子供は食欲をそそられたので、魚をがつがつと食べ始めた。さて、修室係はやって来て、子供が地面に座って魚を食べているのを見つけて怒りを覚え、無分別にも彼を足蹴にした。すると、ある悪霊の働きによって、子供は急所を蹴られ、気を失って死んでしまった。恐れに捕われた修室係は、子供を自分の寝台に横たえ、覆いをした。そして、師父ゲラシオスのもとに行って足元にひれ伏し、事の次第を報告した。師父はそれについて誰にも言わないように命じた。また、夜、皆が寝静まった後、子供を補祭室に運び、祭壇の前に置いて立ち去るよう指示した。長老は補祭室に入り、祈りのために立ち上がった。夜の詩編朗唱の時刻に兄弟たちが集ったとき、ゲラシオスはかの少年を従えて出て来た。ゲラシオスが死ぬまで、彼と修室係以外は、誰もそのとき起こったことを知らなかった。

四　師父ゲラシオスについて、弟子たちだけでなく、近しく彼を訪問していた多くの人々が話していたことである。カルケドンでの全地公会議のとき、ディオスコロス*[3]の分派のパレスティナにおける先導者、テオドシオスは、司教たちが自分の教会に戻る前に、修道院にいる師父ゲラシオスのもとへと急いだ。というのも、彼は混乱を引き起こすことをつねに好んでいたので、自分の国から追放され、コンスタンティノポリスにいたからである。そして、今回の公会議について、それがあたかもネストリオス*[4]の教説を認可したかのように語った。こうして彼は、この聖人ゲラシオスが、テオドシオスの悪巧みと分派とに同調するよう仕向けようとしたのである。しかしゲラシオスは、この男の態度から、また神から授けられた良心によって、その教説の危険性をわきまえていた。それゆえ彼は、当時ほとんどの人が背教に同調していたにもかかわらず、それに同調しなかったばかりか、正当にも相手をなみして送り帰した。事実、彼は死から甦らせた子供を中央に連れてきて、おごそかに言った。「そなたが信仰について議論したいのであれば、この者にそなたの言葉を聞かせ、そなたと話をさせるがよい。わたしにはそなたの言葉を聞いている暇はない。」

このことに当惑したテオドシオスは、聖なる都エルサレムへと慌てて戻り、神的な熱心さを装って、すべての修道者を同意させ、当時そこにいたアウグスタをも同意させた。このようにして同意を得、力ずくでエルサレムの司祭の座を獲得した。そして暗殺を企てたり、いまに至るまで多くの人々が覚えている、さまざまな違法、聖典からの逸脱を行ったのである。こうして権力を獲得して、自分の目的を達し、非常に多くの司教を選び、まだ戻っていなかった司教たちの座につかせた。そして、師父ゲラシオスを召還し、彼を至聖所に引き立て、世辞を言ったりおどしたりした。そこで至聖所に入ると、テオドシオスは彼に、「ユベナリオス*5を破門せよ」と言った。だが、ゲラシオスは少しも驚かず、「ユベナリオスでなければ、ほかにエルサレムの司教などあり得ない」と答えた。そこでテオドシオスは、他の人々がゲラシオスの敬虔な熱意を真似ることがないよう、彼を嘲笑とともに教会の外に追放するように命じた。彼の一派は彼を捕え、柴の束で囲んで火刑に処する、と脅した。しかし、彼が少しも屈せず、ひるまないのを見て、また彼が人々の間で令名が高かったことから、民衆が目覚めるのを恐れ、（これはすべて上なる摂理によるものであったが、）自らのすべてをキリストに捧げていたこの殉教者を、傷つけることなく釈放したのであった。

五　人々が師父ゲラシオスについて話していたところによると、彼は若い頃、貧しい隠修の生活を送っていた。当時は、彼にならって、多くの者が各自の場所で同じような生活をしていた。その中に、簡素さと清貧さとを極め、死に至るまで独りで修屋に住んでいたある長老がいたが、彼は晩年に幾人かの弟子を持っていた。彼とその仲間は、死に至るまで、二枚の上着を持たず、また明日のことを思い悩まぬように注意していた。さて、師父ゲラシオスが神的な働きによって共住修道院を建てたとき、人々は多くの土地を彼に提供した。また、彼は共住修道院の必要のために、牛と他の家畜とを得た。かつて神のごときパコミオスに共住修道院を建てるように啓示された方（神）は、この修道院のすべての組織においても、ともに働いたのである。ところで先述の長老は、このようにしているゲラシオスを見て、まじめな愛情から彼に言った。「師父ゲラシオスよ、わたしはあなたの思いが、共住修道院の土地や財産に縛られているのを恐れます。」しかし、師父は言った。「ゲラシオスの考えが財産に縛られている以上に、そなたの考えは自分の仕事に使う針に縛られている。」

六　人々がゲラシオスについて話していたところによると、彼はしばしば砂漠に逃避したいという考えに悩まされていた。ある日、彼は弟子に言った。「兄弟よ、お願いだから、わたしが何をしようとも耐え忍び、今週中はわたしに話しかけないでくれ。」そして、しゅろの枝を取り、庭を歩き出した。疲れると少し座り、立ち上がり、また歩き回った。夕方になると、彼は自分の思いに対して、こう言った。「砂漠に行く者はパンを食べず、草を食べる。おまえは弱いから、切った野菜を食べるがよい。」このようにしてから、彼はさらに自分の思いに向かって言った。「砂漠に行く者は屋根の下に寝ず、野外で寝る。よって、おまえもそうせよ。」そうして横たわり、庭の中で寝た。夕方には少しの野菜を食べ、夜は野外に寝て、三日間修道院を歩き回って、疲れ果ててしまった。そこで彼は、自分を悩ませた考えを咎め、それをやり込めて言った。「おまえは砂漠のわざができないのだから、自分の罪を嘆き、修屋に忍耐をもって留まり、動いてはならない。というのも、神の眼は至るところで人間のすべてのわざを眺めており、誰もその眼を逃れられず、また神は、善を行う人々を知っているからである。」

ゲロンティオス

ペトラの師父ゲロンティオスは語った。「多くの人は、身体の快楽に試みられて、身体に関わることなく、思いにおいて邪淫の罪を犯し、また、身体の貞潔を保ちながら、魂によって邪淫の罪を犯す。それゆえに、愛する者よ、聖書に書かれていることを行い、各々が用心して、自分の心を見張ることは正しい（箴言四・二三）。」

Δ《デルタ》巻

ダニエル

一　人々が師父ダニエルについて話していたところによると、蛮族がスケーティスに侵入してきたとき、師父たちはそこから逃げた。だが長老は言った。「もし神がわたしに配慮してくださらなければ、どうして生きることができようか。」そうして、彼は蛮族の間を突っ切って歩いたが、蛮族には彼が見えなかった。そこで、彼は独り言を言った。「見よ、神がわたしのことを思ってくださったので、わたしは死ななかった。それゆえ、おまえも人間らしくして、師父たちのように逃げるがよい。」
二　ある兄弟が、師父ダニエルに願った。「掟をお与えください。わたしはそれを守ります。」彼はその兄弟に言った。「決して女性とともに、手を皿に伸ばし食事してはならない。そうすれば、わずかに悪霊の邪淫から逃れ得よう。」
三　師父ダニエルが語ったところによると、バビロンの上流階級の出身で、悪霊に憑かれた娘がいた。彼女の父親はある修道者と懇意にしていたが、この修道者は言った。「わたしが知っている隠修者たちでなければ、誰もあなたの娘さんを助けることはできない。が、彼らに頼んだとしても、彼らは謙虚さから、そうすることを承知しないだろう。そこで、このようにしよう。彼らが市場に来たとき、何かを買おうとする素振りを見せて、彼らが代金を受け取るときに、彼らに祈祷をしてくれるように頼むのだ。そうすれば、きっと娘さんも治るだろう。」彼らが市場に行くと、長老たちの弟子の一人が物を売るために座っているのを見つけたので、代金を受け取るようにと、いくつかの籠を持って彼を連れて行った。隠修者が家に着いたとき、悪霊憑きの娘が出て来て、彼に平手打ちを食らわせた。すると、彼は主の掟にしたがって、もう一方の頬をも向けた（マタイ五・三九）。悪霊は苦しんで言った。「何という力だ。イエスの掟が俺を追い払う。」すると、たちまち娘は清められた。長老たちがやって来たとき、人々は起こったことを彼らに話し、彼らは神を称えていった。「キリストの掟が指し示すところの謙遜によって、悪霊の傲慢はいつも破られる*1。」

四　また、師父ダニエルは語った。「身体が盛んになると、魂は弱まり、身体が弱まると、魂が盛んになる。」

五　あるとき、師父ダニエルと師父アンモエスとが旅をしていた。師父アンモエスが言った。「父よ、われわれはいつ修屋に落ち着けるのでしょうか。」師父ダニエルは答えた。「今、誰がわれわれから神を奪い取るだろうか。修屋の中にも、また外にも、神は在ます。」

六　師父ダニエルが語ったところによると、師父アルセニオスがスケーティスにいたとき、長老たちのものを盗む修道者がいた。師父アルセニオスは彼を正し、長老たちを安心させるために、彼を自分の修屋に連れてきて言った。「そなたの望むものはすべてやろう。ただ、盗んではならない。」そして、彼に金貨、小銭、衣服、彼の必要とするものすべてを与えた。彼は戻ったが、また盗むのであった。長老たちは彼が盗みをやめないのを見て、彼を追放して言った。「弱さのために悪くなる兄弟がいても、彼に耐えなければならない。だが、盗みを止めないならば、追放せよ。彼は自分の魂を傷つけ、また、そこにいるすべての人々をかき乱すからである。」

七　ファラン人の師父ダニエルは、こう語っていた。「われわれの父、師父アルセニオスが、スケーティスのある人について語っていたところによると、彼は修業においては偉大な者であったが、信仰においては無学であったために誤りに陥って、こう言っていた。『われわれがいただくパンは、本性としてキリストの体ではなく、単なる象徴でしかない。』二人の長老は、彼がこんなことを言っているが、生活においては偉大な者であるのを知っており、彼が悪意からではなく、単純さからそう語っているのだと考えた。
そこで、彼らはその長老のもとを訪ねて、こう言った。『師父よ、われわれはある不信心者が、われわれのいただくパンは本性としてはキリストの体ではなく、単なる象徴であると言っている、と聞きました。』長老は、『そう言っているのはわたしです』と答えた。そこで、彼らは戒めて言った。『師父よ、そのように捉えてはなりません。普遍なる教会が伝えているように捉えなさい。われわれは真実、パンそのものがキリストの体であり、杯のぶどう酒そのものがキリストの血であり、単なる象徴ではないことを信じています（ルカ二二・一九―二〇）。神は初めに大地から塵を取って、御自分の似姿に即して人間をお創りになりました（創世記一・二六）。だから、確かに、神自身は把握し得ないものであるとしても、誰も、人間は神の似姿ではないとは言い得ないのです。そしてパンも、これはわたしの体であると言われており、われわれは真実、それがキリストの体だと信じているのです。』しかし、かの長老は、『わたしは事実そのものによって説得されない限り、納得しない』と言った。そこで、彼らは言った。『わたしたちは今週、この神秘*2について神に祈りましょう。そうすれば、神がこれを啓示してくださると信じます。』長老はこの言葉を喜んで受け入れ、神に祈った。『主よ、あなたはわたしの信仰が悪意によるものではないことをご存じです。わたしが無知の中に迷わぬように、啓示をお与えください。主、イエス・キリストよ。』

さて、二人の長老たちもそれぞれの修屋に戻り、神に祈った。『主、イエス・キリストよ、あの長老が信じるようになるため、彼に啓示をお与えください。そして、その労苦を無駄にしないようにさせてください。』神はこれら二つの願いを聞き入れた。その週が終わると、彼らは主の日に教会に来て、かの長老を真中にして、三人だけが一つの敷物の上に立った。と、彼らの目は開かれ、パンが聖なる食卓に置かれると、彼ら三人だけに、主が子供の姿として現れた。司祭がパンを割くために手を伸ばすと、見よ、剣を持った主の使いが天から下って、その子を殺し、杯にその血を注いだ。また、司祭がパンを割くと、天使もその子を細かく切った。彼らが聖なるものを拝領するために近づくと、かの長老にのみ、血のしたたる肉が与えられた。これを見た彼は、恐れ、叫んだ。『主よ、わたしはパンがあなたの体であり、杯のぶどう酒があなたの血であることを信じます。』すると、たちまち彼の手の中の肉が、神秘によってパンとなった。彼は、神に感謝しつつそれを拝領した。そのとき、長老たちは彼に言った。『神は、生の肉を食べることができないという人間の本性を知っておられます。このため、信仰において拝領する人々のために、体をパンに、血をぶどう酒に作り変えるのです。』

彼らは、長老の労苦が無駄にならなかったことについて神に感謝し、そうして三人は、喜びをもって自分たちの修屋に戻っていったのである。」
八　同じ師父ダニエルが、エジプトの下流地域に住む別の偉大な長老について語っていたところによると、彼は単純にも、「メルキセデクは神の子である」と言っていた。人がこのことをアレクサンドリアの主教である至福なるキュリロスに告げたところ、キュリロスは長老のもとに人を遣わした。その人は、この長老が奇蹟のしるしを現す者であり、彼が神に何かを尋ねると、神が啓示すること、そして彼が先のように語ったのは彼の単純さによるということを知り、知恵を働かせて、長老にこう言った。「師父よ、お願いがあります。わたしの想念が、メルキセデクは神の子であると告げ、また別の想念が、そうではなく人間であって、神の大祭司であると告げるのです。そのためにわたしは迷い、神が事実をあなたに啓示することをあなたが祈ってくださるよう、人を遣わしたのです。」自分の力を確信している長老は、気さくに言った。「わたしに三日間与えてください。わたしもまた、神にこのことを尋ね、これがどういうことなのかをあなたに話しましょう。」そうして彼は立ち去り、このことについて神に請い願った。三日後、彼はやって来て、至福なるキュリロスに、メルキセデクは人間であると告げた。大主教は、「師父よ、どうしてそれが分かるのですか」と尋ねた。すると、彼は言った。「神はわたしの前に、アダムからメルキセデクに至るまで、すべての太祖を示しました。だからそう言えるのです。」こうして、かの長老は立ち去り、メルキセデクは人間であると自ら宣言した*3。至福なるキュリロスも大いに喜んだ。

ディオスコロス

一　人々がナヒアスの師父ディオスコロスについて話していたところによると、彼のパンは大麦とひら豆で出来ていた。そして、毎年一つの修行の方針を決めて、言った。「今年、わたしは誰にも会わず、煮たものを食べず、果物も野菜も食べまい。」彼は何につけても、このようにしていた。そして、一つを全うすると、また他の目標に取り掛かり、年ごとにそれを行っていたのである。
二　ある兄弟が、師父ポイメンに尋ねた。「わたしの想念がわたしを悩ませ、自分の罪を棚に上げて、兄弟の欠点に目が行くように仕向けるのです。」そこで長老は、師父ディオスコロスのことを語った。ディオスコロスはある日、自分の修屋で己れを嘆いていた。彼の弟子は別の修屋に住んでいた。弟子が長老のもとを訪れたとき、彼が泣いているのを見て言った。「父よ、どうして泣いているのですか。」長老は答えた。「わたしは自分の罪を泣いているのだ。」そこで弟子が「父よ、あなたには罪などありません」と言うと、長老はこう答えるのだった。「子よ、実際にわたしの罪を見ることができたならば、それを嘆くのに三、四人では足りないほどである。」
三　師父ディオスコロスは語った。「われわれが天の衣を着るならば、裸を見られることはない。しかし、その衣を着ていないのが見られたら、兄弟たちよ、どうしたらよいだろうか。というのも、われわれはこういう声を聞くからである。『この者を外の闇に放り出せ。そこには嘆きと歯ぎしりがある』（マタイ二二・一三）。ところで、兄弟たちよ、われわれが長年修道服を着て過ごした後、必要なときに婚礼の服を着ていないならば、それは大きな恥である。ああ、どれほどの悔恨がわれわれを襲うことか。われわれは懲らしめを与える天使たちに罰せられるが、そのわれわれを見る師父たちや兄弟たちの前で、何という闇がわれわれに襲いかかることか。」

ドゥラス

一　師父ドゥラスは語った。「もし敵が、静寂さ*4を捨てさせるためにわれわれを襲っても、われわれはそれを聞き入れまい。というのも、静寂さと断食に比すべきものはないからだ。両者は結びついて、敵と闘う。両者は内面の目の鋭さを持つのだ。」
二　彼はさらに語った。「あなたの思考に関する闘いが危機に瀕したり、静寂の状態を乱したりしないために、大衆との交わりを断ち切るがよい。」

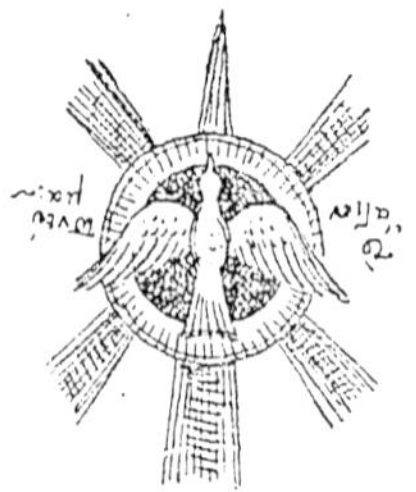

E《イプシロン》巻

キュプロスの主教、聖エピファニオス

一　聖エピファニオス主教が語っていたところによると、至福なる大アタナシオスの前で、数羽の鳥が「クラス、クラス」と叫びながら、セラピスの神殿の周りを飛んでいた。至福なるアタナシオスの前にいた異教のギリシア人たちは叫んだ。「性悪な老いぼれめ、鳥が何と鳴いているか言ってみろ。」すると、彼は答えた。「鳥はクラス、クラスと鳴いている。アウソニアの言葉では、クラスは明日という意味だ。」そして、こう付け加えた。「明日、そなたたちは神の栄光を見る。」次の日、背教者、皇帝ユリアノス[*1]の死が告げられた。こうしたことが起こったため、皆は集まり、セラピスの神殿に向かって叫んだ。「皇帝が気に入らなかったのならば、なぜ彼の供物を受け取ったのか。」
二　同じく彼が語っていたところによると、アレクサンドリアに、マリアという母親の息子である戦車の乗手がいた。彼は戦車競技で、一たん落馬したが、すぐに起き上がり、彼を倒した者を追い抜いて勝利した。すると、群集は叫んだ。「マリアの子は落ちた、そして立ち上がり、勝利した。」この声が起こっているうちに、セラピスの神殿の周りでも、群集の間に同じ叫び声が広がった。大テオフィロスが神殿に登り、偶像を打ち倒して、神殿を占拠したからである。

三　キュプロスの主教、至福なるエピファニオスは、パレスティナにある修道院の師父から報告を受けた。「あなたの祈りによって、われわれは規則を疎かにせず、三時課、六時課、九時課の時課祈禱も熱心に果たしています。」すると、彼はそれを咎めて、こう言い渡した。「そなたたちが一日のうち、祈りをしない他の時間をおろそかにしていることは明らかだ。なぜなら、真の修道者は、心の中で間断なく祈りと詩編朗唱とを捧げなければならないからだ。」
四　あるとき、聖エピファニオスは人を遣わし、師父ヒラリオンを招待して言った。「わたしたちが肉体を離れる前に対面できるよう、おいでください。」彼がエピファニオスのもとに着くと、彼らは互いに喜び合った。さて食事のとき、鳥肉が運ばれて来た。主教はそれを取ってヒラリオンに与えたが、ヒラリオンはこう言った。「お赦しください。わたしは修道服を身に着けて以来、肉を食べたことがないのです。」すると、主教は答えて言った。「わたしは、修道服を着て以来、誰であれ、わたしに反感を抱かせたまま、眠りに就かせたことはなく、またわたしも、人に反感を抱いたまま眠りに就いたことはありません。」長老は言った。「お赦しください。あなたの修道の姿は、わたしのものよりも優れています。」
五　また、彼は次のように語った。「キリストの似姿であるメルキセデクは、ユダヤ人の根元であるアブラハムを祝福した（創世記一四・一九）。真理そのものであるキリストは、彼を信じるすべての人々をいっそう祝福し、聖化するであろう。」

六　同じく彼は語った。「カナンの女は叫んで聞き入れられ（マタイ一五・二二）、出血症の女は沈黙して幸いなる者とされた（マタイ九・二〇）。ファリサイ人は大声で叫んで裁かれ、徴税人は、口を少しも開かずに聞き入れられた（ルカ一八・一〇―一四）。」
七　同じく彼は語った。「預言者ダビデは、夜遅くに祈り、真夜中に起き、夜明け前に神に呼びかけ、夜明けに神の前に立ち、朝に祈り、夕方も、日中も祈った。そして、このゆえに彼は、『わたしは一日に七度びあなたを賛美した』（詩編一一八・一六四）と言ったのである。」
八　さらに彼は語った。「キリスト教の書物を所有することは、それができる人々には必要である。というのも、この書物を自ら見ることは、われわれに罪を犯すことをひるませ、さらに正義の方へ進むよう促すからである。」
九　彼はさらに語った。「罪を犯さないための偉大な保証は、聖書を読むことである。」
一〇　彼はさらに語った。「聖書を知らないということは、大きな断崖であり、深淵である。」
一一　彼はさらに語った。「神の法を何一つ知らないということは、救いへの重大な反逆である。」
一二　同じく彼は語った。「義人は唇で罪を犯し、不敬虔なものは全身で罪を犯す。そこで、ダビデはこう歌っている。『主よ、わたしの口に見張りを張り巡らし、わたしの唇を戸で囲んでください』（詩編一四〇・三）。また、こうも謳った。『わたしは舌で罪を犯さないよう、わたしの道を見張ろう』（詩編三八・二）。」
一三　同じく、彼は次のように問われた。「なぜ、モーセの律法には一〇の命令があり、キリストの幸福（マタイ五・三―一二）には九つあるのですか。」彼は語った。「十戒はエジプトをさまざまな形で鞭打った、あの災いと同じ数だ。幸福の数は、三位一体の三重のかたどり・似姿である。」
一四　同じく彼は次のように問われた。「神を説得するには、一人の義人で十分なのですか。」彼は答えた。「さよう、なぜなら神はこう仰っているからだ。『裁きと正義とを行うただ一人の人を求めよ、そうすればわたしは、すべての人を憐れむ』（エレミア五・一）。」
一五　同じく彼は語った。「神は、罪ある女や徴税人になさったように、悔い改める罪びとには、負債をお赦しになる（マタイ一八・二七）。しかし、義人に対しては、利息さえ要求なさる。そしてこれが、神が使徒に言われたことなのである。すなわち、『あなたたちの正義が、律法学者やパリサイ人たちの正義に勝るものでなければ、あなたたちは決して天国に入ることができない』（マタイ五・二〇）。」
一六　彼はさらに次のように語った。「神は、熱心に正義を求める者には、正義を非常に安く譲る。たとえば、一切れのパン、安い上着、一杯の冷水、わずかな金銭で。」

一七　彼は次のように付け加えた。「人は貧しさから、あるいは生活の必要のために、他人から金を借りる。返すときに感謝の言葉を口にするが、恥ずかしさからこっそり返す。だが、主たる神は、反対に、こっそり借りて、天使、大天使、義人たちの前で返すのである。」

聖エフライム

一　師父エフライムが少年だったころ、次のような夢もしくは幻を見た。ぶどう*2が彼の舌に芽生え、成長して、たくさんの実を結んで、天の下を満たした。そして、空のあらゆる鳥がやってきて、ぶどうの実をついばんだが、食べれば食べるほど、実が増えるのであった。
二　さらに別のとき、一人の聖人が幻の中で、天使の一団が神の命令によって、内と外とに文字の書かれた巻物を手に持って、天から下ってくるのを見た。彼らは互いに、「誰がこの巻物を受け取るべきか」と言い合っていた。ある天使は「この者だ」といい、他の天使は「別の者だ」と言った。だが、ついに彼らは結論を下した。「確かに彼らは聖人であり、義人である。しかし、エフライム以外は、誰もそれを受け取ることはできない。」そして長老は、エフライムに巻物が渡されるのを見た。そこで長老は朝早く起き、エフライムが口から泉が湧き出るように説教するのを聞いた。そして、エフライムの唇から出る言葉は、聖霊から来るものだと理解したのである。
三　かつてエフライムが歩いていると、一人の娼婦が人にそそのかされ、彼を恥ずべき関係に引き込もうとしてやって来た。それができなくとも、せめて彼を苛立たせようとしていたのだ。というのも、未だ誰も、彼が怒るのを見たことがなかったからである。だが、彼は女に、「わたしについて来なさい」と言い、にぎやかな場所に近づくと、「さあ、この場所でそなたのしたいことをするがよい」と言った。彼女は群集を見、「こんな衆人の前で、どうして恥知らずにもそんな真似ができるでしょうか」と言った。すると彼は言った。「もし人間に対して恥ずかしいと思うのならば、まして暗闇に隠れていることをあらわにする神（一コリント四・五）の御前では、いっそう恥ずべきであろう。」女は恥じ入って、何もせずに退いたのであった。

信徒エウカリストス

一　二人の師父が、自分たちがどれほどの域に達しているかを十分に示してくださるよう、神に願った。すると、彼らにこんな声が聞こえてきた。「エジプトのある村に、エウカリストスという名の信徒がおり、その妻はマリアと呼ばれる。おまえたちはまだ彼らの域に達していない。」そこで二人の長老は出発し、その村に着くと、村人に尋ね回って、彼の小屋とその妻を見つけ出した。彼らが、「主人はどこにいますか」と尋ねると、彼女は、「主人は羊飼いで、羊の群に草を食ませています」と言い、彼らを小屋へ招き入れた。さて、夕方になって、エウカリストスは群とともに帰って来た。長老たちを見ると、彼らのために夕食の席を設けて、足を洗うために水を持ってきた。だが、長老たちは言った。「あなたのわざを教えてくれなければ、わたしたちは何も食べません。」彼は謙虚にこう言った。「わたしは羊飼いで、これはわたしの妻です。」長老たちはなおも願い続けたが、彼は何も語ろうとはしなかった。そこで彼らは言った。「神がわたしたちをあなたのもとに遣わしたのです。」この言葉を聞いて彼は恐れを抱き、こう言った。「この群を見てください。これは親から譲り受けたものです。わたしは主が与えてくださる群から得るすべての利益を、三つに分けます。一つは貧しい人々のため、一つはもてなしのため、一つは自分たちに必要な分です。わたしが妻をめとって以来、わたしたちは床をともにせず、彼女は乙女であり、互いに別々に休んでいます。そして、夜は苦行衣を身に着け、昼は自分たちの上衣を着ています。いままで誰もこのことを知りませんでした。」これを聞いて、長老たちは驚嘆し、神を称えつつ帰って行った。

司祭エウロギオス

至福なる主教ヨハネス・クリュソストモス[*3]の弟子で、司祭であり大いなる苦行者であったエウロギオスは、二日続けて、またしばしば一週間断食し、パンと塩だけを食べ、人々から賞讃されていた。さて、彼はさらに厳しい修業を見ることを望んで、パネフォの師父ヨセフのもとを訪ねた。長老は喜んで彼を迎え、自分のすべてのものを供してもてなした。そこでエウロギオスの弟子たちが「司祭はパンと塩しか食べないのです」と言うと、師父ヨセフは黙って食事をしていた。エウロギオスとその弟子たちは三日間を過ごしたが、師父ヨセフたちの詩編朗唱も祈禱も聞くことがなかった。というのも、師父ヨセフたちのわざが、人目につかぬものだったからである。そこで、師父エウロギオスたちは教化されずに立ち去った。

しかし、摂理によって闇が生じたため、道に迷って、長老のもとに戻ってきた。彼らが門を叩こうとすると、詩編の朗唱が聞こえてきたので、長い間待ってから、ようやく戸を叩いた。すると、長老たちは詩編朗唱をやめ、喜んで彼らを迎えた。そして暑さのために、エウロギオスの弟子たちは小さな壺に水を汲んで彼に渡したが、それは海の水と川の水を混ぜたもので、飲むことができなかった。そこで我に返ったエウロギオスは、長老のもとに身を投げ、彼の生活の仕方を知りたいと願って、尋ねた。「師父よ、これはどういうことですか。あなたがたは、前には詩編朗唱をせず、そして今、壺を取ってみると、塩水が入っているのです。」長老は、「兄弟がうっかりしていて、海水を混ぜたのです」と言った。しかし、エウロギオスは真実を知ろうとして、長老になおも尋ねた。そこで長老は言った。「このぶどう酒の小さな杯は、愛餐ですが、この水は兄弟たちがいつも飲んでいるものです。」こうして、長老はエウロギオスに想念の識別の仕方を授け、彼の中のすべての人間的なものを取り除いた。そこで、エウロギオスはさらに思慮深いものとなり、それ以来、人が施してくれるものはすべて食べ、自分も隠れてわざをなすことを学んだ。彼は長老に言った。「あなたがたのわざこそ、真実のものです。」

エウプレピオス

一　師父エウプレピオスは語った。「神は真実で力ある方だという確信を自らのうちに持ち、神を信ぜよ。そうすれば、神に与る者となる。しかし、もしそのことを軽んずるとしたら、あなたは信じていないのだ。われわれは皆、神が力であることを信じ、それゆえにまた、神にはすべてが可能であると信じている。そこであなたは、あなたのわざにおいて神を信ぜよ。あなたのうちに神が奇蹟のしるしを行うからである*4。」

二　同じく師父エウプレピオスは、彼のものを奪った者たちの手助けをした。すなわち、盗賊たちが中のものを運び去った後、エウプレピオスは彼らが自分の杖を残していったのを見つけて心を痛め、杖を持って彼らの後を追い、それを渡そうとした。しかし盗賊たちは、何かが起こるのではないかと恐れ、杖を受け取らなかった。そこで、エウプレピオスは、同じ道で行き合った人々に、杖を盗賊に渡すよう頼んだのであった。

三　師父エウプレピオスは語った。「物体的なものは［躓きの］材料となる。この世を愛する者は、躓きを愛していることになる。それゆえ、もし何かを失ったとしたら、思い煩いから解放されたとして、喜びをもって感謝しつつ受け止めねばならない。」

四　ある兄弟が生き方について師父エウプレピオスに尋ねた。すると長老は答えた。「藁を食べ、藁を着、藁の上に寝るがよい。すなわち、すべてのものを軽んじ、鉄の心を持て。」

五　ある兄弟が長老に尋ねて、言った。「どうすれば、神への畏れが魂に生ずるのでしょうか。」そこで長老は語った。「人が謙遜で貧しく、また他人を裁かないならば、神への畏れが生ずるだろう。」

六　彼はさらに語った。「あなたの中に畏れ、謙遜、食料の欠乏、そして嘆きが、つねにあるように。」

七　はじめの頃、師父エウプレピオスは、ある長老に会いに行き、尋ねた。「師父よ、救われるためにお言葉をください。」すると、長老は言った。「もしそなたが救われたいのであれば、人のもとを訪ねたとき、その人がそなたに尋ねる前には、何も話さないようにせよ。」彼はこの言葉によって悔恨の情に打たれ、身を投げ出して言った。「わたしは多くの書物を読みましたが、このような教えを受けたことはありません。」そして、彼は大いに教化されて、立ち去った。

エラディィオス

一　師父エラディィオスについて人々が話していたところによると、彼は二〇年間ケリアで生活したが、教会の天井を見るために目を上げることもなかった。
二　人々が師父エラディィオスについて話していたところによると、彼はパンと塩とを食べていた。そして、過越祭が来ると、彼は言った。「兄弟たちはパンと塩を食べるが、わたしは過越祭*5のために、少し苦しまねばならない。他の日にはわたしは座って食べるので、過越祭の今は、立って食べ、苦しもう。」

エヴァグリオス

一　師父エヴァグリオスは語った。「あなたの修屋に座り、考えを集中させよ。死の日を思うがよい。

そのとき、死体の状態がどんなものであるかを見よ。不運な出来事のことを考え、苦しみを受け入れよ。この世の虚栄を蔑むがよい。それは、自分が弱まることなく、つねに静寂の決意に留まるためである。さらに、地獄の状態を思い、そこで魂がどのようであるか、どれだけ恐ろしい沈黙の中にあるか、いかに苦しいうめき声を上げるか、いかに大きな恐れ、責苦、不安にあるかを想像せよ。それは間断ない悲しみと、魂の終わりなき涙である。しかしまた、復活の日、神の御前に立つ日を思うがよい。身の毛もよだつその恐るべき裁きを見よ。罪人たちに用意されたこと、神、天使、大天使、すべての人々の前での恥辱、すなわち責め苦、永遠の火、眠らぬうじ虫、奈落の底、暗闇、歯ぎしり、恐怖と苦痛とを思え。また、義人に対する恩恵、つまり、父なる神、キリスト、天使、大天使、すべての聖人への信頼、そして天の国とその賜物たる喜びと享受とを思うがよい。次の二つの記憶を、いつも心に保ちゆくがよい。すなわち一方では、罪人たちの裁きに泣き、あなた自身が彼らの群に加わることを恐れ、嘆け。他方で、義人たちに備えられたことを楽しみ、喜べ。そして、義人たちからは楽しみが得られるよう熱心に求め、罪人たちからは遠ざかれ。修屋の中にいても外にいても、汚れた有害な考えを逃れるために、これらのことの記憶を決して失わないようにせよ。」
二　彼はさらに語った。「あなたの思考が忙しくなって、静寂の状態をかき乱すことのないように、大衆との関わりを断ち切れ。」
三　彼はさらに語った。「気を散らさずに祈るのは、大きなことだ。しかし、気を散らさずに詩編朗唱をするのは、さらに大きなことである。」

四　彼はさらに語った。「つねに［この世からの］脱出を思い、永遠の審判を忘れることのないようにせよ。そうすれば、あなたの魂において過ちはなくなるであろう。」
五　彼はさらに語った。「試練*6を取り除いてみよ。そうすれば誰も救われる者はないであろう。」
六　彼はさらに語った。「師父たちの一人はこう言っていた。『無味乾燥で険しい生活も、愛と結び合わせられると、速やかに修道者を情念から解放された港へと導く。』」
七　かつてケリアで、ある事件についての集会が持たれ、師父エヴァグリオスが発言した。すると、一人の司祭が言った。「師父よ、わたしたちは、あなたが自分の国にいるならば、しばしば多くの人々の頭である主教になっただろうと思います。だが、ここでは今、あなたは外国人として住んでいるに過ぎないのです。」胸を突かれた彼は、動揺こそしなかったものの、頭を振って言った。「父よ、その通りです。わたしは一度は話しましたが、二度とは繰り返しません（ヨブ四〇・五）。」

エウダイモン

師父エウダイモンは、スケーティスの父、師父パフヌティオスについて語った。「わたしは若者のとき、そこへ下りましたが、彼はわたしがそこに留まるのを許さず、こう言いました。『わたしは、敵なる悪霊との闘いのために、女のような顔の者がスケーティスに留まるのを許さない。』」

Ｚ

Ｚ《ゼータ》巻

ゼノン

一　至福なるシルアノスの弟子、師父ゼノンは語った。「有名な土地に住んではならない。高名な人とともに住んでもならない。自分の修屋を建てるときには、決して礎石を置いてはならない。」
二　人々が師父ゼノンについて話していたところによると、最初から彼は、人に何かをもらうことを望まなかった。そのため、何かを持ってきた人は、彼が受け取らないので、悲しんで帰っていった。他方、この偉大な長老から何かをもらおうと思ってやってきた人も、悲しんで帰っていった。というのも、彼には与えるべき物が、何もなかったからである。そこで長老は言った。「どうしたらよいだろうか。わたしに物を持ってきた人は悲しみ、またもらおうとする人も悲しんでしまう。こうすればよい。誰かが持ってきたら受け取り、誰かが求めたら与えよう。」こうして彼は安らぎを得、皆も満足させたのであった。
三　あるエジプトの兄弟が、シリアの師父ゼノンのところに来て、自分の悪い想念を長老に打ち明けた。すると、長老は驚いて言った。「エジプト人は自分の持っている徳を隠し、自分の持たない欠点を絶えず咎める。それにひきかえ、シリア人とギリシア人は、自分の持っていない徳を持っていると言い、持っている欠点を隠すのだ。」

四　兄弟たちが彼のもとへやって来て、尋ねた。「ヨブ記にこう書かれている、『かのお方の前には天さえも清くない』（ヨブ一五・一五）という言葉はどういう意味ですか。」すると、長老は答えた。「兄弟たちは自分の罪を棚に上げて、天のことを探し求めた。しかし、この言葉の解釈はこうである。実に神のみが清い。それゆえに、天も清くないというのである。」

五　人々が師父ゼノンについて話していたところによると、彼はスケーティスに住んでいたが、ある夜、沼地に行こうとして自分の修屋を出た。ところが彼は道に迷い、あちこちを歩き回って、三日三晩を過ごした。疲れ果てて倒れ、瀕死の者のようになった。すると、一人の少年が、パンと壺の水とを持って彼の前に立って、言った。「起きて食べよ」（列王記上一九・七）。彼は立ち上がり、それは幻に過ぎないと思って、祈った。少年は、「あなたはよいことをした」と言った。そこで、彼はさらに二度、三度と祈った。少年は彼に、「あなたはよいことをした」と言った。長老は食物を取って食べた。少年は彼に言った。「あなたはあちこち歩き回れば回るほど、修屋から遠ざかったのだ。しかし、起きてわたしについて来なさい。」すると、彼はすぐさま、自分が修屋の前にいるのに気付いた。そこで長老は彼に、「入って、わたしたちのために祈ってください」と言った。しかし、長老が入ると、少年は見えなくなっていた[*1]。

六　別のとき、師父ゼノンはパレスティナを巡り、疲れたので、食事をするために胡瓜畑のそばに座った。すると、こんな考えが彼に浮かんだ。「胡瓜を取って食べろ。それが何だというのだ。」彼はその考えに向かって、言った。「盗人は罰を受ける。だから、自分が罰に耐えられるかどうか試してみよ。」彼は立ち上がって五日間太陽に身をさらし、日に焼かれて、言った。「わたしは罰に耐えられない。」そこで、自分の考えに向かって言った。「罰に耐えられないのであれば、盗んだものを食べるな。」
七　師父ゼノンは語った。「立ち上がり、手を神に伸ばして、神が速やかに祈りを聞き入れてくださることを望む者は、すべての人と自らの魂のために祈る前に、敵のために心から祈れ。そうすれば、神はこの正しいわざのために、その人が何を神に願い求めても、聞き入れてくださる*2。」
八　人々が話していたところによると、ある村に、「断食者」の名で呼ばれるほど、しばしば断食する者がいた。彼のことを聞いた師父ゼノンが彼を呼びにやると、彼は喜んでやって来た。彼らは祈りをして座った。長老は黙って働き始めた。断食者は、彼にどうやって話せばよいかわからず、退屈のために心が揺れ始めた。彼は長老に言った。「師父よ、わたしのために祈ってください。わたしは帰ろうと思います。」長老が「なぜ」と尋ねると、彼は答えた。「わたしの心が燃え立つようになり、どうしたのかわからないのです。村にいたとき、わたしは夕方まで断食をしましたが、こんなことはついぞありませんでした。」長老は言った。「村では、そなたは耳で養われていた。今は行って、第九時に食事をし、自分のすることは隠れて為せ。」そのようにし始めると、第九時を待つのに苦しみを感じた。彼を知っていた人々は、「断食者が悪霊に憑かれた」と語った。彼が来て、長老にすべてを打ち明けると、長老は言った。「それこそが神に適った道である。」

ザカリア

一　師父マカリオスが師父ザカリアに言った。「修道者のわざについて話してほしい。」彼は言った。「父よ、あなたがわたしに尋ねるのですか。」師父マカリオスは言った。「我が子ザカリアよ、わたしはそなたを信頼している。何者かがわたしを促し、そなたに尋ねさせるのだ。」ザカリアは言った。「父よ、わたしの考えでは、万事において自分を抑える者、それこそが修道者であります。」

二　ある日、師父モーセが水を汲みに来ると、彼は、師父ザカリアが井戸のそばで祈り、神の霊が彼の上に留まっているのを見た[*3]。

三　ある日、師父モーセは兄弟ザカリアに言った。「わたしが何を為すべきか、言ってほしい。」それを聞くと、ザカリアは、彼の足元の地面に身を投げ出して言った。「父よ、あなたがわたしに尋ねるのですか。」長老は言った。「我が子ザカリアよ、わたしを信ぜよ。わたしは聖霊がそなたの上に下るのを見たが、それ以来、わたしはそなたに尋ねるよう、強いられているのだ。」そこで、ザカリアは自分の頭巾を取って足元に置き、踏みつけて言った。「このように踏み砕かれなければ[*4]、人は修道者ではあり得ません。」

四　師父ザカリアがスケーティスに住んでいたとき、幻視が生じた。彼は立って、自分の父親である師父カリオンにそれを告げた。長老は苦行の実践者であったが、それを正確にはつかめなかった。彼は立ち上がり、それは悪霊からのものだと言って、ザカリアを殴りつけた。先の思いに捉われていたので、ザカリアは夜中に発って、事実を師父ポイメンに報告に行き、それがどれほど彼の中で燃えているかを話した。長老は、それが神からのものであることを見て言った。「ある長老のところへ行き、彼の言うことを行え。」ザカリアがその長老のもとへ行って、何かを尋ねようとする前に、長老はその幻視が神からのものであると悟り、すべてを彼に語り告げた。「行って、そなたの父親に従うがよい。」
五　師父ポイメンが語っていたところによると、師父ザカリアが息を引き取ろうとしていたとき、師父モーセが「何か見えるか」と尋ねた。ザカリアは言った。「父よ、黙っていたほうがよくはないでしょうか。」すると師父は言った。「子よ、その通りだ。黙っていなさい。」そしてザカリアが死んだとき、そばに座っていた師父イシドロスは、天を仰いで言った。「我が子ザカリアよ、喜べ。天の門がそなたに開かれている*5。」

Η《エータ》巻

イザヤ

一　師父イザヤは語った。「侮辱ほど修練者に有益なものはない。樹木が毎日水を与えられるように、修練者も人から侮辱され、それに耐え忍んでゆくのである。」
二　彼はさらに、初めに優れた修練を受けて聖なる師父たちに従う人々に、次のように言った。「最初の染色は、紫の染色のように、決して色あせない。」そして言った。「若枝が容易に曲げられ、向きを変えられるように、従順に生きる修練士たちも同様である。」
三　さらに彼は言った。「修道院から修道院へと移り変わる修練者は、絞首台のくびり縄の下であちこちと動き回る動物のようだ。」
四　彼がさらに語ったところによると、ペルシオンの司祭は、愛餐を行うとき、教会の兄弟たちが食べたり、互いに話したりしていたので、それをたしなめて言った。「静かにせよ、兄弟よ、わたしにはそなたたちとともに食べ、そなたたちと同じように杯で飲んでいる一人の兄弟の姿が見えるが、彼の祈りは、火のように神の御前に立ち昇っている。」
五　人々が師父イザヤについて話していたところによると、ある日、彼はしゅろの籠を手に麦打ち場に行き、地主に「麦をください」と言った。すると地主は、「師父よ、あなたは麦を刈り入れたのですか」と尋ねたので、イザヤは「いや」と答えた。地主は言った。「刈りもしないのに、なぜ麦を欲しがるのですか。」そこで長老が「では、刈り入れをしなければ、報酬をもらえないのですか」と尋ねると、地主は「そうです」と答えた。こうして、長老は退いた。兄弟たちは、彼の為したことを見て、彼の前にひれ伏し、なぜそのようなことをしたのか教えて欲しいと願った。すると、長老は言った。「働かない者は、神からの報酬をいただけないことを示すために[*1]、一つの例を示したのだ。」
六　また、師父イザヤは兄弟の一人を呼び、彼の足を洗った[*2]。それから一つかみのひら豆を鍋に入れ、それが煮立ち始めると、兄弟のところへ持っていった。すると、兄弟は言った。「師父よ、これは煮えていません。」そこで長老は答えた。「そなたは炎を見ただけでは不十分なのか。それはすでに大きな慰めである。」
七　彼はさらに語った。「神が人の魂を憐れもうとしておられるのに、人が反抗してそれを受け入れず、自分の意志を通すならば、神は、その人が神を求めるようになるために、彼が自分の望まぬような苦難を受けることを、お許しになる。」

八　彼はさらに語った。「誰かが、悪でもって悪に報いようと望むときには、首を振るだけで、兄弟の良心を傷つけることができる。」
九　師父イザヤは金銭欲とは何であるかと尋ねられ、次のように答えた。「それは、神がそなたに配慮してくださることを信じず、神の諸々の約束に絶望して、富を愛することである。」
一〇　さらに、中傷とは何かと問われて、こう答えた。「それは、神の栄光を知らずに、隣人を妬むことである。」
一一　さらに、怒りとは何かと問われて、こう答えた。「それは、争い、偽り、無知である。」

エリア

一　師父エリアは語った。「わたしは三つのときを恐れている。すなわち、わたしの魂が体から離れようとするとき、神の御前に立つとき、そして、わたしに判決が下されようとするときである。」
二　エジプトで、長老たちが師父エリアに、師父アガトンについて「彼は立派な師父です」と言った。すると、エリアは彼らに言った。「彼の時代にあっては立派な人である。」そこで、彼らが「昔の人に比べるとどうなのですか」と尋ねると、彼は答えた。「いま言った通り、彼の時代にあっては立派な人である。だが、昔の人については、わたしはスケーティスで、ナウイの子ヨシュアのように（ヨシュア一・一二―三）、太陽を天に止めることができた人を見た。」それを聞いて彼らは非常に驚き、神を賛美した。
三　奉仕者である師父エリアは語った。「悔改めのあるところでは、罪にどんな力があろうか。また、傲慢があるところでは、愛のわざが何の役に立とうか。」
四　師父エリアは語った。「わたしは、ぶどう酒の入ったかぼちゃの容器をわきの下に抱えた人を見て、それが幻であることを暴いて悪霊たちに恥をかかせるため、その兄弟に言った。『お願いだから、それを取り出してください。』彼が、外套を脱ぐと、やはり何も持っていなかったのだった。このことを語ったのも、そなたたちが何かこの種のものを見たり聞いたりしても、それを認めないようにするためである。ましてや、そなたたちのさまざまな考察、評価、思惟を見張らなければならない。悪霊たちが彼らにこれらのものを投げ込んだと知るがよい。彼らは、魂がいかがわしいことを考えて汚されるように仕向け、自分の諸々の罪や神を思うことから精神を引き離そうとしているからである。」
五　彼はさらに語った。「人は、自分の罪に対してか、イエスに対してか、あるいは他の人々に対してかの、いずれかの思いを持っている。」
六　彼はさらに語った。「心が体とともに詩編を朗唱しないならば、その労苦は無駄となろう。また、もし人が苦しみを愛するならば、後に喜びと安らぎの中にいることになろう。」
七　彼はさらに語った。「ある長老が、異教の神殿の中に留まっていると、悪霊たちが来て言った。『われわれの場所から立ち去れ。』長老は、『そなたたちに居場所などあるものか』と言い返した。すると突然、彼らは長老のしゅろの葉をあちこちにばらまき始めたが、長老はあとからそれを拾っていった。すると、悪霊は彼の腕をつかんで、外にひきずり出そうとした。長老は扉のところまで来ると、つかまれていない方の手で扉をつかみ、『イエスよ、助けてください』と叫んだ。すると、ただちに悪霊は逃げていった。長老が泣き始めると、主は『なぜ泣くのか』と尋ねた。長老は、『彼らが人間のわたしをあえてつかまえ、このようなことをするからです』と答えた。しかし、主は彼に言われた。『おまえは不注意だった。おまえがわたしを求めるならば、おまえに何が起こるか、いま見たはずだ。』わたしがこう語るのも、われわれには多くの苦しみが必要であり、苦しみなくしては、誰も神を得ることができないからだ[*3]。また、だからこそ、主ご自身がわれわれのために十字架にかけられたのである。」
八　ある兄弟が、師父サバスの洞窟共住修道院に、静寂主義の師父エリアを訪ね、「師父よ、お言葉をください」と願った。そこで長老は兄弟に語った。「われわれの師父たちの時代には、清貧、柔和、節制の三つの徳が愛されていた。だが今では、貪欲、大食、尊大が修道者の間を支配している。そなたが望むところを取るがよい。」

ヘラクレイオス

誘惑を受けた兄弟が、師父ヘラクレイオスにそのことを打ち明けた。師父は、彼を確固たるものにするために、次のように語った。「ある長老に、長年よく言うことを聞く弟子がいた。あるとき、彼は誘惑に悩まされ、長老の前にひれ臥して言った。『わたしを修道者にしてください。』そこで、長老は彼に言った。『場所を見つけよ。そうすれば、そなたに修屋をつくってやろう。』彼は出発し、そこから一セーメイオンのところに場所を見つけた。彼らはそこに行って、修屋を造った。長老は兄弟に言った。『わたしがそなたに何を言おうとも、それを行え。腹が空いたら食べ、飲み、眠れ。しかし、土曜日まではそなたの修屋を離れてはならない。それから、わたしのもとへ来るがよい。』兄弟は、その命令に従って二日を過ごしたが、三日目には退屈して言った。『長老はなぜわたしにこんなことをさせたのだろう。』彼は立ち上がり、多くの詩編を朗唱し、日没後に食事をした。そして、自分のむしろの上に寝にゆくと、そこに一人のエチオピア人が横たわり、彼に向かって歯ぎしりしているのを見た。兄弟は非常に恐れ、長老のところへ大急ぎで走ってゆき、戸を叩いて言った。『師父よ、憐れんで、戸を開けてください。』しかし、長老は彼が自分の言葉を守らなかったと知って、明け方まで戸を開けてやらなかった。夜明けに戸を開けると、彼が外で赦しを乞うているのを見つけ、憐れに思って兄弟を中に招いた。彼は言った。『お赦しください、父よ。わたしが寝にゆくと、むしろの上に真っ黒なエチオピア人を見たのです。』長老は言った。『わたしの言葉を守らなかったから、こうなったのだ。』その後、長老は、兄弟が修道の生に従うよう、できるだけ養成したので、彼は次第に立派な修道者になった。」

Θ《テータ》巻

フェルメのテオドロス

一　フェルメの師父テオドロスは、三冊の立派な本を持っていた。彼は師父マカリオスのもとを訪ね、言った。「わたしは三冊の立派な本を持っており、それらから益を得ています。また、兄弟たちもそれらを利用して役立てています。そこでお尋ねしたいのですが、わたしと兄弟たちのためにそれを所有しておくか、売って貧しい人々に施すか、どちらがよいでしょうか。」長老は答えた。「今までのやり方でよい。しかし何も持たぬ方がさらによい。」これを聞いて、彼はそれらの本を売り、貧しい人々に分け与えた。
二　ケリアに住んでいたある兄弟が、孤独に悩まされ、フェルメの師父テオドロスのもとを訪ねて、このことを話した。すると長老は言った。「行って、そなたの考えを謙らせ、自分を律して、他の人々とともに暮らすがよい。」ところが、彼は再び長老のところに戻ってきて、言った。「人々とともにいても、安らぎを得ませんでした。」そこで長老は言った、「ひとりでも他人とでも安らぎを得ないというが、ではなぜ、そなたは修道者になったのだ。困難を耐え忍ぶためではなかったのか。何年間修道服を着ているのか、申してみよ。」彼は「八年間です」と答えた。すると、長老は言った。「わたしは、実に七〇年もの間、修道服を身に着けているが、一日たりとも安らぎを得たことはない。それなのに、そなたは八年間で安らぎを得ようというのか。」これを聞いて、兄弟は強められて戻っていった。
三　あるとき、一人の兄弟が師父テオドロスのもとを訪ねてきた。彼はお言葉をいただけるようにと願い、三日間をそこで過ごした。だが、長老は彼に何も答えなかった。彼は悲しみながら、立ち去った。そこで、長老の弟子が言った。「師父よ、なぜあの兄弟に何も仰らなかったのですか。彼は悲しんで戻ってゆきました。」すると、長老は言った。「いかにも、わたしは何も言わなかった。他人の言葉によって誉れを得んとする者は、商人だからだ。」
四　さらに語った。「誰かに友情を持ち、その人が邪淫の誘惑に陥ったならば、できるだけ彼に手を貸して、そこから引き上げよ。だが、異端に陥り、あなたの勧めによっても、そこから立ち帰ろうとしないならば、速やかにあなたから彼を断ち切るがよい。ぐずぐずしてあなたも、彼とともに深みに落ち込まないためである。」
五　人が、フェルメの師父テオドロスについて話していたところによると、彼は何にも増して、次の三つのものを重視していた。それは、清貧、苦行、そして人間を避けることである。
六　あるとき、師父テオドロスは兄弟たちとともに余暇を過ごしていた。彼らは食事の際に、黙して恭しく杯を受けようとせず、また「憐れみたまえ」とも言わなかった。そこで師父テオドロスは言った。「修道者たちは、憐れみたまえ、と言うだけの気高さをも失ってしまった。」
七 ある兄弟がテオドロスに尋ねた。「師父よ、わたしは数日パンを食べないでいるほうがよいでしょうか。」長老は答えた。「それはよいことだ。実際、わたしもそうした。」次いで、兄弟は言った。「わたしはエジプト豆を持ってパン焼き場に行き、粉を作ろうと思います。」すると、長老は彼に言った。「今度、パン焼き場に行くときに、パンを作ればよい。なぜそのように外出の必要があるのか。」
八 長老たちの一人が、テオドロスのもとを訪ねてきて、言った。「ある兄弟が世俗に戻りました。」すると、長老テオドロスは言った。「そんなことで驚くのか。驚いてはならない、むしろ、誰かが敵なる悪霊の口から逃れ得たと聞くならば、そのときこそ驚け*1。」
九 ある兄弟が、師父テオドロスのところに来て、自分がまだ実行していない事柄を語り、尋ね始めた。そこで長老は言った。「そなたは舟も見つけず、船荷も積まず、航海に出る前に、もうしかじかの町に着いてしまった。為すべきわざを為したときに、はじめて今そなたが話しているところに達するのだ。」
一〇 またあるとき、彼は生まれつき宦官である師父ヨハネのところに来て、会話の合間にこう述べた。「わたしがスケーティスに居たときは、魂のわざがわれわれのわざであり、手仕事は付属的なものであった。しかし、今では魂のわざが付属的なものとなり、付属的なものが主なわざになってしまった。」
一一　そのとき、一人の兄弟が尋ねた。「わたしたちが今、付属的なものと考えている魂のわざとはどんなものでしょうか。また今、魂のわざと考えている付属的な仕事とは、どんなものなのでしょうか。」そこで、長老は語った。「神の命令によって行われるすべてのことは、魂のわざである。だが、自分のために働き、集めることは、付属的なものとしなければならない。」すると兄弟は、「その点をよく説明してください」と言ったので、長老は次のように語った。「わたしが病気であると聞いて、そなたがわたしを見舞わなければならないとする。そなたは自問するであろう。『自分の手仕事を放っておいて、すぐ行くべきだろうか。まず手仕事をやり終えてから行こう。』ところが、また別の理由が出来て、結局のところ、恐らくそなたは出発しないだろう。あるいはまた、他の兄弟がそなたに『兄弟よ、手を貸してくれ』と言ったとする。そこで、そなたは自問する、『わたしが自分の仕事をやめて、彼と働きに行くべきだろうか。』そのとき、もし行かないならば、そなたは、魂のわざである神の命令を捨てて、手仕事という付属的なことをすることになるのだ。」
一二　フェルメの師父テオドロスは語った。「悔改めて身を処する人は、掟に縛られない。」
一三　彼は語った。「人を軽蔑しないというほどの徳は、ほかにはない。」

一四　彼はさらに語った。「修屋の甘美さを知る者は、軽蔑からではなく、隣人を避ける。」
一五　彼はさらに語った。「さまざまな同情から自らを断ち切らねば、それらはわたしを修道者にさせないだろう。」
一六　彼はさらに語った。「当節は、多くの人々が、神が休息を与える前に、休息してしまう。」
一七　彼はさらに語った。「女性のいるところで眠ってはならない。」
一八　ある兄弟が師父テオドロスに尋ねて言った。「わたしは掟を為しとげたいのです。」そこで、長老が師父テオナスについて話したところによると、彼も「わたしの考えを神に従って、全きものにしたい」と言った。そして、小麦粉をパン焼き場に持っていき、そこでパンを焼いた。貧しい人々に請われたので、そのパンを与えた。他の人々にも請われたので、籠と自分の着ていた衣服とを与え、小さな衣で腰を覆って、自分の修屋に戻った。そして、自分を非難し、「このように、わたしは神の掟を十分に果たさなかった」と言うのであった。
一九　あるとき、師父ヨセフが病気になり、師父テオドロスのもとへ人を遣わして言った。「わたしが体から離れる前に、あなたにお会いするため、おいでください。」ところが、それは週の半ばのことであった。そこで、彼は出かけず、人を送って言った。「そなたが安息日までもつならば行こう。

もし死んでしまったら、あの世で互いに会おう。」
二〇　ある兄弟が、師父テオドロスに言った。「お言葉をください、わたしは滅びそうなのです。」すると、長老はつらそうに言った。「わたし自身危ういのだ。そなたに何が言えようか。」
二一　ある兄弟が、編み物について習うために、師父テオドロスのもとへやって来た。彼は糸を持ってきていた。長老は彼に言った。「行け、そして明け方ここに来るがよい。」長老は立ち上がって、糸をぬらし、彼のために籠を編む準備をし、「このようにし、また、あのようにせよ」と言って、彼をそこに残した。そして修屋に入って、座り始めた。時間が来たとき、彼に食事をさせ、送り帰した。しかし、夜明け方、兄弟が再び修屋にやってきたので、長老は言った。「ここからそなたの糸を取って、立ち去れ。そなたはわたしを誘惑と気苦労へと陥れるために来たのだ。」そして、もはや彼が中に入るのを許さなかった。
二二　師父テオドロスの弟子は語った。「かつてある人が玉ねぎを売りに来て、わたしの器を玉ねぎで満たした。すると長老は、『彼のために小麦で器を満たし、与えなさい』と仰った。ところで、小麦の山は二つあり、一つは純粋なもので、もう一方は選別されていないものだった。そこで、わたしは選別されていない小麦を、その人の器に満たした。すると、長老は、厳しく、悲しげな眼でわたしを見たので、わたしは恐ろしくなって倒れ、器を壊してしまった。わたしが長老の前にひれ伏すと、長老はこう言われた。『立て、そなたの過ちではない。わたしが悪かったのだ。そなたに、あのように言ったのだから。』そして、長老は中に入り、純粋な小麦を自分の懐に満たして、それを玉ねぎと一緒に商人に与えたのだった。」
二三 ある日、師父テオドロスは一人の兄弟とともに、水を汲みに行った。すると、先に歩いていた兄弟が、池の中に蛇を見つけた*[2]。長老は言った。「行け、その頭を踏みつけよ*[3]。」だが、恐れた兄弟はそこに行かなかった。しかし、長老がやって来ると、その生き物は彼を見て恥じ入り、砂漠へと逃げ去った。
二四 ある人が師父テオドロスに尋ねた。「師父よ、もし突然災害が降りかかってきたとしたら、恐れますか。」長老は言った。「たとい天が地にくっついたとしても、テオドロスは恐れないだろう。」たしかに、彼は臆病が自分から取り除かれるよう、神に祈っていた。それで、その人はこう尋ねたのである。
二五 人が彼について話していたところによると、彼は、スケーティスで輔祭に任じられたが、その役割を引き受けるのを望まず、あちこち逃げ回っていた。しかし、長老たちは彼をスケーティスに連れ戻して、言った。「輔祭の務めを捨てないでください。」師父テオドロスは言った。「わたしがその典礼の役割に留まることに確信が持てるかどうか、神に祈らせてほしい。」そして、彼は神に祈った。「わたしがこの役割に留まることがあなたの御意志であるならば、わたしに確信をお与えください。」すると、地から天に届く火の柱が現れて*[4]、声が聞こえた。「もしもそなたがこの柱のごとくなれるのならば、行って輔祭の務めを果たせ。」これを聞いて彼は、務めを受けないことを決心した。彼が教会にくると、兄弟たちは彼の前にひれ伏して言った。「輔祭になりたくないのでしたら、せめて聖体祭儀の間だけ、杯を持ってください。」しかし、彼はそれを承知せず、言った。「わたしを放っておかないならば、わたしはここを立ち去る。」それで、彼らは彼の自由にさせた。

二六　人が彼について話していたところによると、スケーティスが蛮族によって荒らされたとき、彼はフェルメに住むためにやって来た。が、老齢のために病気になった。そこで、ある人が彼に肉を持ってきた。しかし、彼は最初の人が持ってきたものを次の者に与え、こうして、一人の者から受け取ったものを他の者に与えるのであった。そして、食事の時間には、訪れた者が持ってきたものを食べたのである。

二七　人々が師父テオドロスについて話していたところによると、彼がスケーティスに住んでいたとき、悪霊が入り込もうとして彼のもとにやって来たが、彼はそれを修屋の外に縛りつけた。さらに別の悪霊が入ろうとしてやって来たが、長老はそれをも縛りつけた。すると、第三の悪霊が来て、二つの悪霊が縛りつけられているのを見て言った。「なぜ、お前たちはこんな外に立っているのだ。」彼らは答えた。「あの者が修屋の中に座っていて、入らせないのだ。」そこで、第三の悪霊は、力を振るって入ろうと試みた。だが、長老はこれをも縛りつけた。そこで、彼らは長老の祈りを恐れ*5、「われわれを解き放してほしい」と願った。長老は彼らに言った。「立ち去れ。」こうして、彼らは辱められて立ち去った。

二八　ある神父が、フェルメの師父テオドロスについて語った。「とある午後、わたしは彼のところへ行った。すると、彼がぼろぼろの小さな修道服を着て、胸をはだけ、頭巾を前に垂らしているのを見た。そこへ、見よ、ある身分の高い人が、彼に会うためにやって来た。その人が戸を叩いたので、長老は戸を開けて外に出、彼に会って話をするために戸口に座り込んだ。わたしは、彼の衣の端を取って、それで彼の肩を覆った。しかし、長老は手を伸ばし、それを払いのけてしまった。その身分の高い人が去ったあと、わたしは言った。『師父よ、どうしてこのようなことをしたのですか。あの人は教えを得るために来たのに、躓きはしなかったでしょうか。』すると、長老は言った。『師父よ、わたしに向かって何を言うのだ。一体、われわれは人に仕えるのだろうか。われわれは必要なことをしたのだ。その他のことは避けよ。益を受けようと思うものは受ければよい。躓く者は躓くがよい。だが、わたしはありのままの姿で振舞う。』そして、彼は弟子に命じた。『誰かがわたしに会いにやって来たら、人間に阿るようなことを言ってはならない。わたしが食事をしているなら、食事をしています、と言い、眠っているなら、眠っています、と言うがよい。』」

二九　あるとき、三人の盗賊がフェルメの師父テオドロスのところに押し入った。二人はテオドロスの腕をつかみ、残りの者が彼の持ち物を奪い取った。さらに、その男は書物を運び出し、さらに修道服をも取ろうとした。そのとき、テオドロスは彼らに言った。「それは置いてゆけ。」しかし、彼らがそうしようとしなかったので、彼は両手を挙げて、二人を押し退けた。これを見て盗賊たちが恐れをなすと、長老は言った。「恐れることはない。品物を四つに分けよ。その中の三つを取り、一つを置いてゆけ。」そこで、彼らはそうした。テオドロスは取り分として、集会で着ていた小さな修道服を貰った。

エンナトンのテオドロス

一　エンナトンの師父テオドロスは語った。「わたしは若い頃、砂漠に住んでいた。ある日、わたしが二かま分のパンを焼くためにパン焼き場にいくと、そこにパンを焼こうとしている一人の兄弟がいた。だが、彼には手を貸す人がいなかった。そこで、わたしは自分の仕事をひとまず措き、彼を手伝った。暇になったとき、別の兄弟が来たので、再び手を貸してパンを焼いた。そしてさらに、第三の兄弟が現れたので、同じようにし、その後、やって来た各々に対して同じように振舞って、六かま分を焼いた。そして最後に、来る者が途絶えたので、自分の二かま分のパンを焼いた。」
二　人々がエンナトンの師父テオドロスと師父ルキオスとについて話していたところによると、彼らは五〇年をそこで過ごしたのだが、自分たちの思いに戯れて、こう言っていた。「この冬が過ぎたら、ここを移ろう。」そして夏が来るとまた言った。「この夏が過ぎたら、ここを出ていこう。」永く記憶さるべきこれらの師父たちは、いつもこのようにして過ごしていた。
三　エンナトンの師父テオドロスは語った。「神が、祈りのときの散漫さと詩編朗唱のときの放心とを咎めるならば、われわれは救われない。」

スケーティスのテオドロス

スケーティスの師父テオドロスは言った。「想念が生じると、わたしを悩ますが、また専心させもする。それには行為を引き起こす力はなく、単に、徳（アレテー）に向かう際の障害となるに過ぎない。それで、醒めている人はこれを振り払い、祈りへと起き上がるのである。」

エレウテロポリスのテオドロス

イベリア（グルジア）の人、師父アブラハムは、エレウテロポリスの師父テオドロスに尋ねて、言った。「師父よ、名誉を得るのと不名誉を受けるのとでは、どちらがよいでしょうか。」そこで、長老は答えた。「わたしは不名誉を受けるよりも、むしろ名誉を得る方を望む。もし善いわざをなして名誉を受けるならば、わたしはこの名誉にふさわしくないとして、自分の想念を非難することができる。他方、不名誉は悪しき行いによって起こる。人々がわたしのために躓くとすれば、一体、いかにして自分の心を慰め得よう。だから、善を行って名誉を受ける方がよい。」そこで、師父アブラハムは言った。「父よ、よく仰ってくださいました。」

テオドトス

師父テオドトスは語った。「パンの欠乏は、修道者の体を疲れさせる。」だが、他の長老はこうも語った。「徹夜は、それ以上に体を疲れさせる。」

テオナス

師父テオナスは語った。「心（知性）を神の観想から引き離すことによって、われわれは肉体的な情念のとりことなる。」

大主教テオフィロス

一　あるとき、至福なる大主教テオフィロスがニトリアの山地を訪ねて来た。そこで、山地の師父が彼のところへ行くと、大主教は尋ねた。「父よ、この道において何かより優れたものを見出されましたか。」長老は答えた。「それは、絶えず自分自身を責め、非難することです*6。」師父テオフィロスは応じた。「それを措いて、ほかに道はありません。」
二　同じく、大主教テオフィロスは、あるときスケーティスにやって来た。集まっていた兄弟たちは、師父パンボに言った。「大主教が教化されるように、一言仰ってください。」長老は彼らに言った。「わたしの沈黙によって教化されないならば、わたしの言葉によっても教化されない。」

三　あるとき、師父たちが大主教テオフィロスに招かれて、アレクサンドリアにやって来た。それは、祈りをなし、異教の神殿を破壊するためであった。彼らが大主教と食事をしていると、子牛の肉が出されたが、彼らはそれが何であるかわからずに食べた。大主教は肉の一切れを取って、近くの長老たちに与えて言った。「さあ、師父よ、これはとてもよい肉です。お食べください。」そこで彼らは答えた。「われわれは今まで、野菜を食べてきました。もしそれが肉ならば、食べません。」そして、彼らは誰も、それ以上食べようとしなかった。

四　また、師父テオフィロスは次のように語っていた。
「魂が肉体から離れるとき、われわれはどれほどの恐怖、おののき、そして苦しみを蒙るであろう。というのも、われわれに敵対する諸力の軍と権力、闇の君主たち、邪悪の王たち、諸々の長たち、権力あるもの、悪霊たちが、われわれに迫ってくるからだ。然るべき仕方で、彼らは、魂が若い頃から死ぬまでに意識的、無意識的に犯した罪のすべてを示して、魂を捉える。彼らは、魂から生じたすべてのことを責めるために、立ち上がるのだ。そして、判決が告げられ自由になるまでの間に、魂はどのような苦しみを味わうであろうか。これこそ、魂に自由がもたらされることを見るまでの苦しみのときである。またさらに、神的な諸力が、敵対する者たちの前に立ち上がり、魂の善いところを示す。それゆえ、正しい裁き手によって、裁きが下されるまで、魂がどれほどの恐怖とおののきの中に身を置くかを、よく考えよ。

もし判決が相応しいものならば、かの悪霊たちは恥を受け、魂は彼らから解放される。その後、あなたは憂うことなく、聖書に書かれている通り、天国に住む。『喜ぶすべての人々の住まいは、あなたの中にある』（詩編八六・七）。そこで、聖書の言葉が成就するのだ。『苦しみ、悲しみ、うめきは消え去った』（イザヤ三五・一〇）。解放された魂は、言語に絶するそうした喜びと栄光へと進み、そこに身を置く。しかし、魂が怠惰の中に生きてきたことが分かると、魂は次の恐ろしい声を聞く。『主の栄光を見ぬよう、不敬虔な者を取り除け』（イザヤ二六・一〇）。そのとき、魂は、怒りと苦しみと暗黒の日に捉えられる。そして、外の闇に渡され、永遠の火の責め苦を宣言され、終わることなく罰せられる。そのとき、世の誇りはどこにあるのか。虚栄、喜悦、快楽、幻想、安らぎ、喧騒、富、高貴さは、一体どこにあるだろうか。父、母、兄弟はどこにいるだろうか。彼らのうちの誰が、火に焼かれ、苦しい拷問に遭うこの魂を救い出すことができるだろうか。とすれば、聖なる敬虔な行為を、どれほど為さねばならないだろうか。また、それを得るためには、いかなる修行、いかなる行い、いかなる歩み、どれほどの厳格さ、どれほどの祈り、どれほどの見張りが、必要であろうか。『これを期待し、しみもなく、非難さるべきところもなく、神によって平安のうちに見出されるよう努力しよう』（二ペテロ三・一四）。それは、『わたしの父に祝福された人々よ、さあ、世の始めからあなたたちに用意されている国を受け継げ。世々とこしえに、アーメン』（マタイ二五・三四）という言葉にふさわしい者となるためである。」

五　また、大主教テオフィロスは、死に臨んでこう語った。「師父アルセニオスよ、あなたは幸いです。あなたは絶えずこのときを想起していたからです。」

テオドラ

一　教母テオドラは、教父テオフィロスに、「時（カイロス）[*7]を活用する」（コロサイ四・五）という使徒の言葉の意味を尋ねられた。そこで彼女は語った。「この言葉は、利用を意味しています。たとえば、虐待される時があなたにあるとしましょう。謙遜と忍耐とによって、その虐待の時を利用し、自らに益をもたらしなさい。侮辱の時があるとしましょう。忍耐によって、その侮辱の時を利用しなさい。そうすれば益を得ます。すなわち、すべて不利なことも、わたしたちがそれを進んで欲するならば、わたしたちに益が生じるのです。」
二　教母テオドラは語った。「『狭い門から入るよう努めなさい』（マタイ七・一三）。樹木は冬と雨とを経なければ、実を結ぶことはできません。わたしたちにとっても同様で、今の世は冬であり、多くの苦しみと試練によらなければ、天の国の相続人にはなれないのです[*8]。」
三　さらに彼女は語った。「静寂さを保つのはよいことです。というのも、注意深い人は静寂さを保つからです。実際、乙女や修道者、そしてとくに初心者にとって、静寂さを保つことは、真に大きなことです。しかし、人が静寂さを保とうとすると、直ちに悪霊がやって来て、魂をさまざまな不注意や失望や想念で落ち込ませることを知りなさい。また、体をも、病気、弛緩、膝と四肢の弱さで落ち込ませます。悪霊は、わたしたちに、『わたしは病人で、集会に参加する力がありません』と言わせるために、魂と体との力を破壊するのです。しかし、わたしたちが見張っていれば、これらすべては消え去ります。実際、集会に参加する前はいつも、激しい頭痛とともに、悪寒と発熱に襲われていた修道者がいました。彼はそのとき、自らに言いました。『わたしは病人で、ことによると死ぬかもしれない。だから、死ぬ前に立ち上がって、集会に参加しよう。』彼はこの考えによって、自分自身を強め、集会に参加したのです。こうして、集会に出ると、熱も止むのでした。そしてしばしば、兄弟はそのような考えに抵抗し、集会にも参加し、悪しき想念にも打ち勝ちました。
四 教母テオドラは語った。「あるとき、一人の信心深い者が、他人から侮辱を受けました。すると、彼は相手に向かって次のように言いました。『わたしもあなたに同じことが言えるのですが、神の法がわたしの口を閉ざすのです。』」また、彼女によると、あるキリスト教徒が肉体についてマニ教徒*9と議論したとき、次のように言ったという。「肉体に法を与えなさい*10。そうすれば、肉体がその造り主のものであることが分かるでしょう。」
五 さらに彼女が語ったところによると、師というものは、命令を好むことから無縁で、虚栄には無頓着であり、さらには傲慢から遠ざからなくてはならない。また、へつらいによって欺かれたり、贈り物に目がくらんだり、大食にしばられたり、怒りに支配されたりしてはならない。辛抱強く、公正で、できるだけ謙遜でなくてはならない。試練によって高められ、寛大で忍耐強く、魂を愛する者でなければならない。

六　さらに彼女は語った。「わたしたちを救うのは、苦行でも徹夜でも、どのような労苦でもなく、ひとえに真の謙遜です。事実、悪霊を追い払っている隠修者がいましたが、彼は悪霊に尋ねました。『何によって、おまえたちは追い出されるのか、断食か。』『われわれは食べたり飲んだりはしない。』『徹夜によるのか。』『われわれは眠りもしない。』『隠修生活によるのか。』『われわれは砂漠に住んでいる。』『では、何によって追い出されるのか。』彼らは言いました。『謙遜以外に、われわれに勝つものはない。』ですから、謙遜が、いかに悪霊に打ち勝つかが、分かるでしょう[*11]。」
七　教母テオドラはさらに語った。「一人の修道者がいました。彼は多くの試練を受けたために、『わたしはここから出て行く』と言いました。草履を履くと、他の者も、草履を履こうとしているのを見ました。その人は彼に言いました。『あなたがここを離れるのは、わたしのためではないでしょうか。わたしはあなたが行くすべてのところに、先立って行くでしょう。』」

Ⅰ《イオタ》巻

ヨハネ・コロボス

一　人々が師父ヨハネ・コロボスについて語っていたところによると、彼はスケーティスのテーベ出身の長老のもとに隠修して、砂漠に住んでいた。その長老は、干からびた木を取って来て植え、ヨハネに言った。「これが実を結ぶまで、毎日一瓶の水をやれ。」けれども、水のある場所は彼らのところから遠く、夕方出発して明け方戻るほどの距離であった。だが、三年後、木は生命を吹き返し、実を結んだ。そこで、長老は実を取って集会に持ってゆき、兄弟たちに言った。「従順の実を取って食べるがよい。」
二　人が師父ヨハネ・コロボスについて話していたところによると、彼は、あるとき自分の兄弟に言った。「わたしは天使たちが、何の煩いもなく、働かず、絶えず神に仕えているように、憂いなく暮らしたいのです。」そして、自分の衣服を脱ぎ、砂漠へと去った。そして一週間後、彼は兄弟のところへ戻ってきた。彼が戸を叩くと、兄弟は開く前に、「おまえは誰だ」と尋ねた。彼が、「あなたの兄弟のヨハネです」というと、兄弟は答えた。「ヨハネは天使になり、人間の間にはいない。」そこでヨハネは「わたしです」と言って願ったが、兄弟は戸を開けず、ヨハネが困惑するまま朝まで放っておいた。そして最後に、戸を開けて言った。「おまえは人間だ。だから、食べるためには、また働かなければならない。」ヨハネはひれ伏して、「お赦しください」と言った。
三　師父ヨハネ・コロボスは次のように語った。「王が敵どもの町を占領しようと思うならば、まず水と食料とが敵に渡らぬよう分捕る。そうすれば、敵は空腹で滅びそうになって、彼に降服する。肉体の情念についても同様である。人が断食と空腹の中に修行するならば、敵はその人の魂に対して無力になるのだ。」
四　彼はさらに語った「満腹するまで食べて、少年と話す者は、すでに想念において、彼と邪淫の罪を犯したことになる。」
五　彼はさらに語った。「ある日、縄を持ってスケーティスの道を登ってゆくと、らくだ曳きが挑発して、わたしを怒らせようとするのだった。そこで、わたしは荷物を置いて逃げた。」
六　さらに夏、彼は、一人の兄弟が怒って他の者に食って掛かり、「ああ、おまえもか」と言うのを聞いた。そこで、ヨハネは収穫物を置いて逃げた。
七　スケーティスの幾人かの長老が、一緒に食事をして、余暇を過ごしていた。が、そこには師父ヨハネも交じっていた。ある偉大な司祭が、水差しの水を供するために立ち上がったが、ただ一人、ヨハネ・コロボスを除いては、誰もそれを受けようとはしなかった。彼らは驚いて、ヨハネに尋ねた。「そなたは皆の中で一番若いのに、なぜあえて司祭から奉仕を受けたのか。」すると彼は答えた。「わたしが水差しの水を供するために立ち上がるとき、わたしが報いを受けるようにと、もし皆がそれを受け取ってくださるとしたら、わたしは嬉しいでしょう。それで、あの方が報いを受けるように、また、誰もあの方の奉仕を受けないことで、彼が悲しまないようにと、わたしもそれを受けたのです。」彼がこのように語ると、皆は驚嘆し、その分別に教えられた。

八　あるとき、彼が教会の前に座っていると、兄弟たちが彼の周りを取り囲み、自分たちのさまざまな想念のことを問うた。これを見て、長老の一人が妬みにかられ、彼に言った。「ヨハネよ、そなたの水差しは毒に満ちている。」すると、師父ヨハネは言った。「師父よ、そのとおりです。ところで、あなたは外なるものだけを見てそう言いましたが、内なるものを見たら何と言うでしょうか。」

九　師父たちが話していたところによると、あるとき、兄弟たちが愛餐の席で食事をしていたとき、一人の兄弟が食卓で笑った。すると、それを見た師父ヨハネは嘆いて言った。「愛餐をいただくときは、むしろ泣くべきであるのに、それを笑うとは。一体この兄弟の心には、何があるのだろうか。」

一〇　あるとき、幾人かの兄弟が、彼が考えを散らしていないか、この世のことを話していないかを、試しにやって来た。彼らは言った。「わたしたちは神に感謝しています。今年は雨がたくさん降り、しゅろが水を吸って葉を伸ばし、そのため兄弟たちが手仕事を見つけたからです。」そこで師父ヨハネは彼らに語った。「聖霊についても同様である。それが人間の心に降りるとき、彼らの心は新たにされ、神への畏れのうちに葉が生じるのである[*1]。」
一一　人々が彼について話していたところによると、あるとき、彼は二つの籠をつくるために縄を編んでいた。その一つを壁に届くまで編んでしまったが、それに気づかなかった。というのも、彼の考えが、観想に没頭していたからである。
一二　師父ヨハネは語った。「わたしは、大きな木の下に座って、多くの野獣や蛇がこちらに向かってくるのを見ている人のようなものだ。彼は、それらに立ち向かうことができないとき、いつもすばやく木に登り、救われる。わたしもそれと同じだ。自分の修屋に座して、わたしの上を横切る諸々の悪しき想念を観想する。そして、それに対して力を持てないときには、祈りによって神のもとへと避難し、敵から救われるのである。」
一三　師父ポイメンが師父ヨハネ・コロボスについて話していたところによると、彼は神に請い願って、情念が自分から取り除かれたので、もはや煩いがなくなった。そこで、彼はある長老のところへ行き、言った。「わたしは安らかになり、何の闘いもありません。」すると、長老は言った。「行け、そして闘いが再び戻ってくるように神に願え。また、そなたが以前もっていた悩みと謙遜とを得るように願うがよい。というのも、闘いによってこそ、魂は進歩するからだ。」そこで、彼は再び神に願い、闘いがやってくると、もはやそれが除かれることを祈らず、こう言った。「主よ、闘いのさなかにあって、わたしに忍耐をお与えください。」
一四　師父ヨハネが話していたところによると、ある長老が脱魂状態にあって幻を見た。三人の修道者が海岸に立っていた。すると、向こう岸から声がした。「火の翼をとって、わたしのところに来るがよい*2。」そこで、二人の修道者はそれを取り、向こう岸まで飛んでいったが、もう一人の修道者はとり残されてしまい、激しく泣き悲しんだ。やがて、彼にも翼が与えられたが、それは火の翼でなく、弱く力ないものだった。彼は沈んだり浮いたりして、大変苦労しながら向こう岸に着いた。今の世とはこのようなものである。翼を受け取るとしても、火の翼ではなく、弱く力ないものをかろうじて受け取っているのだ。
一五　ある兄弟が師父ヨハネに尋ねた。「わたしの魂は自ら傷を負っていながら、なぜ、恥知らずにも他人を中傷してしまうのでしょうか。」長老は中傷について、次のような例え話を語った。妻を持つ貧しい男がいた。ところが、彼は自分の好みにあった他の女を見て、彼女をも娶った。二人の女はどちらも裸であった。あるところで祭りがあったので、彼女たちは彼に、「わたしたちも連れていってください」と願った。彼は二人を酒樽に入れ、船に積んで祭りに赴いた。それは焼けつくような暑いときで、人々はじっとしていた。女の一人は、外を見、誰もいないのを見て、ごみの山に身を投げ出し、古いぼろぎれを集めて腰巻をつくり、大胆にもあちこち歩いた。すると、裸のまま樽の中にいたもう一人の女は言った。「あそこに、裸で歩く恥知らずな売女がいる。」悲しんだ夫は言った。「これは驚いた。あれは少なくとも自分の不調法を隠しているのに、おまえは素っ裸のくせにそんなことを言って、恥ずかしくないのか。」中傷についても同様である。
一六　長老はさらに、回心しようとする魂について、兄弟に語った。「ある町に、多くの愛人を持つ美しい娼婦がいた。一人の首長が、彼女のもとへやって来て言った。『身を慎むと約束しなさい。そうすれば、わたしはそなたを妻として迎えよう。』彼女はそのことを約束した。彼は彼女を娶り、家に連れていった。ところで、彼女の愛人たちは彼女を探して、言った。『あの首長が、彼女を家に連れていった。もしわれわれが彼の家に行って、それが知れたら、彼はわれわれを罰するだろう。だから、家の裏に回って、口笛を吹くことにしよう。彼女は口笛を聞いたら、われわれのところに降りてくる。そうすれば、われわれには罪がないことになる。』しかし、彼女は口笛を聞くと、耳を塞ぎ、一番奥の寝室に急いで入って、戸をしめた。」長老が言うには、この娼婦とは魂のことであり、その愛人とは、さまざまな情念と人間たちである。首長はキリストであり、一番奥の部屋は永遠の住まいである。そして、口笛を吹く者は邪悪な悪霊たちであるが、魂はいつも主のもとに逃げ込むのである[*3]。
一七　あるとき師父ヨハネは、他の兄弟たちとスケーティスを発って上流の方へ向かった。夜だったため、彼らを案内していた者が道に迷ってしまった。兄弟たちは師父ヨハネに言った。「師父よ、兄弟が道に迷ったのですが、迷って死なないようにするには、どうすればよいでしょうか。」長老は言った。「彼にそのことを言えば、彼は悲しみ、恥じるだろう。だが、わたしが病気を装って、もう歩けないから、夜明けまでここに留まる、と言おう。」そして彼はそのとおりにした。残りの者も「わたしたちも先へ行かず、あなたとともに留まります」と言った。こうして、彼らは朝まで留まり、その兄弟を躓かせなかった。
一八 スケーティスに、肉体労働には励むが、何ごとも忘れっぽい長老がいた。彼は物忘れについて尋ねようと、師父ヨハネのもとへやって来た。そして、師父からの言葉を聞いたが、修屋に戻ると、師父ヨハネが言ったことをもう忘れてしまった。そこで、彼は再び尋ねに行き、同じように師父からの言葉をいただき、戻った。だが、自分の修屋に着くと、再び忘れてしまい、そのようにして何度も行ったのだが、帰ると物忘れに支配された。後に師父に会って、彼は言った。「師父よ、ご存じの通り、あなたの仰ったことをまた忘れてしまいました。しかし、あなたを煩わせないために、尋ねに来ませんでした。」師父ヨハネは言った。「行って、燭台に灯をともせ[*4]。」彼は灯をともした。すると師父は、また彼に言った。「他の燭台にもともせ。」彼は同じようにした。師父ヨハネは言った。「燭台の灯は、他の燭台に灯をつけたとき、何か害を受けただろうか。」彼はいいえ、と答えた。長老は言った。「ヨハネも同様である。たといスケーティス全体がわたしのもとにやってきても、キリストの恵みからわたしを妨げることはない。だから、好きなときに来なさい。遠慮などせぬように。」こうして、両人の忍耐によって、神は長老から物忘れを取り去った。スケーティスの人々のわざとはこのようなものであった。すなわち、闘う人々には熱意を与え、善において互いに益するために、自分自身を抑えるのである。
一九 ある兄弟が師父ヨハネに尋ねた。「わたしはどうすればよいでしょうか。しばしば兄弟が来て、わたしに仕事をさせようとするのですが、わたしはみじめで病弱なため、仕事に疲れてしまうのです。

それでは、掟のために何をすればよいのでしょうか。」長老は語った。「カレブはナウイの子ヨシュアに言った。『わたしが四〇歳のとき、主の僕モーセは、砂漠からわたしとあなたをこの地に遣わしました。わたしはいま八五歳です。が、当時そうであったように、戦いに加わったり離れたりすることができます』（ヨシュア一四・七―一一）。そなたもそのように戦闘に加わったり離れたりできるならば、行け。しかし、もしできなければ、そなたの罪を嘆くために、修屋に座っているがよい。嘆いているそなたを見れば、人は無理にそなたを引き出すことはないであろう。」
二〇　師父ヨハネは言った。「ヨセフを売ったのは誰だろうか。」ある兄弟が答えて言った。「彼の兄弟たちです」（創世記三七・三六）。長老は彼に言った。「いや、違う、彼の謙遜が彼を売ったのだ。彼は『わたしは彼らの兄弟です』と言って反論することもできたのだから。しかし、彼は黙って、謙遜によって自分を売った。そしてこの謙遜が、彼をエジプトで宰相の座に据えたのである（創世記四一・四一）。」
二一　師父ヨハネは言った。「われわれは、軽い荷（マタイ一一・三〇）、つまり自己批判を捨てて、重い荷、つまり自己弁護を担ってしまっている。」
二二　彼は語った。「謙遜と神への畏れとは、あらゆる徳にまさる。」
二三　ある日彼は教会にいて、自分の後ろに誰かがいるのに気付かず、ため息をついた。そこで、それに気づいたとき、ひれ伏して言った。「師父よ、お赦しください。わたしはまだ初歩さえも分かっていないのです。」
二四　彼は弟子に語った。「唯一のお方を敬おう。そうすれば、皆がわれわれを敬う。しかし、われわれが神なる唯一の方を軽んじるならば、皆もわれわれを軽んじ、われわれは滅びへと向かう。」
二五　人が師父ヨハネについて語っていたところによると、彼はスケーティスの教会に来て、ある兄弟たちの論争を聞くと、自分の修屋へと引き返し、三度その周りを回って、中へ入った。兄弟たちは彼を見て、なぜそのようなことをしたのかをいぶかり、尋ねに来た。彼は語った。「わたしの耳は論争で満たされた。そこで、耳を清めるために周りを巡り、心の静寂さのうちに自分の修屋に入ったのだ。」
二六　あるとき兄弟が、急いで帰るつもりで、師父ヨハネの修屋にやって来た。彼らが徳について話し合っているうちに、夜明けが訪れたが、彼らはそれに気づかなかった。長老は彼を送り出すために外に出たが、さらに第六時（正午）まで話し続けた。それで、長老は彼を修屋に招き入れた。そうして兄弟は食事をしてから、帰っていった。
二七　師父ヨハネは語っていた。「牢獄とは、修屋の中に座して、つねに神を想起することである*5。それこそは、『わたしが牢獄にいたとき、あなたたちはわたしを尋ねてくれた』（マタイ二五・三六）という言葉の言わんとすることである。」

二八　彼はさらに語った。「獅子ほど強いものがあろうか*6。だが獅子は、自分の空腹のためにわなにかかり、すべての力がそがれてしまうのだ。」
二九　彼はさらに語った。「スケーティスの師父たちは、パンと塩しか食べていないのに、こう言っていた。『われわれは自らに、パンと塩とを強いはすまい。』このように、彼らは神のわざを行うのに堅固であった。」
三十　ある兄弟が、師父ヨハネの所に籠を取りに来た。外に出た師父は彼に、「兄弟よ、何か用か」と尋ねた。彼は「師父よ、籠です」と言った。長老は籠を取りに中に入ったが、その用事を忘れて、籠を編むために座った。兄弟は再び戸を叩き、長老が外に出ると、「師父よ、籠をください」と言った。長老は中に入ったが、座って籠を編み出した。そして、兄弟はまた戸を叩いた。長老は出て来て、「兄弟よ、何か用か」と言った。そこで彼は、「師父よ、籠です」と答えた。すると、長老は彼の手をつかみ、中に入れて言った。「籠がほしいなら持ってゆくがよい。わたしには暇がないのだ。」
三一　あるとき、一人のらくだ曳きが品物を受け取りに来て、また別の所に去ろうとした。ヨハネは彼に綱を渡すために中に入ったが、思いが神に向けられていたので、用を忘れてしまった。再びらくだ曳きは戸を叩いて、彼の邪魔をした。師父ヨハネはまた入って、忘れてしまった。そこで、らくだ曳きが三度目に戸を叩くと、ヨハネは中に入りながら、「綱、らくだ、綱、らくだ」と言った。

三二　また、彼は霊において燃え立っていた。彼のところに来たある人が、彼のわざを誉めたが、彼は綱を編む仕事をしていて、沈黙を守っていた。その人は再び彼に話しかけたが、長老はやはり黙ったままだった。三度目には、彼は訪問者に言った。「そなたがここに入ってから、そなたはわたしから神を追い払ってしまった。」
三三　ある長老が師父ヨハネの修屋に来たところ、彼が横になっているのを見た。天使が彼のそばに立って、彼をあおいでいた。長老はそれを見て、去っていった。目を覚ましたとき、師父ヨハネは弟子に尋ねた。「わたしが眠っている間に、誰かここを訪ねて来たか。」弟子は答えた。「はい、ある長老が。」師父ヨハネは、その長老が彼と同じくらい優れていたので、天使を見たということを知った。
三四　師父ヨハネは語った。「わたしは、人がすべての徳のうちのわずかでも分かち持つことを望む。そこで、毎日朝起きるとき、まずは次のことを思って、一日を始めるがよい。すなわち、すべての徳と神の掟とにおいて、恐れと忍耐を伴う大きな辛抱において、魂と体とのあらゆる熱意そして大いなる謙遜を伴う神への愛において、心の悩みと見張りの忍耐において、言葉の清らかさと目の慎みにおいて、軽んじられても怒らず、平安を保ち、悪に対して悪で報いてはならない。また、他人の過ちを気にせず、自分を高く評価することなく、すべての被造物の下に置くがよい。そして、物質と肉的なことがらとの放棄において、十字架と苦悩とにおいて、霊の貧しさにおいて、自由・意志と霊的修行とにおいて、断食において、悔悛と嘆きとにおいて、闘いの苦しみにおいて、分別において、魂の清さにおいて、善きものの受容において、静寂さの中での手仕事において、徹夜のわざにおいて、飢えと渇きとにおいて、寒さと裸とにおいて、苦しみにおいて、すでに死んだ者であるかのようにあなたの墓を閉ざし、絶えずあなたの死が近いと思うがよい。」
三五 人々がこの師父ヨハネについて話していたところによると、彼は収穫の仕事や、長老たちへの訪問から戻ったとき、自分の想念が初めの状態に回復するまで、祈りと観想と詩篇朗唱とに時を費やすのであった。
三六 師父たちの一人が、彼について次のように語った。「師父ヨハネとは何者だろうか。彼は自分の謙遜によって、スケーティス全体を小指で支えていたのだから。」
三七 一人の師父が師父ヨハネ・コロボスに、修道者とは何か、と尋ねると、彼は答えた。「苦しみである。修道者はすべてのわざにおいて苦しむからだ。これが修道者である。」
三八 師父ヨハネ・コロボスが語ったところによると、ある霊的な長老が隠修生活を営み、町で有名になって、人々から非常な名声を得ていた。さて、聖徒の一人が死に瀕していたので、師父ヨハネは、その人が眠りに就く前に挨拶に来るように言われた。彼は己れにじっくりと問いかけた。「わたしが昼間に出かければ、人々が追いかけてくる。それはわたしにとって大きな名誉となろうが、そうすると休息できまい。だから今晩、闇の中を出発しよう。それなら、誰にも知られない。」彼は夜ひそかに、修屋を抜け出した。だが、彼を照らすために灯火を持った二人の天使が神から遣わされたので、全市民がその栄光を見ようと駆けつけた。彼は栄光を避けようと思えば思うほど、栄光を受けたのである。そこで、次の言葉は成就した。「自ら謙る者は皆、高く引き上げられる」（ルカ一四・一一）。
三九　師父ヨハネ・コロボスは語った。「上から下へと家を建てることはできない。土台から始めて、上に建てるのである。」人々は彼に尋ねた。「その言葉は何を意味しているのですか。」彼は言った。「土台とは、そなたたちが獲得すべき隣人のことであり、それが最初のものでなければならない。というのも、この上に、キリストのすべての掟が掛かっているからだ*7。」
四〇　人々が師父ヨハネについて話していたことである。ある娘の両親が死に、彼女は孤児として残された。彼女の名はパエシアと言った。彼女はスケーティスの師父のために、自分の家を宿泊所にしようと考えた。そうして長い間、彼女は師父たちを泊めて奉仕した。しかし、後に蓄えは費やされ、不足するようになった。それゆえ堕落した者たちが、彼女につきまとい、彼女のよい計画を中止させた。そしてついに、彼女は悪い生活を始め、邪淫へと踏み出してしまった。
さて、師父たちはそれを聞いて悲しみ、師父ヨハネ・コロボスを呼んで言った。「わたしたちは、かの姉妹が悪しき生活を送っていると聞きました。彼女はできる限りの愛をわたしたちに示してくれたので、今度はわたしたちが彼女に愛を示し、彼女を救い出したいのです。ですから、あなたは彼女のところに行き、神があなたに賜った知恵によって、彼女の問題を解決してください。」そこで、師父ヨハネは彼女のところへ行き、門番の老女に言った。「そなたの女主人に取り次いでくれ。」すると、老女は彼を追い返して、言った。「もとはといえば、あんた方があの方の財産を食い潰した。あの方は今はとても貧しい。」師父ヨハネは言った。「彼女に言ってほしい。わたしは大いにあなたの役に立てると。」彼女の下僕たちは、嘲笑して言った。「彼女に会いたいと言ったって、彼女に何をしてやれるというのだ。」彼は答えて言った。「わたしが彼女に何をしようとしているか、どうして分かるのか。」そこで老女は上に上がり、彼のことを女主人に話した。すると彼女は老女に言った。「あの修道者たちは、いつも紅海のあたりを歩き回って、真珠を見つけているのだよ*8。」そして、身支度をして「あの方を連れてきておくれ」と命じた。

彼が上がってくると、彼女は先に寝床に座った。師父ヨハネは入ってきて、彼女のそばに座り、面と向かって彼女に言った。「こんなところに来るとは、何かイエスに非難することでもあるのか。」これを聞くと彼女は凍りついたようになり、また師父ヨハネは、頭を垂れて激しく泣き出した。彼女は、「師父よ、なぜ泣くのですか」と尋ねた。彼は頭を起こし、また下げて泣きつつ言った。「そなたの顔の前で悪魔が戯れているのが見えるのに、どうして泣かないでいられようか。」これを聞いて、彼女は言った。「師父よ、わたしは回心することができるでしょうか。」彼は「できるとも」と答えた。すると彼女は、「あなたの望むところに、わたしを連れていってください」と頼んだ。彼は「行こう」と言い、彼女は立って従った。

だが師父ヨハネは、彼女が家のことで何も頼もうとせず、一言も言わないのに気づき、驚いた。彼らが砂漠に到着したときは、もう遅い時刻になっていた。彼は砂で小さな枕を作り、それに十字のしるしをして、彼女に「ここに寝なさい」と言った。そして、少し離れたところに自分の分をつくり、まず祈ってから横になった。さて、真夜中ごろ、ヨハネが目を覚ますと、見よ、空から彼女のところまで届く光り輝く道を見た。そして、神の天使たちが彼女の魂を天に運んでいるではないか*9。彼は立ち上がって彼女のそばに行き、彼女の足に触れてみた。彼女が死んでいるのを見ると、彼はひれ伏して神に祈った。すると、次の声が聞こえてきた。「彼女の一時間の悔改めは、彼女ほどの熱心さを示さない他の多くの人々の長い悔改めよりも、遥かに神に受け容れられる[*10]。」

共住修道者ヨハネ

ある共住修道院にいた一人の兄弟が、厳しい修行をしていた。彼について聞いたスケーティスの兄弟たちが、彼に会おうとして、彼が働いている場所に入った。彼は兄弟たちに挨拶すると、くるりと背を向けて仕事を始めた。そこで、彼のしていることを見た兄弟たちは言った。「ヨハネよ、誰があなたに修道服を与えたのですか。誰があなたを修道者にしたのですか。その人はあなたに、兄弟たちから修道者のしるしとして毛皮を受けたり、『祈りなさい』、あるいは『座りなさい』、と人に言うことを教えなかったのですか。」すると、彼は答えた。「罪人ヨハネには、そんな暇はないのです。」

イシドロス

一　人々がスケーティスの師父、司祭イシドロスについて話していたところによると、ある者が虚弱で不注意な、また怒りっぽい兄弟を持っていたので、彼を追放しようとしたところ、師父は「わたしのところに連れてきなさい」と言った。そして、師父は彼を引き取り、寛大さによって彼を救ったのである。

二　ある兄弟が彼に尋ねた。「なぜ悪霊どもは、あなたをそれほど強く恐れるのですか。」長老は語った。「それは、わたしが修道者になって以来、決して怒りを喉にまで上らせぬよう修行しているからだ。」
三　彼がさらに語っていたところによると、彼は四〇年もの間、思いにおいて罪を意識することはあったが、欲望にも怒りにも決して同意しなかった。
四　彼はさらに語った。「わたしがまだ若く、自分の修屋に住んでいたとき、時課祈祷には限りがなかった。わたしにとっては、夜も昼も時課祈祷であった。」
五　師父ポイメンが師父イシドロスについて話していたところによると、彼は夜、しゅろの枝の束を編んでいた。そこで兄弟たちが彼に願って言った。「少しお休みください。お年なのですから。」すると、彼は答えて言った。「人がイシドロスを焼いて、その灰を風にまき散らしたとしても*11、まだ自分は満足していない。なぜなら、神の御子が、われわれのためにこの世に来てくださったからだ。」
六　同じく、師父ポイメンが師父イシドロスについて語っていたところによると、彼の想念は彼に「おまえは偉大な者だ」と言っていた。そこで彼は、その想念に向かって言った。「わたしは師父アントニオスに並ぶ者なのだろうか。わたしは真実、師父パンボや、神に嘉せられた他の師父たちと並ぶ者になったのだろうか。」このような考えに至ることで、彼は平安を得た。また、敵たちがこれらすべての後に最後の懲罰があるぞ、と言って彼を失望させようとしたとき、彼は「たとい懲罰の中に投げ込まれても、わたしはおまえたちをわたしの足元に見る」と答えていた。
七　師父イシドロスは語った。「ある日、わたしはわずかの品物を売りに市場に行ったが、怒りが近づいてくるのを見て、品物を置いて逃げ出した。」
八　ある日、師父イシドロスがアレクサンドリアの大主教、師父テオフィロスのところへ行き、それからスケーティスに戻った。兄弟たちが「町はどうでしたか」と尋ねると、彼は言った。「兄弟たちよ、実はわたしは大主教以外には人の顔を見なかった。」これを聞いて彼らは動揺し、言った。「ああ、師父よ、そこは破壊されていたのですか。」すると彼は答えた。「そうではない。誰かを見ようとする思いが、わたしを打ち負かさなかったのだ。」それを聞いて彼らは驚き、自分たちの目を、あらぬものを見ることから見張るように強められた。
九　また師父イシドロスは語った。「聖人たちの知恵とは、神の意志を知ることである。事実人間は、『真理に従うことによって』（一ペトロ一・二二）あらゆることに打ち勝つ。人間は神の象りであり、似姿であるからだ。すべての霊の働きの中で最も恐るべきは、神の法にでなく、自らの心、固有の想念に従ってしまうことである。そこで人間は、神秘を知ることなく、聖人たちの道を実践しなかったために、ついには悲しみに至る。それゆえ、今こそ主のために働くべきときである。『あなたたちの忍耐において、あなたたちは自らの魂を得る』（ルカ二一・一九）と書かれているように、救いは悲しみのときにやってくるからである[12]。」

ペルシオンのイシドロス

一　ペルシオンの師父イシドロスは語った。「言葉のない生活は、生活のない言葉よりも、いっそう有益なことを生む。実際、一方は無言にあっても益があり、他方は叫んで混乱を引き起こす。しかし、言葉と生活が一緒に進むならば、愛智（哲学）のあらゆる栄光に到達する。」
二　また彼は語っていた。「諸々の徳（アレテー）を尊重せよ。そして、束の間の幸せに奉仕してはならない。一方は不滅の宝だが、他方はすぐに滅びるからである。」
三　彼はさらに語っていた。「多くの人は徳を望むが、そこに至る道を行くことをためらう。他の人々は、徳など存在しないと考える。それゆえ、前の人々には、ためらいを捨て去るよう勧め、後の人々には、徳はまさに徳であることを教える必要がある[13]。」
四　彼はさらに語った。「悪徳は、人間を神から遠ざけ、また人間相互を分離させる[14]。ゆえに、何よりもまず、急いでこれを避け、われわれを神に導き互いに結びつける徳をこそ、追い求めねばならない。そして、徳と愛智（哲学）とは何かと言えば、思慮を伴う単純さである。」

五　さらに彼は語った。「謙遜の上昇と高慢の落下とは、途方もないものであるから、前者に熱心に従い、後者に陥らぬように、わたしは勧めるのだ。」
六　彼はさらに語った。「富への愛はまったく厚顔無恥なもので、満たされることがなく、それに捕えられた魂を、悪の極みにまで追いやる*15。ゆえに、とくに初めの段階でそれを追いやろう*16。というのも、それが支配者になってしまうと、もう打ち勝てぬものとなるからだ。」

ケリアの長老イサク

一　あるとき、人々が師父イサクを司祭にするためにやって来た。それを聞いて、彼はエジプトへと逃げ、野原へ行って、牧草の中に隠れた。そこで、師父たちは彼を追いかけた。野原に着くと、夜になったので、少し休むためにそこに留まった。彼らは草を食ませようと、ろばの綱を解いた。するとろばは、長老のそばに来て留まった。明け方、彼らはろばを捜して、師父イサクを見つけた。驚いて、彼を縛ろうとしたが、長老はそれを許さず、こう言った。「わたしはもはや逃げない。これが神の意志だからである。またどこかへ逃げても、同じところに来てしまう。」
二　師父イサクは語った。「わたしは若い頃、師父クロニオスとともに暮らしていた。彼は年老いて体が震えていたにもかかわらず、一度もわたしに仕事をするように言わなかった。彼は自ら立って、すべての人々にするように、わたしにも水差しを持って来てくれた。その後、わたしはフェルメの師父テオドロスとともに暮らしていたが、彼も、わたしに何かをするようにとは言わず、手ずから食事を調え、『兄弟よ、よかったらどうぞ食べなさい』と言うのだった。わたしは彼に言った。『師父よ、わたしはあなたのお役に立てるようにと、あなたのもとへやって来たのです。なぜわたしに何かするようにと、仰ってくださらないのですか。』しかし、彼はつねに沈黙を保っていた。そこで、わたしはこのことを長老たちに報告しに行った。彼らはテオドロスに会いに来て言った。『師父よ、この兄弟はあなたの聖性を目指して、お役に立つために来たのです。なぜ、彼に何かするよう仰らないのですか。』すると、長老は言った。『わたしは、彼に掟を与える共住修道院の長上だろうか。ともあれ、わたしは彼に何も言わないが、彼が望むならば、わたしのすることを見て、彼もそうするがよい。』その時から、わたしは率先して、長老がしようとすることを行った。一方、彼は何をするにも黙って行った。こうして長老は、沈黙して働くことをわたしに教えてくれたのである*17。」

三　師父イサクと師父アブラハムとがともに暮らしていた。あるとき、師父アブラハムが修屋に入ると、師父イサクが泣いていた。そこでアブラハムは言った。「なぜ泣くのですか。」長老は答えた。「ああ、なぜわれわれは泣かずにいられようか。実際、われわれはどこに行くのか。われわれの師父たちは眠りについた。われわれの手仕事では、長老たちを訪ねてゆくのに払う船賃にも足りない。いまや、われわれは孤児になってしまった。それゆえわたしは泣いているのだ。」

四　師父イサクは語った。「わたしはある兄弟を知っているが、彼は畑で刈り入れをしていて、麦の穂を食べたいと思った。そこで彼は、畑の主人に尋ねた。『麦の穂を一本食べてもよいですか。』それを聞いた主人は驚いて言った。『師父よ、この畑はあなたのものです。それなのに、わたしに尋ねるのですか[18]。』これほどまでに、この兄弟は自らに厳格であった。」
五　彼はさらに兄弟たちに語った。「ここに少年たちを連れてきてはならない。というのも、スケーティスの四つの教会は、少年たちのために砂漠と化してしまったからだ。」
六　人が師父イサクについて語っていたところによると、彼はパンとともに、奉敬祭儀の香炉の灰を食べていた[19]。
七　師父イサクは兄弟たちに語っていた。「われわれの師父たちと師父パンボとは、しゅろの皮でつぎをあてた古い服を着ていた。だが、今やそなたたちは、高価なものを着ている。ここから出てゆくがよい。そなたたちはここを荒らしてしまった。」また、彼らが収穫に行こうとすると、彼らに言った。「わたしはもはやそなたたちに掟を与えない。そなたたちはそれを守らないからだ。」
八　師父の一人が話していたところによると、あるとき、小さな頭巾をかぶった一人の兄弟が、師父イサクのいるケリアの教会にやってきた。すると長老は彼を追い出して言った。「ここは修道者たちの場所だ。そなたは世俗の者なので、ここに留まることはできない。」
九　師父イサクは語った。「わたしは、未だかつて、わたしを苦しめた兄弟に対する反感を、自分の修屋に持ち込んだことはない。また、わたしへの反感を抱かせたままで、兄弟を自分の修屋に帰すことがないように努めた。」
十　師父イサクは大病にかかり、それは長引いた。そこで兄弟が少しの粥をつくり、それに干しぶどうを加えたが、長老はそれを食べようとしなかった。兄弟は彼に願って言った。「師父よ、どうか少しは召し上がってください。ご病気なのですから。」すると長老は彼に言った。「兄弟よ、実はわたしは、あえてこの病気とともに三〇年間を過ごしてきたのだ。」
一一　人が師父イサクについて話していたところによると、彼の死が迫ったとき、長老たちは彼のそばに集まってきて、尋ねた。「父よ、あなた亡き後、わたしたちはどうすればよいでしょうか。」彼は語った。「わたしがどのようにそなたたちの前を歩んだかを見るがよい。神の掟に従い、それを守ることを望むならば、神は恵みをもたらし、この場所をお守りくださる。だが、神の掟を守らないならば、そなたたちはこの場所に留まれない。事実、われわれの師父たちが死んだとき、われわれも苦しんだが、主の掟と彼らの勧告を守ることで、あたかも彼ら自身がわれわれとともにいるかのように持ちこたえた。そのようにすれば、そなたたちも救われる。」
一二　師父イサクが話していたところによると、師父パンボはこう語った。「修道者は、三日の間修屋の外に置いていても、誰にも持っていかれないような衣服を身に着けなければならない。」

パネフォのヨセフ

一　あるとき、数人の師父たちが、パネフォの師父ヨセフのもとを訪ねた。それは、自分たちのところに異邦人の兄弟たちを迎えたとき、彼らと一緒に打ち解けて話すべきかどうかを尋ねるためであった。長老は彼らが尋ねる前に、自分の弟子に言った。「わたしが今日、これからすることを考えて、忍ぶがよい。」そして、長老は二枚のむしろを、一枚は自分の右に、もう一枚は左に置いて言った。「座りなさい。」それから彼は自分の修屋に入り、物乞いの衣を着た。そして出てゆき、彼らの間を歩いた。そして、彼は自分の衣服を着るために中に入り、また出てきて彼らの間に座った。
彼らが彼の仕草に驚いていると、長老は言った。「そなたたちはわたしのしたことを考えたか。」彼らは「はい」と答えた。そこで彼は尋ねた。「このみじめな格好によって、わたしは変わったか。」彼らが「いいえ」と答えると、彼は言った。「わたしは両方の身なりで、まったく同じ者であったが、最初の身なりがわたしを変えなかったのと同じように、二番目の身なりもわたしを損なわなかった。それゆえ、われわれは外から来た兄弟たちをもてなすとき、聖なる福音に従って振舞わねばならない。実際、次のように言われている。『カエサルのものはカエサルに、神のものは神に返せ』（マタイ・二二・二一）と。だから、兄弟たちが来たら打ち解けて話し、一人でいるときには、罪を嘆き悲しみ、忍んでいることが必要だ[*20]。」これを聞いた彼らは驚嘆した。というのも、彼らが尋ねる前に、長老が彼らの心にあることを語ったからである。彼らは神を称えた。

二　師父ポイメンは師父ヨセフに尋ねた。「どうしたら修道者になれるか、お教えください。」彼は言った。「この世とあの世とで休息を見出すことを望むのならば、何事においてもこう言え。『わたしは何者だろうか』と[*21]。また、誰をも裁いてはならない。」
三　さらに、師父ポイメンは師父ヨセフに尋ねた。「諸々の情念が起こったときには、どのようにすべきでしょうか。それに抵抗すべきでしょうか、それとも、それが起こるままにしておくべきでしょうか。」長老は彼に答えた。「起こるままにして、それと闘うがよい。」そして、ポイメンはスケーティスに戻り、そこに滞在した。ところで、ある人がテーベからスケーティスに来て、兄弟たちにこう語った。「わたしは師父ヨセフに、情念が起こったとき、それに抵抗すべきか、起こるままにしておくべきかを尋ねた。すると長老は、情念の起こるままにしてはならず、直ちにそれを断ち切れ、と仰った。」
師父ポイメンは、師父ヨセフがテーベの人にそのように語ったと知ると、そこを立ち去って、パネフォの師父ヨセフのところへ行き、彼に言った。「師父よ、わたしはあなたに自分の考えを述べました。けれどもあなたは、わたしとテーベの人に、違った答えをされたのですね。」長老は彼に言った。「わたしがあなたを愛していることを知らないのか。」彼は「知っています」と答えた。長老は言った。「そなたは、『あなた自身に対するように、わたしに仰ってください』と言わなかったか。」彼は「仰るとおりです」と答えた。そこで、長老は彼に語った。「それは、情念が起こったとき、そなたがそれらに抗して闘うならば、情念というものはそなたをいっそう試練を経た者とするからである[*22]。それで、わたしは自分自身に対するように、そなたに語ったのだ。しかし、情念が起こるままにして何の益にもならず、直ちにそれを断ち切らねばならない他の人もいるのだ。」
四　ある兄弟が師父ヨセフに尋ねた。「わたしは苦しみに耐えることも、働いて施しをすることもできないのですが、どうすればよいでしょうか。」長老は語った。「そのようなことが何もできないならば、少なくとも、隣人から来るあらゆる悪から良心を見張れ。そうすれば救われる[*23]。」
五　ある兄弟が次のように語った。「あるとき、わたしはヘラクレアの町に下り、師父ヨセフのもとを訪ねた。修道院には熟した桑の実がたくさんなっていた。明け方、彼はわたしに、『行って食べよ』と言った。しかし、その日は金曜日だったので、断食のためにそこに行かず、彼にこう願った。『どうか、この考えについてお話しください。あなたはわたしに『行って食べよ』と仰いました。わたしは断食のためにそこに行かなかったのですが、あなたの命令のことを思って恥じています。どういうおつもりだったのでしょうか。あなたがわたしに『行け』と仰ったとき、わたしはどうすべきだったのでしょうか。』すると、長老はこう語った。『師父たちは、最初から兄弟たちに真っ直ぐなことは言わず、むしろひねったことを言うものだ。そして、彼らがそのひねったことをするのを見て、彼らが万事において従順であることを知って[*24]、もはやひねったことを言わず、真実を語るのである。』」
六　師父ヨセフは師父ロトに語った。「あなたの全身が火のように燃えなければ[*25]、修道者にはなれない。」

七　師父ロトは、師父ヨセフのもとを訪ねて言った。「師父よ、わたしはできる限り、わずかの時課祈祷、軽い断食、祈り、注意、静寂さを実行し、また、諸々の想念から自らを浄めています。そのほかに何をすべきでしょうか。」すると、長老は立ち上がり、天に向かって手を伸ばした。すると彼の指は、十本のランプの火のようになった。そして、彼は言った。「そなたが望むならば、全身を火のようにせよ。」

八　ある兄弟が師父ヨセフに尋ねた。「わたしは共住修道院を出て、隠修生活をしたいのですが。」長老は言った。「そなたの魂が安らかになり、妨げを受けないところを見つけ、そこに住むがよい。」兄弟は言った。「わたしは共住修道院においても、隠修生活においても安らかです。だとすると、あなたはわたしがどうすることをお望みですか。」長老は語った。「そなたが共住修道院において隠修生活においても安らかであるならば、その二つを天秤にかけよ。そしてどちらがより益になるかを見て、そなたの考えが傾く方を行うがよい。」

九　ある長老が、師父ヨセフを訪ねるために、仲間のところに来て言った。「ろばに鞍を置くよう、そなたの弟子に言いつけよ。」彼は答えた。「あなたが彼を呼ぶといい、彼はあなたの望むことをしてくれる。」長老が「弟子の名は何というのか」と尋ねると、その仲間は「知らない」と答えた。長老は彼に尋ねた。「名を知らぬとは、そなたはいつから彼とともにいるのか。」彼が「二年になる」と答えると、長老は言った。「二年間も自分の弟子の名すら知らぬというなら、わたしがたった一日のために、それを知る必要があろうか。」

一〇　あるとき、兄弟たちが師父ヨセフのもとに集まった。そして、彼らが座って質問をしていると、彼は喜び、熱情に満たされて言った。「わたしは今日は王だ。わたしは諸々の情念を支配しているからだ。」
一一　人々がパネフォの師父ヨセフについて語っていたところによると、彼が死に臨んだとき、長老たちがそこに座っていた。ヨセフが戸口のほうを見つめると、悪魔が戸口のところに座っているのが見えた。そこで彼は、弟子を呼んで言った。「棒を持って来てくれ。あいつは、わたしが年を取っているので、もう自分に対して力がないと思っているのだ。」そして、彼が棒を手にすると、長老たちは、悪魔が犬のように戸口を飛び出し、消え失せてしまうのを見た。

ヤコブ

一　師父ヤコブはこう言っていた。「客を迎えるよりも客として迎えられる方が、より大きなことである。」
二　彼はさらに語っていた。「称賛を受ける者は、自分の罪を思い、自分は言われている言葉に値しない、と思わなくてはならない。」
三　彼はさらに語った。「ランプの火が、暗い部屋を明るくするのと同じように、神への畏れが人間の心に入ってくるとき、それは人を照らし、すべての徳と神の掟とを教える。」
四　彼はさらに語った。「単に言葉のみが必要なのではない。事実、今の世の人間には多くの言葉がある。しかし、わざこそが必要なのだ。なぜならば、求められているのはわざであって、実を結ばぬ言葉ではないからである[*26]。」

ヒエラクス

一　ある兄弟が師父ヒエラクスに願った。「どうしたら救われるのか、お言葉をください。」長老は語った。「自分の修屋に座しておれ。飢えたら食え。渇いたら飲め。人の悪口を言うな。そうすれば救われよう。」
二　同じくヒエラクスは語った。「わたしは未だかつて、世間的な言葉を語ったことも、聞こうとしたこともない。」

宦官ヨハネ

一　宦官である師父ヨハネは、若い頃、ある長老に尋ねた。「どのようにして、あなたがたは平安のうちに神のわざを果たすことができるのですか。わたしたちは苦労しても行うことができません。」

長老は語った。「われわれにそれができたのは、神のわざを第一に考え、肉体の要求をもっともつまらぬものとしていたからだ。そなたたちは、しかし、肉体の要求を第一に考え、神のわざをそれより必要なものだと見なさない。だから、そなたたちはいたずらに労苦するのだ。そのため、救い主は弟子たちに仰せられた。「信仰薄き者たちよ、まず神の国を求めよ。そうすればこれらのものは皆、あなたたちに増し加えられる」（マタイ六・三〇）。

二　師父ヨハネが話していたところによると、われらの父、師父アントニオスは言った。「わたしは、未だかつて自分の利益を兄弟の利益に優先させたことはない。」

三　ライトスの修道院長で、キリキア人である師父ヨハネは、兄弟に語っていた。「子らよ、われわれは、世間を避けたのと同様、肉の諸々の欲をも避けよう*[27]。」

四　彼はさらに言った。「われわれの師父たちに倣おう。どれだけの厳しさと静寂さでもって、彼らはここに座していたことか。」

五　彼はさらに言った。「子らよ、われわれの師父たちが悪霊から浄めたこの場所を汚さぬように。」

六　彼はさらに言った。「この場所は、修行者たちの場所であって、商人たちのそれではない。」

ケリアのヨハネ

ケリアの師父ヨハネが語っていたところによると、エジプトに非常に美しく、多くの財産を持っている娼婦がいた。長官たちは彼女のところに通っていた。あるとき、彼女は教会にやって来て、中に入ろうとしたが、門のところに立っていた副補祭が、それを許さなかった。「あなたは浄められていないので、神の家に入るにふさわしくない」と言ったのである。彼らが押し問答をしていると、主教が騒ぎを聞きつけて出て来た。娼婦は彼に言った。「この人は、わたしが教会に入るのを許してくれません。」すると、主教もこう答えた。「あなたは浄められていないので、中に入るのは許されない。」すると、彼女は悔恨の情に打たれて言った。「わたしはもう邪淫の生活をしません。」主教は言った。「ここにそなたの財産を持ってきたならば、わたしはそなたがもはや邪淫の生活をしないということを認めよう。」そこで、彼女が財産を持ってくると、主教はそれを取って、火に投げ込んだ。彼女は教会に入り、泣きながら言った。「この世でわたしにこのようなことが起きたのならば、あの世ではどれほど苦しむことだったでしょうか。」彼女は回心し、「選びの器」（使徒言行録九・一五）となった[*28]。

テーベのヨハネ

テーベの師父ヨハネは語った。「修道者は、何よりもまず、謙遜を身に付けなければならない。というのも、これは救い主の第一の掟だからである。『霊において貧しい者は幸いである。天の国は彼らのものだからである』（マタイ五・三）。」

司祭イシドロス

一　人々が、師父である司祭イシドロスについて話していたところによると、ある日、一人の兄弟が彼を朝食に呼ぶためにやって来た。しかし、長老は行こうとせずに言った。「アダムは食べ物によってだまされ、楽園の外に追放された。」兄弟は言った。「あなたは、自分の修屋から離れることをそんなに恐れているのですか。」長老は語った。「子よ、わたしは恐れる。それは、悪魔が吠えたける獅子のように、誰かを飲み込もうとして探し回っている（一ペトロ五・八）からだ。」また彼は、しばしば語っていた。「もし誰かが飲酒にふけるならば、さまざまな想念の悪巧みから逃れられない。ロトは、自分の娘たちに強いられてぶどう酒に酔い、酩酊の結果、悪魔はやすやすと彼を、掟に反する姦淫へと向かわせた（創世記一九・三〇―三八）」
二　師父イシドロスは語った。「あなたが天の国を熱望するならば、財産をさげすみ、神からの報酬を求めよ。」
三　彼はさらに語った。「快楽と金銭を愛するならば、神に従って生きることはできない。」

四　彼はさらに語った。「あなたたちが法に則って断食の苦行をするとしても、傲慢になってはならない。そのことで自らを誇るくらいなら、むしろ肉を食べよ。事実、傲慢になったり誇ったりするよりも、肉を食うほうがよいのだ*29。」
五　彼はさらに語った。「弟子たちは、真の師である人々を父のように愛し、主人のように畏れなければならない。そして、愛によって畏れを緩めないように、また畏れによって愛を暗くしないようにせねばならない。」
六　彼はさらに語った。「あなたが救いを熱望するならば、あなたを救いに導くことをすべて行うがよい。」
七　人々が師父イシドロスについて話していたところによると、ある長老が彼のところに来たとき、彼は修屋の中に逃げ込んだ。そこで兄弟たちが、「師父よ、何をしているのですか」と尋ねると、彼は語った。「野獣も、自分のねぐらに逃げ込むことで救われる。」彼は兄弟たちの益になるようにと、そのように語ったのである。

ペルシアのヨハネ

一　あるとき、一人の少年が悪霊から癒されようとして、やって来た。また、エジプトの共住修道院の兄弟たちもそこを訪れた。外に出かけようとしていた長老は、ある兄弟がその少年と罪を犯しているのを見たが、咎めなかった。そして語った。「彼らを造った神が、彼らを見て焼き滅ぼさないのならば、このわたしは、彼らを咎めることができるような者だろうか。」

二　ある師父がペルシアの師父ヨハネについて話していたところによると、彼は大いなる恵みによって、非常に深い清さに達していた。彼はエジプトのアラビアに住んでいた。ある日、彼はある兄弟から一枚の金貨を借り受け、自分の仕事のために亜麻布を買った。すると、一人の兄弟がやって来て、彼に頼んで言った。「師父よ、自分のために修道の上衣を作りたいので、どうか亜麻布を少し分けてください。」そこで、師父は喜んで彼に与えた。同じように、別の者が彼に願った。「敷布を一枚作るために、亜麻布を少し分けてください。」長老は同様に与えた。さらに他の者が求めたので、喜んで気さくにそれを与えた。後に貸主が、金を求めてやって来た。長老は彼に、「出かけて、それを持ってこよう」と言った。だが、もはや彼には返すものがなかったので、家を出て、奉仕者である師父ヤコブのところに行き、兄弟に返すために金貨を貸してくれるように、頼もうとした。
途中で、彼は地面に落ちているお金を見つけたが、それには触れなかった。彼は祈りをした後、自分の修屋に引き返した。すると、かの兄弟が再びやって来て、金のことで彼を悩ませた。長老は、「全くわたしも気に病んでいるのだ」と言い、また出かけると、地面のもとあったところに例の金を見つけたが、今度も祈りをして、自分の修屋に引き返した。そして、あの兄弟が同じようにやって来て、彼を悩ました。長老は言った。「今度は必ず持ってくる。」そこで再び立ち上がり、例の場所に行ったところ、落ちている金をまたそこに見つけた。彼は祈りをなし、それを取り、師父ヤコブのところに行って話した。「師父よ、わたしはあなたのもとを訪ねる途中、道に落ちていたこのお金を見つけました。誰かがそれを無くしたのですから、どうかこのことを一帯に告げ知らせてください。持ち主が見つかったら、それを返してください。」
そこで、長老は出かけてゆき、三日間これを布告した。しかし、金貨をなくした者は見つからなかった。長老は師父ヤコブに言った。「なくした人がいなかったら、それをあの兄弟に与えてください。わたしは彼に金を借りていますから。わたしはあなたから施しを受け、借金を返すためにここにやって来て、そのお金を見つけたのです。」長老は、彼が借金をしていて、そのお金を見つけておきながら、それをすぐ取って貸し主に与えなかったことに驚いた。また驚くべきことに、彼は兄弟が何かものを借りにきても、自分では何も与えず、兄弟に「行って自分の必要なものを取りなさい」とだけ言っていた。また、兄弟がそれを返しに来ると、「もとの場所に置きなさい」と言った。が、取った人が返しに来なくても、何も言わなかった。
三 人がペルシアの師父ヨハネについて話していたところによると、悪人どもが彼のところに押し入ったとき、彼はたらいを持って来て、彼らの足を洗おうとした*[30]。悪人どもは恥じ入り、彼に赦しを請い始めた。
四 ある人がペルシアの師父ヨハネに言った。「われわれは天の国のために大変な苦労をしましたが、一体それを受け継ぐことができるのでしょうか。」長老は語った。「わたしは、天上のエルサレム*[31]、天に記された遺産を受け継ぐと信じている。なぜなら、『約束なさった方は真実な方』（ヘブライ一〇・

二・三）であるからだ。どうしてわたしが信じないことがあろうか。わたしは、アブラハムのように客人をもてなす者[*32]、モーセのように柔和な者、アーロンのように聖なる者、ダビデのように謙遜な者、洗礼者ヨハネのように砂漠に住む者、エレミアのように嘆く者、パウロのように教える者、ペテロのように信じる者、ソロモンのように知恵ある者となった。そしてわたしは、固有の善性（憐れみ）によってわたしにこうした恵みを与えてくださった方が、かの回心した盗賊に対してなさったように[*33]、わたしにも天の国を与えてくださることを信じている。」

テーベのヨハネ

師父アンモエスの弟子、テーベの人である小ヨハネについて人が語っていたところによると、彼は病気の長老アンモエスに奉仕して一二年間を過ごした。ヨハネは長老とござの上に座っていた。だが、長老は彼を気に留めず、彼が長老のためにどれだけ苦労しても、決して「救われるように」とは言わなかった。ところが長老は、臨終に際して、他の長老たちの中に座してヨハネの手を取り、「救われるように、救われるように、救われるように」と言い、長老たちに彼を委ねて言った。「この者は天使であって、人間ではない。」

パウロの弟子ヨハネ

師父パウロの弟子、師父ヨハネについて人々が語っていたところによると、彼は非常に従順であった。さて、あるところに墓碑があり、そこには一匹のハイエナがいた。ある長老が、その墓の周りに牛の糞があるのを見て、ヨハネに、行ってそれを片付けるように言った。ヨハネが、「師父よ、ハイエナのほうはどうしましょうか」と言うと、長老は冗談に言った。「ハイエナがそなたに襲いかかってきたら、縛ってここに連れてくるがよい。」

夜、兄弟がそこへ行くと、ハイエナが襲いかかってきた。ところが、彼は長老の言葉に従って、ハイエナをつかまえようと飛びかかった。ハイエナは逃げたが、彼はそれを追いかけて、言った。「師父がおまえを縛れと仰ったのだ。」彼はハイエナを捕えて縛った。さて、長老のほうは、不安に押し潰されるような気持ちで、彼を待って座っていた。そこへ、見よ、ヨハネが縛られたハイエナを連れて帰ってきた。長老はそれを見て驚いたが、彼を謙らせようと思い、彼を打って言った。「このたわけめ、そなたがここへ持ってきたのは馬鹿犬ではないか。」そして、長老はすぐに縄を解いて、ハイエナを逃がしたのだった。

テーベのイサク

一　あるとき、テーベの人、師父イサクが共住修道院を訪れ、ある兄弟が過ちを犯したのを見て、これを咎めた。しかし、彼が砂漠に戻ると、主の使いがやって来て、彼の修屋の戸の前に立ち、「おまえを入れない」と言った。イサクが「一体何事ですか」と尋ねると、使いはこう答えた。「神がわたしを遣わして、こう言うのだ。おまえが裁いたあの兄弟を、どこへ追いやれと命ずるのか。」そこで、彼は直ちに悔改めて言った。「わたしは罪を犯しました。お赦しください」すると、使いは言った。

「立て、神はおまえをお赦しになった。だがこれからは、神が裁く前に他人を裁かぬように心せよ[*34]。」

二　人が師父アポロについて話していたところによると、彼には、すべての善きわざについて最高に教育され、また聖なる奉献祭儀において静寂さを保っているイサクという名の弟子がいた。イサクは教会に行くとき、誰とも一緒に行こうとはしなかった。彼の言葉はこうである。すなわち、すべてのものはそれぞれの時においてよい。というのも、「すべてのものには時がある」（伝道の書三・一）からである。集会が終わると、彼は火で追われるように、自分の修屋に飛んで帰った。また、集会の後、しばしば、兄弟たちにビスケットと一杯の葡萄酒が与えられたが、彼はそれを受け取らなかった。それは、兄弟たちの祝福を拒んだのではなくて、集会の静けさを優先したのである。
さて、そんな彼が病気になって寝込んでいた。兄弟たちがそれを聞いて彼を見舞い、その場に座って、尋ねた。「師父イサクよ、あなたはどうして、集会の後に兄弟たちを避けるのですか。」彼は言った。「わたしが避けるのは兄弟ではなく、悪霊の悪巧みなのです。実際、人が火のついた松明を持ってずっと外に立っていると、松明の火は消えてしまうでしょう。それと同じように、わたしたちは、聖なる奉献祭儀によって照らされても、修屋の外でぐずぐずしていると、心が暗闇になってしまうのです[*35]。」聖なる師父イサクの振舞いとは、このようなものであった。

テーベのヨセフ

テーベの人、師父ヨセフは語った。「主の御前においては、三つのことが尊いものとされる。第一は、人が病気になったときや試練がやってきたときに、それを感謝して受けとめることである。第二は、人が行うすべてのわざが、神の御前において清く、何ら人間的なものではないことである。第三は、人が霊的な師父にひたすら聴従し、自らの意志をすべて捨て去ることである。この中で三つ目はとくに優れた栄冠を持っている。そこで、わたしは弱さをこそ、神に請い求めた。」

ヒラリオン

師父ヒラリオンは、パレスティナから山地へと、師父アントニオスを尋ねて行った。すると、師父アントニオスは彼に言った。「ようこそおいでになった、夜明けに昇る明けの星よ*36。」すると、師父ヒラリオンは言った。「あなたに平和があるように。全地を照らす光の柱よ*37。」

イスキュリオン

聖なる師父たちが、世の終わりについて、霊感を受けて話し合い、「われわれは何を為すべきだろうか」と問うた。彼らの一人、偉大なる師父イスキュリオンが答えた。「われわれは神の掟を行った。」他の者が応じて言った。「では、われわれの後から来る者たちは、一体何を為すのだろうか。」イスキュリオンは言った。「彼らはわれわれのわざの半分に達するだろう。」彼らは言った。「では、彼らの後の人々はどうか。」イスキュリオンは言った。「その時代の人々は、何のわざも為さず、試練が彼らにやって来ることになる。だが、その試練の時に神によみせられた者は、われわれやわれわれの師よりも偉大な者となるだろう。」

K《カッパ》巻

カシアノス

一　師父カシアノスは語った。「わたしと聖ゲルマノスとが、エジプトのある長老のもとを尋ねた。客人として迎えられたわれわれは、彼に尋ねた。『外国からの兄弟たちをもてなすときに、どういうわけであなたは、わたしたちがパレスティナで行っている断食の規則を守らないのですか。』彼は語った。『断食は、つねにわれわれとともにある。しかし、わたしはあなたたちを、つねにわたしのところに引き止めることはできない。断食は有益で必要なことだが、それはわれわれの自由意志に属する。他方、愛に満ちたわざは、神の法が、当然要求する。従って、あなたたちにおいてキリストを迎えるのだから、あなたたちをできるかぎりの熱心さでもってもてなさなければならない[*1]。あなたたちを送った後に、断食の規則を甦らせることもできよう。事実、花婿の息子たちは、花婿が自分たちとともにいる時には断食できないが、花婿が彼らから取り去られると断食する（マルコ二・一九―二〇）のだ。』」
二　彼は語った。「聖なる乙女に奉仕されている長老がいた。人々は『彼らは清くない』と言っていたし、長老もその噂は耳にしていた。長老は死に臨んだとき、師父たちに言った。『わたしが死んだら、わたしの杖を墓に植えよ。もしそれが芽を出して実を結んだら、わたしが彼女に対して清いものであることを知れ。もし芽を出さなかったら、わたしが彼女とともに罪に陥っていたと知るだろう。』そこで、杖が植えられたが、それは三日後に芽を出し、実を結んだ*2。そして、皆は神に栄光を帰したのである。」
三 彼はさらに語った。「われわれが別の長老を訪問したとき、彼は食事の席を設けてくれた。われわれが満腹したとき、彼はさらに食べ物を取るよう、われわれに勧めた。わたしがもう食べられないと言うと、彼は答えて言った。『兄弟たちが訪ねてきたとき、わたしは六度、彼らのために食事の席を設けた。兄弟たちを促し、めいめいの人と食事をしたが、まだ空腹だ。他方、そなたたちは一度食事をしただけなのに、もう食べられないほど満足している。』」
四 彼はさらに語った。「共住大修道院の院長、師父ヨハネが、四〇年間砂漠の奥で暮らしていた師父パエシオスを訪ねた。彼は師父パエシオスに対して大きな愛を持ち、それから生じる自由な心から、こう言った。『これほど長い間世を離れ、どんな人間にも悩まされずにいて、どんなことが達成できましたか。』すると、彼は語った。『わたしが隠修生活をして以来、太陽はわたしが食事をするのを決して見なかった。』そこで師父ヨハネも、彼に言った。『太陽は、わたしが怒るのを決して見たことがない』と。」
五 この師父ヨハネは、臨終に際して、熱心に、喜びをもって神のもとに行こうとしていた。そのとき、兄弟たちは彼を取り巻き、簡潔で救いを助けるような言葉、すなわち、それを通じてキリストにおける完徳に達することができるような言葉を、遺してくれるよう願った。すると、彼はため息をつきながらこう語った。「わたしは我意を通したことも、自分がまず実行しなかったことを教えたことも、決してなかった。」

六　さらに彼が、砂漠に住んでいる別の長老について話していたところによると、その長老は霊的談話の間は決してまどろまず、反対に、人が中傷や無駄話をすると、直ちに、自分の耳がこの毒を吸収しないよう眠りを与えてくださいと神に祈った。また、この長老によると、悪霊は非常に無駄口を愛する者であり、あらゆる霊的な教えの敵対者である。そして、長老はこのような例でもって語った。「実際、ある日のこと、わたしが数人の兄弟に有益なことを話していると、彼らは非常に深い眠りに満たされ、まぶたを動かすことができないほどであった。そこで、わたしは彼らに悪霊の力を示そうと思い、話に無駄口を挟んだ。すると、彼らはすぐにこの話を喜び、目を覚ました。わたしはため息をついて、言った。『いままでわれわれは天のことを語っていたが、そなたたちの眼はみな眠りに捕らわれていた。しかし、無駄話をすると、すぐに目を覚ました。それゆえ兄弟たちよ、願わくば、そなたたちが霊的なことを行ったり聞いたりするときは、眠りを警戒し、悪霊の力を知り、自分自身に注意するがよい。』」

七　彼はさらに語った。「世間を離れ、財産を貧しい人々に分け与えたある元老院議員が、自分の利益の幾分かを取っておき、完全な放棄という謙遜も共住修道院規則への真の従順も受け入れようとしなかった。聖なるバシレイオスは、彼に明らかに告げた。『あなたは元老院の職は捨てたが、修道者にはなれなかった。』」
八　彼はさらに語った。「ある修道者が砂漠の洞窟に住んでいた。そこへ、彼の血縁の者が彼にこう告げ知らせた。「あなたの父上が重病で、死に瀕しています。遺産を受け取りに来てください。」彼は答えた。『わたしは父より先に、世に死んだ。死者は、生ある者から遺産など受け取らぬものだ。』」

クロニオス

一　ある兄弟が師父クロニオスに、「お言葉をください」と言った。彼は言った。「エリサイオスがソマネーの女のところに来たとき、彼は彼女が誰の保護も受けていないことに気づいた。彼女はエリサイオスの到来によって、懐胎し、子を生んだ」（列王記下四・八―一七）。兄弟が、「この言葉はどういう意味ですか」と尋ねると、長老は答えた。「魂が醒めていて、気を散らすことから離れ、自分の意志を捨てるならば、神の霊が魂の中に入って来る*3。そして、産まず女であっても、子を生むことができるのだ。」
二　ある兄弟が師父クロニオスに尋ねた。「わたしの心を捉え、罪に導くまでに感覚をなくさせる忘却に対して、どうすべきでしょうか。」長老は答えた。「イスラエルの息子たちの悪しき行いのために、異邦人が契約の櫃を奪ったとき、彼らはそれを、自分たちの神ダゴンの神殿の中にまで引っ張っていった。そのとき、ダゴンの像は、契約の櫃の前に倒れた（サムエル上五・一―五）。」兄弟は彼に言った。「それはどういう意味ですか。」長老は答えた。「敵なる悪霊は、独自の方法で人間の心を捉えようとするとき、彼を引きずっていって、目に見えぬ情念の方へと導く。しかし、思考が我に返り、神を求めて永遠の裁きを思い起こすならば、情念はすぐに倒れ、消え去る。事実、聖書にはこう書かれている。『あなたが立ち帰って嘆くとき、あなたは救われ、自分がどこにいたかが分かるだろう』（イザヤ三〇・一五）。」
三　ある兄弟が師父クロニオスに尋ねた。「どうすれば、人は謙遜に達するでしょうか。」長老は答えた。「神への畏れによってである。」兄弟は言った。「どのような行いによって、神への畏れに達するのでしょうか。」長老は答えた。「思うにそれは、あらゆる思い煩いから離れることによって、肉体的な労苦に励むことによって、そして力の及ぶ限り、肉体からの脱出と神の裁きとを思い起こすことによって得られる。」
四　師父クロニオスは語った。「モーセが羊の群れをシナイ山のふもとに導かなかったならば、茂みの中に火を見なかったであろう（出エジプト三・一―七）。」兄弟は長老に尋ねた。「茂みとは、何を意味するのですか。」彼は答えた。「茂みとは肉体的な行いを意味する。天の国は畑に隠されている宝に似ている（マタイ一三・四四）と書かれているからだ。」そこで、兄弟は長老に言った。「では人間は、肉体的な労苦なしには価値あるものに達しないのでしょうか。」長老は答えた。「いずれにせよ、こう書かれている。『信仰の始めであり終極であるイエスに目を向けよ*4。イエスはご自分の前に置かれた喜びの代わりに、十字架を忍ばれた（ヘブライ一二・二）。』また、ダビデは次のように言う。『わたしは目に眠りを与えず、まぶたにまどろみを与えない』（詩編一三二・四）云々と。」

五　師父クロニオスが語ったところによると、ペルシオンの師父ヨセフはこう語った。「わたしがシナイに住んでいたとき、そこによき苦行者で、しかも体つきの見事な兄弟がいた。彼は、あちこちに継ぎのあたった小さな古い衣を着て、教会の時課祈祷に来るのであった。わたしは、彼が決まってこのような身なりで集会に来るのを見て、彼に言った。『兄弟よ、そなたは教会の時課祈祷に来る天使のような兄弟たちを見ないのか。どうしていつもこのような身なりでここに来るのだ。』そこで彼は言った。『師父よ、お赦しください。わたしは他のものを持っていないのです。』そこで、わたしは彼を自分の修屋に連れていき、小修道服と彼が必要とする他のものとを彼に与えた。それ以来、彼は他の兄弟たちのような身なりをし、天使のようになった。
ところで、ある日、師父たちは必要があって、皇帝に一〇人の兄弟を派遣しなければならなくなり、代表者の中に彼も数えられた。が、それを聞いたとき、彼はひれ伏して、師父たちに言った。『主のためにわたしをお赦しください。わたしはあちらのある高官の奴隷なのです。もしわたしだと知ったら、彼はわたしの修道服を剥ぎ取り、わたしをまた自分に仕えさせるために連れてゆくでしょう。』そこで、師父たちは納得して彼を赦した。しかし、師父たちは後に、彼のことをよく知っている者から、彼が世間では親衛隊の司令官であったことを知った。彼が先の口実を持ち出したのは、このことを知られ、見つかって、人から悩まされるのを恐れたためであったのだ。師父たちがこの世の栄誉と安逸とを避ける熱意は、このようなものであった。」

カリオン

一　師父カリオンは語った。「わたしは自分の息子ザカリアよりはるかに多くの労苦を重ねたが、謙遜と沈黙においては、彼の程度に達することがなかった。」
二　スケーティスに師父カリオンと呼ばれる修道者がいた。彼は二人の子供をもうけた後、子供たちを自分の妻に託して、世を離れた。ところがしばらくすると、エジプトは飢饉となり、暮らしの切迫した彼の妻は、二人の子（それはザカリアという息子と、娘であったが、）を連れて、スケーティスにやって来た。彼女は長老から離れた沼地に座った。事実、スケーティスには沼地があり、そこにいくつかの教会が建てられており、またいくつかの泉があった。ところで、スケーティスでは、女が自分の兄弟や他の者と話をしに来たときには、互いに離れたところに座って話すのが習慣となっていた。そのとき、妻は師父カリオンに言った。「見てください、あなたは修道者になりましたが、いま飢饉になっています。それでは、誰があなたの子どもたちを養うのですか。」師父カリオンは言った。「子どもたちをここによこすがよい。」妻は子どもたちに言った。「お父さんのところに行きなさい。」そこで、彼らは父親のところにやって来たが、娘は母親のもとへ戻り、息子は父親のところに来た。そのとき、カリオンは妻に言った。「見よ、よい形でことが決まった。そなたは娘を連れて帰るがよい。わたしは息子を引き取ろう。」
彼は息子をスケーティスで育てたが、皆はそれが彼の息子であることを知っていた。しかし、彼が長じてくると、彼について兄弟の共同体の間でつぶやきが起こった[*5]。それを聞いた師父カリオンは、息子に言った。「ザカリアよ、立て。ここを出て行こう。師父たちがつぶやいているから。」少年は彼に言った。「父よ、ここでは皆が、わたしがあなたの息子であることを知っています。でも、よそへ行けば、皆はわたしがあなたの息子だと言わないでしょう。」長老は彼に言った。「立て。ここを出て行こう。」そして、彼らはテーベに行った。彼らが修屋を建てて、幾日かそこで過ごすと、そこでも少年について同じようなつぶやきが起こった。そこで、彼は息子に言った。「ザカリアよ、立て。スケーティスに行こう。」彼らはスケーティスに着いたが、幾日か経つと、また少年について同じつぶやきが起こった。すると、少年ザカリアは硝酸の池に行き、衣服を脱いで池に入り、そこで鼻まで漬かった。彼はできるだけそこに留まり、自分の体を痛めつけた。ついに、彼はらい病患者のようになってしまった。それから池を出て、自分の衣服を纏い、父親のところに行ったが、父は辛うじて彼だと認めた。彼が習慣に従って聖体の拝領に行くと、スケーティスの長老、聖イシドロスは、少年のしたことについて啓示を受けた。そして、彼を見て驚いて言った。「少年ザカリアよ、先週の主の日には、そなたは人間として来て、聖体を拝領した。だが今や、天使となって拝領するのだ。」

コプリス

一　師父ポイメンが師父コプリスについて語っていたところによると、彼は病床にあっても感謝し、自分の意志を捨て去るほどの境地に達していた。

二　師父コプリスは語った。「感謝をもって苦痛を耐え忍ぶ者は、幸いである。」
三　ある日、スケーティスの人々がメルキセデクについて論じるために集まったが、師父コプリスを呼ぶのを忘れていた。そこで、後で彼を呼び、このことについて尋ねた。しかし、彼は自分の口を三度叩いて、言った。「コプリスよ、おまえに災いがあるように。おまえは神が行うように命じたことをそっちのけにして、神が求めないことを求めているからだ。」これを聞いた兄弟たちは、自分たちの修屋に逃げ込んだ。

キュロス

邪淫の想念について尋ねられたアレクサンドレイア人、師父キュロスは、それに答えて語った。「もし悪しき想念がないならば、希望もない。さまざまな想念がないと、行為を為す。これはつまり、想念の中で罪と闘わず、罪に抵抗しない者は、身体的に罪を犯してしまうということだ。なぜなら、行いを為す者は、もはや想念に悩まされることがないからである。」また、長老は兄弟に尋ねた。「そなたには、女と話す習慣はないか。」兄弟は言った。「ありません。わたしの想念とは、いろいろな古い想像と新しい想像です。それは女の姿をしていて、それがわたしを悩ますのです。」そこで長老は兄弟に言った。「死者を恐れてはならぬ。生きている者を避け、いっそう祈りに専念するがよい。」

Λ《ラムダ》巻

ルキオス

あるとき、祈祷専念派（エウキテス）と呼ばれる数名の修道者が、師父ルキオスを訪ねてエナトンにやって来た。長老は彼らに尋ねた。「そなたたちの手仕事はどのようなものか。」彼らは答えた。「われわれは手仕事にかかずらうことはしません。しかし、使徒の言うように、絶えず祈るのです（一テサロニケ五・一七）。」そこで長老は言った。「それでは、そなたたちは食事をしないのか。」彼らは「します」と答えた。彼は言った。「それでは、そなたたちが食事をしているときは、誰がそなたたちのことを祈るのか。」そしてさらに長老は言った。「そなたたちは眠らないのか。」彼らは、「いいえ、眠ります」と答えると、長老は尋ねた。「では、そなたたちが眠っているとき、誰がそなたたちのために祈るのか。」彼らはそれに対する答えを見出せなかった。

そこで、長老は言った。「赦してほしい。だが、見よ、そなたたちは言うとおりには行っていない。では、わたしが手仕事をしながら絶えず祈っているということを、そなたたちに示そう。わたしは神とともに座って、小さなしゅろの小枝をぬらしたり、綱を編んだりしながら言う。『神よ、大いなる慈悲によってわたしを憐れみ、憐れみによってわたしのとがを洗い浄めてください（詩編五一・三）。』」そうして、長老は尋ねた。「これは祈りではないだろうか。」彼らは「いいえ、祈りです」と答えた。

すると長老は彼らに言った。「わたしは仕事と祈りで一日を過ごしたとき、一六ヌミア分*1だけを稼ぎ、その中の二ヌミアを扉のところに置いて、残った金で糧を得る。そして、この二ヌミアを受け取る者は、わたしが食事をしたり眠ったりしているとき、わたしのために祈ってくれる。こうして、神の恵みによって、わたしは絶えず祈れという掟を実行しているのだ*2。」

ロト

一　長老の一人が、アルセノエの小さな沼地にいる師父ロトのもとを訪ね、修屋に入れてほしいと言うので、ロトはそれを許した。その長老は病気であったので、師父ロトは彼を休ませ、人々が彼のところに来たときには、病気の長老を見舞わせた。しかし、長老は彼らにオリゲネス*3の教説を説き始めたので、師父ロトはそれに悩まされて、言った。「師父たちは、われわれをもオリゲネス派だと見なさないだろうか。」しかし、彼は神の命ずる愛の掟のために、その長老をそこから追い出すことを恐れた。そこで、彼は立ち上がり、師父アルセニオスのところに行き、その長老のことを語った。すると、師父アルセニオスは言った。「彼を追い払ってはならないが、こう言うがよい。『見よ、神からのものを好きなだけ食べ、また飲みなさい。ただ、あの教説については語らないように』と。もし彼がそれを望めば、改めるだろう。しかし改めることを望まないならば、自らその場所を離れようとするだろう。そうなれば、あなたには彼の退去の責任はない。」そこで師父ロトは戻って、そのようにした。長老はこの言葉を聞いたとき、改めようとしなかったが、身を投げて請うた。「主のためにわたしをここから立ち去らせてください。わたしはこれ以上砂漠には耐えられません。」このようにして、彼は愛をもって送り出され、立ち去った。
二　人が、罪に陥ったある兄弟について語っていたところによると、彼は師父ロトのもとを訪ねてきたが、動揺して、入ってはまた出て行き、座ることができなかった。師父ロトはその兄弟に言った。「兄弟よ、どうしたのか。」彼は言った。「わたしは大きな罪を犯したのですが、師父たちにそれを言い出すことができないのです。」長老は言った。「わたしに告白しなさい。そうすれば、わたしもそれをともに担おう。」そこで、兄弟は言った。「わたしは邪淫に陥りました。また、世俗の幸運のためにいけにえを捧げたのです。」長老は言った。「回心があることを確信するがよい。そして、洞窟に行って住み、二日に一度だけ食事をせよ。わたしは、そなたの罪の半分をともに引き受けよう。」三週間が過ぎ、長老は神が兄弟の回心を受け入れてくださったことを確信した。そして、兄弟は死に至るまで長老に従った。

ロンギノス

一　師父ロンギノスは、三つの想念について師父ルキオスに尋ねた。「わたしは異国の地に住みたいのですが。」長老は彼に言った。「自分の舌を制するのでなければ、どこへ行こうとも、異邦人にはなれない。だから、ここで舌を制するがよい。そうすれば異邦人になれる。」彼はさらに言った。「わたしは断食がしたいのですが。」長老は答えた。「預言者イザヤは言った。『あなたの首を首輪とくびきのように曲げるとしても、それを適当な断食と呼ぶことにはならない』（イザヤ五八・五）。むしろ悪い考えを制するがよい。」ロンギノスは第三のことを述べた。「わたしは人間を避けたいのです。」長老は答えた。「まず人々の中で正しく行動しなかったとすれば、孤独にあっても正しくはなれない。」
二　師父ロンギノスは語った。「一度び病気になったならば、次のように言え。『おまえなど、病気で苦しんで死んでしまうがよい。時に反して食べることをむやみに求めるならば、日々の糧さえもやらない』と。」
三　癌と言われる病気で胸を病んでいた女が、師父ロンギノスのことを聞き及び、彼に会うことを求めた。師父はアレクサンドリアから九セメイアのところに住んでいた。女が彼を探しているとき、至福なる長老は、たまたま海辺で木を拾い集めていた。女は彼を見つけると、「師父よ、神のしもべ、師父ロンギノスはどこにいるのでしょうか」と尋ねた。彼女は、彼がその人であることを知らなかったのである。そこで彼は言った。「そなたはあの詐欺師に何を望んでいるのだ。彼のところに行ってはならない。彼は詐欺師だから。ところで、そなたは何か問題を抱えているのか。」女は自分の病気のことを告げた。長老は患部に十字の印をしてから、こう言って彼女を帰した。「行くがよい。神がそなたを癒してくださる。ロンギノスは何も役に立ちはしない。」女がその言葉を信じて立ち去ると、すぐに病気は癒された*4。後に彼女は、数名の者にこの出来事を話し、かの長老の特徴を示したとき、彼が師父ロンギノスであることを知ったのである。
四　また別のとき、幾人かの者が彼のもとへ一人の悪霊憑きを連れてきた。だが、師父は彼らに言った。「わたしがそなたたちにできることは何もない。むしろ師父ゼノンのところへ行くがよい。」そこで、師父ゼノンは悪霊を追い出すために、攻め始めた*5。すると、悪霊は叫び出した。「師父ゼノンよ、おまえによって俺が出てゆくとでも思っているのだろうが、見よ、師父ロンギノスが祈っていて、俺に手向かっている。あいつの祈りを恐れて、俺は出て行くのだ。さもなければ、俺がおまえに応じるはずがない。」
五　師父ロンギノスは師父アカキオスに言った。「女は血が止まるとき、子を孕んだことを知る。同じように、魂は自己の中に下劣な情念の流れが止まるとき、聖霊を宿したことを知る。魂がさまざまな情念に服していて、どうして情念から解放されているなどと誇ることができようか。血を与えよ、そして聖霊を受けるがよい。」

M《ミュー》巻

エジプトのマカリオス

一　師父マカリオスは自分について、こう語っていた。「わたしがまだ若く、エジプトの修屋にいたとき、人々はわたしに無理強いをして、村の聖職者にしようとした。だが、わたしはそれを受け入れることを望まず、別のところに逃れた。そこで、世間の敬虔な人がわたしのところに来て、わたしの手仕事を引き受け、奉仕してくれた。その頃、村のある乙女が誘惑を受けて罪を犯した。彼女は妊娠したので、人々は彼女に、このようなことをしたのは誰かを尋ねた。すると、彼女は『隠修者です』と答えた。そこで、人々はわたしを捕えに村まで来て、すすで黒くなった鍋と壺の取っ手をわたしの首にかけ、村の通りを引きずり回し、わたしを殴ってこう言った。『この修道者はわれわれの乙女を汚してしまった。こいつを捕えろ、捕えろ。』そして、彼らはわたしを死ぬほど殴ったのである。
そのとき、長老の一人が来て言った。『そなたたちはこの異国の修道者を、どれだけ殴るつもりか。』また、わたしの奉仕者は恥じ入って、わたしの後について来た。というのも、人々は彼を非常に侮辱し、『おまえが保証人になった隠修者だぞ。何ということをしてくれたのだ』と言ったからである。娘の両親も、『その男が娘を養う約束をしない限り、赦さない』と言っていた。そこで、わたしは奉仕者に話したところ、彼はわたしの保証を引き受けた。わたしは自分の修屋に戻り、持っていた籠をすべて彼にわたして、言った。『これを売ってわたしの妻に食べ物を与えてほしい。』そして、わたしは自分に言い聞かせた。『マカリオスよ、見よ、おまえは妻を見つけた。彼女を養うために、もう少しがむしゃらに働かなくてはならない。』わたしは夜も昼も働き、その収入を彼女に渡していた。しかし、哀れなこの女に出産のときが来ても、彼女は子を産めず、長い間苦しんだ。人々は彼女に『これはどうしたことだ』と言った。すると、彼女は言った。『わたしはわけを知っています。わたしは隠修者をざん言し、偽って訴えました。彼に罪はありません。別の若者なのです。』わたしの奉仕者は喜んで、わたしのところにやって来て言った。『あの乙女は、隠修者が悪いのではなく、自分が彼に逆らって嘘を言ったと告白するまで、子を産めませんでした。そこで、村全体がうやうやしくここに来て、あなたに謝罪しようとしています。』これを聞いたわたしは、人々がわたしを悩ますのを恐れて立ち上がり、ここスケーティスに逃げてきた。これが、わたしがここに来たそもそもの理由である。」

二　あるとき、エジプトのマカリオスは、師父パンボの行う奉献の祭儀のために、スケーティスからニトリアの山地にやって来た。長老たちは彼に言った。「父よ、兄弟たちにお言葉をください。」すると彼は語った。「わたしはまだ修道者になれないでいるが、修道者を見たことはある。あるとき、わたしがスケーティスの修屋に座っていると、もろもろの想念がこう語りかけてわたしを悩ませた。『砂漠に去って、そこで目にするものを見よ。』わたしは五年間これらの想念と闘い続けた。これらの想念が悪霊から来るものではないかと思ったのである。それでも、まだこの想念が残っていたので、砂漠へと向かった。

そこには湖があり、その中央には島があった。砂漠の獣たちがそこに水を飲みに来ていた。すると、その真中に二人の裸の人間を見つけた。わたしの体は震えあがった。それが霊であると思ったからである。しかし彼らは、わたしが恐れているのを見て言った。『恐れてはならない。われわれも人間なのだから。』わたしは彼らに言った。『あなたたちはどこから来たのですか。どうしてこの砂漠に来たのですか。』彼らは答えた。『われわれは共住修道院の者で、皆の同意が得られたので、ここに来た。見よ、それから四〇年になる。一人はエジプト人、もう一人はリビア人だ。』彼らもわたしに尋ねて言った。『世間はどうか、雨は適当なときに降っているか、世間は栄えているか。』わたしは『はい』と答え、わたしも彼らに尋ねた。『どうすれば修道者になれるでしょうか。』彼らは言った。『人は世のすべてのものから離れなければ、修道者にはなれない。』わたしは言った。『わたしは弱いので、あなたたちのようにはできません。』すると彼らは言った。『われわれのようにできないのならば、自分の修屋に座って、自分の罪を嘆くがよい。』わたしは尋ねた。『冬が来たら凍えはしませんか。暑くなったら体が焼けてしまわないでしょうか。』彼らは言った。『神がわれわれにこのような生活を授けてくださった。だから、冬でも凍えず、夏でも暑さで苦しまない。』こういうわけで、わたしはまだ修道者になれないが、修道者を見たことはある、と言ったのだ。兄弟たちよ、赦してほしい。」

三　師父マカリオスが大砂漠に住んでいたとき、すなわち隠修者の砂漠で単独で暮らしていたとき、下の方には別の砂漠があり、そこには多くの兄弟が住んでいた。長老が道を注意深く見ていると、人間の姿を取った悪魔がやって来て、彼のそばを通り過ぎようとするのを見た。悪魔は穴のあいた亜麻布の上着のようなものを着て現れ、その穴にはそれぞれ小さな瓶が吊るされていた。偉大なる長老マカリオスは尋ねた。「どこへ行くのか。」すると彼は「兄弟たちを呼び戻すのだ」と答えた。長老が「その小瓶は何のためだ」と尋ねると、彼は「兄弟たちにいろいろな味を持って行くためだ」と言った。長老が「それで全部か」と言うと、彼は答えた。「そうだ。もしそのうちの一つがある兄弟の気に入らなければ他のものをやり、それも気に入らなければまた他のものをやる。全部の中で少なくとも一つは気に入るのがあるだろう*1。」こう言って彼は立ち去った。

さて、長老は悪魔がまた帰ってくるまで、道を見張り続けた。長老は彼を見つけると言った。「救いがあるように。」すると彼は答えた。「どうして俺に救いなどありえよう。」長老が「どうして」と尋ねると、彼は答えた。「皆が俺に厳しくなり、誰も俺を迎えないのだ。」長老は、「それではおまえはあそこに仲間は一人もいないのか」と尋ねた。すると彼は答えた。「いる。そこに一人の修道者がいて、その男だけは俺に従う。彼は俺を見ると、風のように踊り回るのだ。」長老は彼に尋ねた。「その兄弟は何と呼ばれているのだ。」彼は答えた。「テオペンプトスだ*2。」彼はこう言い残して、立ち去った。

そこで、師父マカリオスは立ち上がり、下の方の砂漠に行った。このことを聞いた兄弟たちは、しゅろの枝を持って彼に会いに来た。それぞれは、長老が自分のところに下って来るものだと考えて、準備をした。しかし、彼は山の中で、テオペンプトスという名の者を探し求めた。そして彼を見つけると、その修屋に入った。テオペンプトスは喜んで彼を迎えた。長老はひとり彼とともにいて、言った。「兄弟よ、暮らしはどうだ。」彼は答えた。「あなたの祈りのお蔭で、元気に暮らしています。」長老は尋ねた。「もろもろの悪しき想念が、そなたに闘いをしかけて来はしないか。」彼は「今のところわたしは元気に暮らしています」と答えた。こう答えたのは、事実を話すことを恥じたからである。

長老は言った。「見よ、わたしは長い間苦行し、すべての人に称えられて来た。それでも、邪淫の霊が老人であるわたしを悩ませる。」テオペンプトスは答えて言った。「師父よ、信じてください。わたしもなのです。」すると長老は、自分から告白するまでは、他の悪しき想念も闘いをしかけてくる、と語った。また長老は、「そなたはどのくらい断食するのか」と尋ねた。彼が「第九時課までです」と答えると、長老は彼に言った。「晩まで断食して苦行せよ。福音書と他の聖書に思いを潜めよ。もし悪しき想念がそなたの中に起こったら、決して下を見ず、つねに上を見よ*3。そうすれば、すぐに主がそなたを助けに来てくださる。」兄弟にそれらの命令を与えて、長老は自分の砂漠に帰って行った。

そして、再び見張りをしていると、例の悪魔を見たので、彼に言った。「おまえはまたどこに行くのか。」彼は「兄弟たちを呼び戻すのだ」と答え、去っていった。再び彼が戻って来ると、聖マカリオスは尋ねた。「兄弟たちはどうだったか。」悪魔は「うまくいかなかった」と答えた。長老は「なぜか」と尋ねると、彼は答えた。「彼らは皆頑なで、しかもそれより悪いことに、俺に服従していたあの仲間までが、誰が惑わせたのか知らないが、俺に従わないだけでなく、一番頑固になってしまった。だから、当分の間はあそこには足を向けまい、と決心したのだ。」こう言って、悪魔は長老を残して去って行った。そこで、聖マカリオスも自分の修屋に戻って行った。

四　偉大なる師父マカリオスは、山地にいる師父アントニオスのところに行った。戸を叩くと、彼がそこまできて、「おまえは誰だ」と尋ねた。彼は「マカリオスです」と答えた。すると、アントニオスは戸を閉じて中に入り、彼を放っておいた。そして、彼の忍耐を見てから彼に戸を開き、快く迎えて言った。「そなたに関する噂を聞いて、わたしも長い間会いたいと思っていたのだ。」彼は、マカリオスが大変疲れていたので、手厚くもてなし、休ませた。夕方になると、師父アントニオスは自分の仕事のために、しゅろの枝をぬらした。師父マカリオスは言った。「お願いです、わたしにもそれをぬらさせてください。」彼は「ぬらしなさい」と答えた。そこで、マカリオスは大きな束をつくり、それをぬらした。それから彼らは夕方から座り、魂の救いについて語りながら、縄を編んだ。縄は窓を通って洞窟の中へ下がっていった。明け方にそこに入ると、至福なるアントニオスは、師父マカリオスの縄の長さを見て言った。「この手から偉大な力が出るのだ。」
五　師父マカリオスは、スケーティスの荒廃について兄弟たちに語った。「沼の近くに修屋が建てられるのを見たら、その荒廃も近くにあると知れ。樹木を見れば、それは戸口に迫っている。少年たちを見たときには、そなたたちの羊の毛皮を取って隠修へと向かうがよい。」
六　また、彼は兄弟たちを力づけようとして語った。「悪霊に憑かれた少年が母親とともにここに来たが、少年は母親に言った。『さあ、ばあさん、ここから出て行こう。』しかし彼女が『わたしは歩けない』と答えると、少年はこう言った。『俺があんたを運んで行くよ。』わたしは、悪霊がいかに人々を逃げさせようとするかという、その策略を見て、驚いた。」
七　師父シソエスは語っていた。「わたしがマカリオスとともにスケーティスにいたとき、彼と一緒に、七人で山へ収穫に行った。すると、見よ、一人のやもめがわれわれの後ろで落穂を拾っていたが、彼女は泣くのをやめようとしなかった。そこで、長老は地所の主人を呼んで尋ねた。『なぜこの女は、絶えず泣いているのか。』彼は言った。『彼女の夫が人から物を預かったまま急死し、どこにそれを置いたか言わなかったのです。それで、預け主が彼女と子供たちを奴隷にしようとしているのです。』長老は言った。『真昼の休息の間に、われわれのところに来るように彼女に言ってほしい。』女が来ると長老は言った。『なぜ、ずっとそんなに泣いているのか。』彼女は言った。『わたしの夫が、ある人から預かり物をしたまま死に、その際どこにそれを置いたか言わなかったのです。』長老は彼女に言った。『来て、彼を埋葬した場所を示しなさい。』そして、彼は兄弟を連れて、彼女とともにそこへと向かった。彼らがその場所に着いたとき、長老は彼女に言った。『あなたの家に入っていなさい。』彼らが祈っている途中、長老は死者に呼びかけて言った。『なにがしよ、そなたは他人の預かり物をどこに置いたのか。』すると、死者は答えた。『わたしの家の中、寝台の足元に隠してあります。』そこで長老は彼に言った。『復活の日まで、再び眠るがよい。』これを見た兄弟たちは、恐ろしさから彼の足元に倒れ伏した。長老は彼らに言った。『わたしの力でこのことが起こったのではない。わたしは何者でもないからだ。そうではなくて、やもめと孤児のために、神がこのことを行われたのだ。偉大なことは、神が罪のない魂を欲するということであり、また魂が願い求めることは何でも得られるということである[*4]。』長老は、預かり物がどこにあるかをやもめに告げて帰った。彼女はそれを取って預け主に返し、自分の子供たちを自由にした。そこで、この話を聞いたすべての人は、神に栄光を帰したのである。」

八　師父ペテロが聖マカリオスについて話していたところによると、あるとき彼が一人の隠修者のところへ来てみると、その人が具合を悪くしていたので、何か食べたいものはないか、と尋ねた。修屋には何もなかったからである。その隠修者はマカリオスに、「小さな菓子を」と答えたので、勇気あるマカリオスは、ためらわずに都市アレクサンドリアまで行き、それを病人に与えた。驚くべきことに、この事実は誰にも明らかにされなかった。
九　さらに彼が語ったところによると、師父マカリオスはすべての兄弟に対して公正に振舞ったので、ある人々が彼に尋ねた。「一体なぜそのように振舞うのですか。」すると彼は言った。「この賜物を与えてくださるよう、わたしは一二年間わが主に仕えた。そなたたちは皆、わたしがそれをやめるようにと勧めるのか。」
一〇　人々が師父マカリオスについて話していたところによると、彼は兄弟たちとともに過ごすときには、こんな規則を定めていた。「たまたまぶどう酒があるときには、兄弟たちのためにそれを飲め。しかし、一杯飲むごとに、一日水を飲んではならない。」兄弟たちは彼を元気づけようとして、ぶどう酒を与えていた。長老は自分を苦しめるために、喜んでそれを受けていた。しかし、事の次第を知った弟子は、兄弟たちに言った。「どうか、師にぶどう酒を与えないでください。さもないと、彼は自分の修屋で自らを殺しかねません。」これを知った兄弟たちは、もはや彼にぶどう酒を与えることはなかった。
一一　あるとき、師父マカリオスはしゅろの枝を持って、沼地から自分の修屋に戻ろうとしていた。

そこで、見よ、帰り道で小刀を持った悪魔に出会った。悪魔は彼を襲おうとしたが、その力がなかった。それで彼に言った。「マカリオスよ、俺がおまえに対して何もできないほどの多くの生命力が、おまえから出ている。見ろ、おまえがすることは俺もする。おまえが断食すれば俺もする。おまえが徹夜すれば、俺も全く眠らずにいる。ただ一つのことによって、おまえは俺に打ち勝つのだ。」師父マカリオスが「それは何だ」と尋ねると、悪魔は言った。「おまえの謙遜だ。そして、そのために俺は、おまえに対して何もできないのだ*5。」

一二 師父のうちの幾人かが、エジプトの師父マカリオスに尋ねて言った。「なぜあなたの体は痩せこけているのですか。食事のためですか、それとも断食のためですか。」長老は彼らに答えて言った。「燃えさしを掻き回す木は、最後には火によって焼き尽くされる。それと同じように、もし人が神への畏れによって心を浄めるならば、神への畏れそのものが体を焼き尽くすのだ。」

一三 あるとき、師父マカリオスは、スケーティスからテレヌティスに上り、眠ろうとして異教の神殿に入った。そこには、ギリシアの異教徒たちの古いミイラがあった。彼はその一つを取り、枕として自分の頭にあてがった。彼の剛胆さを見た悪霊たちは、妬みをおこした。そこで、彼を脅かすために、女に呼びかけるかのように言った。「婦人よ、一緒に水浴びに行こう。」また他の悪霊は、死人の中から話すかのように、彼の下から答えた。「わたしの上に異邦人がいるので行けないのです。」しかし、長老は恐れなかった。それどころか、勇敢にもミイラを叩き、言った。「できるなら、立ち上がって暗闇に行くがよい。」これを聞いた悪霊たちは、大声で叫んで言った。「おまえは俺たちに勝った。」

そして、恥をかいて逃げていったのだった。
一四　人々がエジプトの師父マカリオスについて語っていたところによると、彼は大きな籠をかついでスケーティスから上ってきたとき、疲れ果てて座り込んだ。そして祈って言った。「神よ、あなたはわたしに力がないことをご存じです。」すると、ただちに彼は、川のほとりにいる自分に気づいた。
一五　エジプトに小児麻痺の息子を持つ人がいた。彼は息子を師父マカリオスの修屋に連れていった。そして、泣いている息子を扉のところに下ろして、遠くに離れていた。長老は窓から子供をちらりと見て、言った。「誰がそなたをここに運んだのか。」彼は、「お父さんがここに置いて行ってしまった」と答えた。長老は彼に言った。「立って、父に追いつきなさい。」すると、彼はすぐに健やかになり、立ち上がって父親に追いついた。こうして、彼らは自分たちの家に戻っていったのである。
一六　偉大なる師父マカリオスは、スケーティスで集会を解散させるとき、兄弟たちに言った。「兄弟たちよ、逃げよ。」長老の一人が言った。「この砂漠をわたって一体どこに逃げればいいのですか。」すると、彼は指を口に当てて言った。「ここから逃げよ*6。」そして、彼は自分の修屋に入り、扉を閉めて座った。
一七　また、師父マカリオスは語った。「人を咎めて怒りに駆られるならば、自分の情念を満足させてしまう。それゆえ、他人を救おうとして、自らを滅ぼしてはならない。」

一八　師父マカリオスがエジプトにいたとき、駄獣を連れてきて、マカリオスの持ち物をこっそり盗み出している人を見た。そこで、師父はこの泥棒の前によそ者として現れ、彼と一緒に荷物を獣の上に乗せ、大きな静寂さのうちに、彼を送って言った。「われわれは、この世に何をも持って来なかった。また明らかに、何かを持ってこの世から去ることもできない。主が与えてくださった。そして、主の御旨のままに成ったのだ。万事において、主は祝せられ給え（一テモテ六・七、ヨブ一・二一）。」
一九　ある人々が、師父マカリオスに尋ねて言った。「どのように祈るべきでしょうか。」長老は彼らに答えた。「くどくど言う必要はない。手を広げて言うのだ、『主よ、あなたの欲するとおり、またご存じのとおりに、憐れみたまえ』と。また、闘いが起こったならば、『主よ、助けたまえ』と言うがよい[*7]。主ご自身は、何が有益なことかを知っておられ、われわれの必要に応じて憐れんでくださる。」
二〇　師父マカリオスは語った。「あなたの中で軽蔑が賞讃となり、貧困が豊かさとなり、不足が豊富さになったならば、あなたは死ぬことはないだろう。というのも、よき仕方で信仰を持し、敬虔さをもって行う者が、不浄な情念や悪霊たちの迷いに落ち込むことはあり得ないだからだ。」
二一　人々が語っていたところによると、二人の兄弟がスケーティスで過ちを犯したので、都会人の師父、マカリオスは彼らを追放した。そこで、ある人々がエジプトの師父、大マカリオスのところに出向き、このことを告げた。すると彼は言った。「追放さるべきはその兄弟たちではなく、マカリオスだ。」事実、彼は都会人マカリオスを愛していて、こう言ったのである。都会人マカリオスは、自分が長老によって追放されたことを聞くと、沼地に逃げた。そこで、師父大マカリオスは出かけて行き、彼が蚊にさされているのを見つけて、彼に言った。「そなたは兄弟たちを追放したが、見よ、彼らは村に隠棲することができた。わたしはそなたを追放した。そして、そなたは寝室に逃げ込む美しい乙女のように、ここに逃れた。わたしはあの兄弟たちを呼び、事情を知ろうとしたところ、彼らは『そのようなことは少しもありませんでした』と言った。だから、兄弟よ、そなたも悪魔にからかわれないように注意せよ。そなたは何も見ていなかったのだから。むしろそなたは、自分の過ちを悔改めよ。」すると、彼は言った。「お望みなら、どうか回心を授けてください。」彼の謙遜を見た長老は、言った。「行け、そして一週間に三度だけ食事をするという仕方で、三週間断食せよ。」実は、これは彼のいつものわざであり、彼は数週間にわたって断食していたのである。
二二　師父モーセはスケーティスの師父マカリオスに言った。「わたしは静寂さを保ちたいのですが、兄弟たちがわたしをそっとしておかないのです。」そこで師父マカリオスは彼に言った。「わたしが見るに、そなたの性格が優しいために、兄弟たちを追い返すことができないのだ。しかし、静寂さを保ちたいならば、ペトラの奥地にある砂漠に行け。そうすれば、そなたは静寂さを保てるだろう。」そこで、彼はそのとおりにして平安を得た。
二三　ある兄弟がエジプトの師父マカリオスのもとを訪ねてきて、言った。「師父よ、どうすれば救われるのか、お言葉をください。」長老は言った。「墓場に行って、死者たちを侮辱せよ。」そこで、兄弟は墓場に行き、侮辱し、石を投げた。それから長老に知らせに来た。すると長老は彼に、「彼らは何も話さなかったか」と尋ねた。兄弟は「何も」と答えた。長老は言った。「明日また行って、彼らを賞讃せよ。」兄弟は行って、彼らを賞讃して言った。「あなたがたは使徒です、聖人です、義人です。」それから、長老のもとにやって来て言った。「彼らを賞讃しました。」長老は「彼らが何か答えたか」と尋ねた。兄弟は「何も」と答えた。長老は彼に言った。「そなたは自分がどれほど彼らを侮辱したかを知っているが、彼らは何も答えなかった。またそなたはどれほど彼らを賞讃したかを知っているが、彼らは何も言わなかった。それと同じように、そなたも救われたいならば、死者になるがよい。死者のように、人間の不正義も栄光も構うな。そうすれば、救われるであろう。」
二四　あるとき、師父マカリオスは兄弟たちとエジプトを通って行き、ある少年が自分の母親にこう言っているのを聞いた。「お母さん、ある金持ちが僕を愛してくれるけれど、僕は彼が嫌いなんだ。それから、ある貧しい人が僕を嫌うけれど、僕は彼が好きなんだよ。」これを聞いた師父マカリオスは驚いた。すると、兄弟たちは彼に言った。「父よ、あなたが驚いたこの言葉は、何を意味しているのですか。」長老は語った。「まことに、われらの主は金持ちであり、われわれを愛してくださるが、われわれは彼の言葉を聞こうとしない。他方、われわれの敵なる悪魔は貧しく、われわれを憎んでいるが、われわれは彼の汚れを愛するものだ。」
二五　師父ポイメンは涙にくれながら、師父マカリオスに願った。「どうすれば救われるのか、お言葉をください。」すると、長老は答えて言った。「そなたが求めることは、今や修道者たちから離れ去ってしまった。」

二六　あるとき、師父マカリオスは師父アントニオスのもとを訪ねた。そして、彼と話した後、スケーティスに戻った。すると師父たちが、彼を出迎えに来た。さて、話の途中で長老は彼らに言った。「わたしは師父アントニオスに、われわれのところには奉献の祭儀がないと話した。」しかし、師父たちは他のことについて話し始め、もはや長老の答えから学ぼうとしなかったので、長老は何も言わなかった。事実、師父の一人が語っていたところによると、兄弟たちが有益なことについて、師父たちに尋ねるのを忘れたと見ると、師父たちは話を切り出す義務があった。しかし、もし兄弟たちが何ら要求しなければ、彼らは、尋ねられないのに話したり無駄話をしたりしているなどと思われないように、何も語らなかった。
二七　師父イザヤは師父マカリオスに尋ねて「お言葉をください」と言った。長老は彼に言った。「人間を避けよ。」師父へサイアスは「人間を避けるとはどういうことですか」と尋ねた。すると長老は言った。「それは、自分の修屋に座って、己れの罪を嘆くことである*8。」
二八　師父マカリオスの弟子、師父パフヌティオスは語った。「わたしは自分の師父に願って、『何か仰ってください』と言った。すると彼はわたしに答えた。『誰にも悪をなさず、誰をも裁いてはならない*9。これを守れ。そうすれば救われよう。』」
二九　師父マカリオスは言った。「悪い噂のある兄弟の修屋で眠ってはならない。」

三〇　あるとき、兄弟たちがスケーティスの師父マカリオスのところにやって来たが、彼の修屋には腐った水しか見当たらなかった。そこで彼らは言った。「師父よ、上の村においでください。あなたを休ませますから。」長老は彼らに言った。「兄弟よ、そなたたちは村のなにがしという人のパン焼き場を知っているか。」彼らは「はい」と答えた。長老は言った。「わたしも知っている。では、川が勢いよく流れている、なにがしという土地を知っているか。」彼らが「はい」と答えると、長老は言った。「わたしも知っている。だから、わたしは望むときに、そなたたちの助けを借りずに自分で登っていく。」
三一　人々が師父マカリオスについて話していたところによると、兄弟が彼のところへ来たとき、聖にして偉大なる長老に対するかのように、畏れをもってやって来ると、彼はその兄弟に何も話さなかった。しかし、あるとき、兄弟のある者が彼を馬鹿にして、「師父よ、あなたがらくだ曳きであったとき、また硝石を盗んで売ろうとしたとき、番人たちはあなたを殴りつけませんでしたか」と言った。誰かがこのように言うときには、彼が何を尋ねようと、師父は喜んで話すのであった。
三二　人々が師父マカリオスについて話していたところによると、彼は書かれているとおり、まさに「地上の神」（使徒言行録一一・二六）となった。というのも、神が世界を覆い守るように、師父マカリオスは、過ちを見ても見なかったように、また聞いても聞かなかったように、それらを覆い守ったからである*10。

三三　師父ビティミオスが話していたところによると、師父マカリオスはこう語っていた。「わたしがスケーティスに住んでいたとき、二人の異国の若者がそこへ下ってきた。一人は髭を生やしており、もう一人は生やしかけていた。彼らはわたしのところに来て言った。『師父マカリオスの修屋はどこですか。』そこでわたしは言った。『彼に何の用か。』彼らは答えた。『あの方について、またスケーティスについて人から聞いて、お会いしたいと思い、やって来たのです。』わたしは『それはわたしだ』と答えた。すると、彼らはひれ伏して言った。『わたしたちはここに留まりたいのです。』しかし、わたしは彼らが繊細で裕福な出であることを見て取って、言った。『そなたたちはここでは暮らせまい。』すると年長の者が言った。『ここで暮らせないならば、よそへ行きます。』わたしは思った。『どうして彼らを追い払ったり、躓かせたりしようとするのか。労苦を課せば、彼らは自分から逃げ出すだろう。』そこで、彼らに言った。『来て、できるならば自分たちのために修屋を建てよ。』彼らは言った。『場所を教えてください。建てます。』長老は、彼らに斧と、パンと塩で満たした籠を与え、堅い岩場を示して言った。『ここで石を切り、沼地の木を運び、屋根をふいて住むがよい。』」わたしは、とマカリオスは言った。「わたしは、彼らが労苦のためにここを離れ去るだろうと考えた。ところで、彼らはここで何をして働くべきかを尋ねた。わたしは『縄をなえ』と答え、沼地のしゅろを取って、どのように縄をない始め、またなうべきかを示した。それから彼らに言った。『籠を編んで、監督者たちに渡せ。そうすれば、彼らはパンをくれる。』」そうして、わたしは去った。
さて、彼らは忍耐をもってわたしが言いつけたすべてのことをなし、三年間わたしのもとを訪ねなかった。わたしは次のような考えと闘っていた。『彼らは想念について尋ねに来ないが、彼らのわざは一体どうなっているのだろう。遠くに住んでいる人々がわたしのところに来るのだが、近くにいる彼らはやって来ない。また、他の人々のところにも行っていない。彼らは奉献祭儀のときに黙って集まりに来るだけだ。』そこで、わたしは彼らのわざを示してくださるようにと、一週間断食して神に祈った。一週間の後、わたしは立ち上がり、彼らがどのように過ごしているかを見るために、彼らのところに行った。扉を叩くと、彼らは開き、黙って挨拶した。わたしは祈りをなして座った。年長の者は若いほうに、出て行くように合図して、何も言わずに縄をなうために座った。そして、第九時に彼が手を叩くと、若いほうが戻って来て、年長の者が合図をしたので、粥を少しつくり、食卓をしつらえた。そして、彼はそこに三つのビスケットを置いて、黙って座った。そこでわたしは言った。『立ち上がれ、食べよう。』そして、われわれは立って食べた。彼が水差しを持って来たので、われわれは飲んだ。夕方になると、彼らはわたしに『出かけますか』と尋ねた。しかしわたしは、『いや、ここで眠ろう』と答えた。すると、彼らはわたしのために隅のほうにござを敷き、別のござを自分たちのために別の隅に敷いた。彼らは帯と肩衣とを解き、わたしの前で一緒にござに横になった。

彼らが身を横たえると、わたしは、彼らのわざを明らかにしてくださるように、神に祈った。すると、屋根が開き、真昼のような光が差し込んできた[*11]。しかし、彼らにはその光は見えなかった。彼らはわたしが眠っていると考えたので、年長の者が若いほうの横腹をつついて起こした。彼らは帯を締め、手を天に伸ばした。わたしは彼らを見ていたが、彼らはわたしを見ていなかった。すると、わたしは悪霊たちが蝿のように若いほうの修道者に寄って来るのを見た。ある者は彼の口の中に、他の者は目の上に居座ろうとした。わたしはまた、主の使いが火の剣を持って彼を取り囲み、彼から悪霊を追い払うのを見た[*12]。しかし、悪霊たちは年長の修道者には近づくことができなかった。

夜明け頃、彼らは身を横たえ、わたしは眠りから目を覚ましたように振舞い、彼らも同じようにした。年長の者が、次のことだけをわたしに言った。『詩編を一二編唱えてもよいでしょうか。』わたしは『よい』と答えた。若いほうが六つの唱句とアレルヤを唱え、五つの詩編を歌うと、唱句に従って、火のような松明が彼の口から出て、天に昇っていった。同じように、年長の者が詩編を唱えるために口を開くと、火の縄のようなものが出て来て、天まで昇っていった。わたしも心から少し歌った。外に出ながらわたしは言った。『わたしのために祈ってほしい。』しかし、彼らは黙ってひれ伏した。そこで、わたしは、年長の者は完徳に達しているが、若い方は、敵の悪霊がいまだ闘いをしかけてくることを知った。ところが、数日後、年長の者が永遠の眠りにつき、さらに三日後には若い方の修道者も死んだ。」それからは、師父たちが師父マカリオスのもとを訪ねてくるたびに、彼らをかの兄弟たちの修屋に連れて行って、言うのであった。「来て、異国の若者たちの殉教の場所を見なさい。」
三四 あるとき、山地の長老たちはスケーティスの師父マカリオスのもとに人を遣わし、彼に願って言った。「すべての民衆があなたのことで心配しないように、わたしたちのところに来て、あなたが主のみもとに旅立つ前に、あなたにお目にかかれるようお願いします。」そこで、彼が山地に来ると、すべての民衆が彼の周りに集まった。そして、長老たちは、兄弟たちのために話をしてくれるように願った。これを聞いて彼は言った。「兄弟たちよ、嘆こう。涙が体を焼き尽くすような場所に行く前に、われわれの両の目が涙を流すように。」そこで、皆は嘆き、前に倒れ伏して言った。「師父よ、わたしたちのために祈ってください。」
三五 またあるとき、悪霊が剣を持って師父マカリオスの前に現れ、彼の足を切ろうとしたが、彼の謙遜のゆえに果たせなかった。そこで、悪霊は彼に言った。「おまえが持っているものは何でもわれわれは持っている。ただ謙遜によってのみ、おまえは抜きん出ている。だから、おまえはわれわれを征服するのだ。」
三六　師父マカリオスは語った。「他の人々によってわれわれにもたらされた諸々の害を思い起こすならば、神を思い起こす力を退ける。しかし、悪霊によってもたらされた諸々の害を思い起こすならば、われわれは傷付けられない。」
三七　師父マカリオスの弟子、師父パフヌティオスが語っていたところによると、長老マカリオスはこう語っていた。「わたしが少年だった頃、他の少年たちと牛に草を食ませに行った。が、彼らは無花果を盗みに行った。彼らが駆け出したとき、無花果が一つ落ちたので、わたしはそれを拾って食べた。わたしはそれを思い起こすたびに、座り込んで泣く。」
三八　師父マカリオスは語っていた。「あるとき、砂漠を歩いていると、地べたに転がっている死人の頭蓋骨を見つけた。しゅろの葉でそれをゆさぶると、しゃれこうべはわたしに話しかけた。わたしはそれに尋ねた。『おまえは誰だ。』すると、しゃれこうべは答えた。『わたしはこの場所に住むギリシア人たちの偶像の大祭司でした。ところであなたは、聖霊の使者マカリオスです。あなたが、罰を受けている人々を憐れみ、彼らのために祈ってくれるときはいつでも、幾分か慰めを得ています。』長老は彼に言った。『どのような慰めで、どのような罰なのか。』しゃれこうべは答えた。『天が地から隔たっているように（イザヤ五五・九）、われわれの下には火があり、足から頭まで火の中にいます[*13]。そして、誰も顔を合わせて他の者を見ることはできず、それぞれの顔を他の者の背にくっつけています。ただ、あなたがわたしたちのために祈ってくれるときには、他の者の顔を少しだけ見ることができ、それが慰めなのです。』すると、長老は泣きながら言った。『おお、この人間の生まれた日よ。』長老は彼に尋ねた。『それより酷い苦痛はあるのか。』しゃれこうべは答えた。『わたしたちの下にもっと酷い苦痛があります。』長老は彼に『それはどんな人たちか』と尋ねた。しゃれこうべは言った。『神を知らなかったわたしたちは、少しは憐れみを受けています。しかし、神を知りながらそれを拒んだ人々は、わたしたちの下にいるのです。』」そこで、長老はしゃれこうべを拾い、埋葬した。

三九　人々がエジプトの師父マカリオスについて話していたところによると、あるとき、彼はスケーティスからニトリアの山地に上った。彼がそこに近づくと、弟子に言った。「少し先を歩け。」弟子が前を歩いていると、ギリシア人たちの祭司に行き逢った。兄弟は大声で呼びかけ、言った。「おい、おい、悪霊よ、どこへ走って行くのだ。」そこで、祭司は振り向き、兄弟をしたたか殴りつけ、半殺しの目に遭わせた。それから、自分の木を拾いあげて走った。少し先の方で、師父マカリオスは走ってくる祭司に出会い、言った。「救われるがよい、救われるがよい、労苦する人よ。」彼は驚いて、師父のところに来て言った。「そんな挨拶をするとは、わたしの中にどんなよいところがあるのですか。」長老は言った。「それは、そなたが労苦しているのを見たからであり、そなた自身が、無駄に労苦しているのを知らないからである。」彼は言った。「わたしはあなたの挨拶に胸を打たれ、あなたが神の味方であることを知りました。わたしと行き逢った悪い修道者はまったく反対で、わたしを侮辱しました。だからわたしは、彼を死ぬほど殴りつけました。」そこで、長老はそれが自分の弟子であることを知った。祭司は彼の足を抱いて言った。「わたしを修道者にしてくれなければ、わたしはあなたを放しません。」彼らは弟子のいるところに行き、その弟子をかついで山地の教会に連れて行った。兄弟たちは、かの祭司が師父マカリオスといるのを見て驚いた。彼らはその祭司を修道者にした。そこで、多くのギリシア人たちは、彼によってキリスト教徒となった。それゆえ、師父マカリオスは言った。「悪い言葉は善い人さえも悪くし、善い言葉は悪い人さえも善くする。」

四〇 人々が師父マカリオスについて話していたところによると、あるとき、彼がいないときに、一人の盗賊が修屋に忍び込んだ。彼が修屋に戻ってくると、盗賊が持ち物をらくだに積んでいるのを見つけた。そこで、マカリオスは修屋に入り、自分の持ち物を取って一緒にらくだに積んだ。積み終わると、盗賊はらくだを起こすために叩き始めたが、らくだは起き上がらなかった。らくだが起きないのを見て、師父マカリオスは修屋に入り、小さな鋤を見つけた。そして、それを取ってらくだに積んで言った。「兄弟よ、らくだはこれも求めていたのだ。」彼はらくだを足で蹴り、「立て」と言った。らくだはすぐに立ち上がり、言葉に従って数歩歩いた。だが、再び座り込むと、荷物をすべて降ろすまでは起き上がらなかった。そして、それから歩いて行った。

四一 師父アイオは師父マカリオスに尋ねた。「お言葉をください。」師父マカリオスは語った。「人間たちを避けよ。修屋に座し、自分の罪を嘆け。人々のおしゃべりを好むな。そうすれば救われるであろう。」

モーセ

一　あるとき、師父モーセははなはだ邪欲に襲われた。もはや修屋に座っていることができずに、師父イシドロスのもとに行って、そのことを告げた。長老は彼に修屋に戻るよう励ましたが、彼はこれを受け入れず、「師父よ、わたしにはその力がありません」と言った。師父イシドロスは彼を連れて屋根に登らせ、「西の方を向け」と言った。彼がそちらを見ると、騒ぎ立って闘っている無数の悪霊の群が見えた。次に師父イシドロスは、「東の方を見よ」と言った。彼がそちらを向くと、栄光をたたえる無数の聖なる天使の大群が見えた[*14]。師父イシドロスは言った。「見よ、この天使たちは、聖人たちを助けるために主から遣わされたものだが、西の方のものは、聖人たちと戦うものだ。だから、われわれとともにいるものの方が多い。」そこで、師父モーセは神に感謝し、勇気を取り戻して、自分の修屋に戻っていった。
二　あるとき、スケーティスで一人の兄弟が過ちを犯した。そこで集会が開かれ、師父モーセを呼びにやった。しかし、彼は来ようとはしなかったので、司祭は彼のもとに人を遣わして言った。「来てください。民衆があなたを待っています。」彼は立ち上がり、そこに向かった。そして穴のあいた籠を取り、それに砂を満たして担いだ。すると、彼に会うために出て来た他の人々は、彼に「父よ、それは何ですか」と尋ねた。長老は彼らに言った。「わたしのさまざまな罪はわたしの背中に溢れているが、わたしにはそれらが見えない。しかも、わたしは今日、他人の罪を裁こうとしている。」この言葉を聞いた人々は、その兄弟に何も言わず、彼を赦した。

三　また別のとき、スケーティスで集会があったが、師父たちは彼を試そうとして、彼を軽蔑して言った。「どうしてこのエチオピア人は、われわれの中に来ているのだ。」彼はこれを聞いても、沈黙を守っていた。彼らが解散した後、彼らはモーセに言った。「師父よ、先ほどあなたは悩まされませんでしたか。」彼は答えた。「わたしは悩んだが、何も言わなかった（詩編七六・五）。」

四　人々が師父モーセについて話していたところによると、人々は彼を聖職者にして、司祭の肩帯を着せた。大主教は彼に言った。「見よ、師父モーセよ、あなたは全身真っ白だ。」長老は言った。「父なる主教よ、確かに外見はそうです。そして内側もそうでありますように。」すると、大主教は彼を試そうとして、聖職者たちに言った。「師父モーセが至聖所に入って来たら、彼を追い出し、彼が何と言うかを聞くために、ついて行きなさい。」そこで、長老が入ってくると、人々は彼を咎め、追い出して言った。「外に出ろ。エチオピア人め。」彼は出て行きながら、自らに言った。「みにくい黒人よ、彼らはおまえによいことをしたのだ。おまえは人間ではないのに、どうして人間の中にやって来るのか。」

五　あるとき、スケーティスにおいて「今週は断食せよ」という命令が与えられた。たまたま兄弟たちが、エジプトから師父モーセのもとを訪ねて来た。そこで、彼は兄弟たちのために少しの粥をこしらえた。煙を見た近くの仲間たちは、聖職者たちに言った。「見よ、モーセは命令に背いて、自分のところでものを煮ている。」聖職者たちは言った。「彼が来たら、われわれが彼に話そう。」土曜日になって、聖職者たちは師父モーセの大きなわざを知り、人々の前で言った。「師父モーセよ、あなたは人間の命令を捨てて、神の命令を守った。」
六　ある兄弟が、何か言葉を請うために、スケーティスの師父モーセのもとを訪ねた。長老は彼に言った。「行け、そなたの修屋に居れ。そうすれば、修屋はそなたにすべてを教える。」
七　師父モーセは語った。「人々を避ける者は、熟れたぶどうの房に似ている[*15]。他方、人々の中にいる者は、未熟なぶどうのようなものである。」
八　あるとき、長官が師父モーセのことを聞き及び、彼に会いにスケーティスに行った。ある人々がそのことを長老に告げたので、彼は立ち上がり、沼地に逃げて行った。ところが、長官の一行は、長老に行き逢って尋ねた。「ご老人よ、言ってください。師父モーセの修屋はどこですか。」彼は答えた。「彼に何を求めているのですか。彼は愚か者ですよ。」そこで、長官は教会に行き、聖職者たちに言った。「わたしは師父モーセについて聞き、彼に会いに来ました。ところが、エジプトに行く老人がわれわれと行き逢ったので、『師父モーセの修屋はどこですか』と訪ねると、彼は『彼に何を求めているのですか。彼は愚か者ですよ』と言いました[*16]。」これを聞いた聖職者たちは、悲しんで言った。「聖人のことをそのように言う老人とは、どのような人でしたか。」彼らは言った。「古い服を来た、大きくて黒い老人です。」そこで、聖職者たちは言った。「その人こそ師父モーセです。彼があなたがたにそう言ったのは、あなたがたに会わないためなのです。」そこで長官は大いに学ぶところがあって、帰って行った。

九　師父モーセはスケーティスで語っていた。「もしわれわれが師父たちの命令を守るならば、蛮族はここには来ない、と神にかけてあなたがたに保証する。だが、それを守らないならば、この地は荒らされるだろう。」

一〇　あるとき兄弟たちが彼のそばに座っていたところ、彼は語った。「見よ、蛮族が今日スケーティスに来る。立ち上がって逃げよ。」彼らは言った。「師父よ、あなたは逃げないのですか。」彼は答えた。「『剣を取るものは、皆剣で滅びる』（マタイ二六・五二）という。主なるキリストのその言葉が成就するために、わたしは長年この日を待っていたのだ。」彼らは言った。「わたしたちも逃げないで、あなたとともに死にます。」すると彼は言った。「それはわたしには関わりのないことだ。めいめい自分がどうなるかを見よ。」ところで、そこには七人の兄弟がおり、師父モーセは彼らに言った。「見よ、蛮族が門まで近づいて来ている。」そして、蛮族が入って来て彼らを殺した。彼らのうちのある者は、縄の山の後ろに逃れていたが、七つの冠が下って来て、彼らを飾るのを見た[*17]。

一一　ある兄弟が師父モーセに尋ねた。「目の前に何かが見えるのですが、それを捉えることができないのです。」長老は答えた。「埋葬された人々のように、そなたが死人にならぬ限り、それを捉えることはできない[*18]。」

一二　師父ポイメンが語ったところによると、ある兄弟が師父モーセに、どうすれば人は隣人に対して死人のようになれるでしょうか、と尋ねた。すると長老は語った。「人は、自分はすでに三日前から墓の中にいると肝に銘じなければ、この言葉を実現することはできない[*19]。」
一三　人々がスケーティスの師父モーセについて語っていたところによると、彼がペトラに行こうとしたとき、途中で疲れてしまった。そこで自分にこう言った。「どうしたら、こんなところで水を汲むことができるだろうか。」すると、声が聞こえてきた。「ペトラに入れ、案ずることはない。」そこで、彼が入って行くと数人の師父たちが、彼を訪ねてきた。ところが、彼は小さな瓶一杯分しか水を持っていなかった。そして、わずかのひら豆を調理するのに、水を使い切ってしまった。長老は困惑して、神に祈りながら、入ったり出たりした。すると、見よ、雨雲がペトラの真上に来て、雨水は彼の器を全部満たしたのだった。後に彼らは、長老に尋ねた。「どうしてあなたは入ったり出たりしたのか、教えてください。」長老は彼らに答えた。「わたしは神に訴えていたのだ。『あなたはわたしをここに連れてきたのに、あなたの僕たちに飲ませる水がありません』と。そのために、わたしは神がわれわれに水を送ってくださるまで、神に願いながら入ったり出たりしたのだ。」
一四　師父モーセは語った。「何事においても人を裁かないために、人に対して死人にならねばならない[*20]。」
一五　彼はさらに語った。「人は、誰にも悪しきことを為さないために、体から離れるまえに、すべての邪悪なことがらから自ら死なねばならない。」
一六　彼はさらに語った。「人が自らの心の中で、自分は罪人であるという思いを抱かない限り、神は彼の言うことを聞き入れない。」そこで、兄弟が尋ねた。「心の中で、自分は罪人であると思うとは、どういう意味ですか。」長老は答えた。「もし人が自分の罪を担うならば、隣人の罪を見ないものだ。」
一七　彼はさらに語った。「行いと祈りとが調和しないならば、無駄に働くことになる。」そこで、兄弟は尋ねた。「行いと祈りの一致とは、どういうことですか。」長老は答えた。「それは、われわれが祈っている当のことがらを、もはや改めて実行するまでもない、ということである。というのも、人が己れの意志を捨てるとき、神は彼と和らぎ*[21]、その祈りをただちに受け入れるからである。」
一八　兄弟は尋ねた。「人間のすべての労苦において、何が彼を助けるでしょうか。」長老は答えた。「神こそが助ける者である。事実、こう書かれている。『神はわれらの逃れ場、われらの力、悩みの時の大いなる助け』(詩編五四・二)。」兄弟はさらに言った。「人間が行う断食と徹夜とは、何を生み出すでしょうか。」長老は答えた。「それらは魂を謙遜にする。事実、こう書かれている。『わたしの謙遜と労苦とを顧み、わたしのすべての罪を赦したまえ』(詩編二四・一八)。もし魂がこれらの実を結ぶならば、神はその実によって魂を憐れまれる。」
兄弟は長老に尋ねた。「人は自分に襲いかかるすべての誘惑にあって、また、敵のあらゆる悪しき想念に対して、何を為すべきでしょうか。」長老は語った。「人は、神が助けに来られるように、神の憐れみ（善性）に嘆願しなければならない。心して願えば、人はただちに安らぎを得る。事実、こう書かれている。『主はわたしの助け、人が何をしようともわたしは恐れない（詩編一一七・六）』。」兄弟は尋ねた。「人が奴隷の犯した罪のために、彼を殴ったとします。奴隷は何と言うでしょうか。」長老は答えた。「それが善い奴隷ならば、『わたしを憐れんでください。わたしは罪を犯しました』と言うであろう。」兄弟は彼に言った。「そのほかには、何も言わないのでしょうか。」長老は言った。「何も言わない。それは、彼が自らを咎め、『わたしは罪を犯しました』と言うならば、彼の主人はただちに彼を憐れむからである。」

これらすべての話の目的は、隣人を裁かない、ということである。というのも、『主の御手がエジプトのすべての初子を殺したとき、死者のいない家はなかった』（出エジプト一二・二九）からだ。」兄弟は尋ねた。「その言葉はどういう意味ですか。」長老は答えた。「われわれが自分の罪を見ることに専念するならば、隣人の罪を見ることはないだろう。事実、人が、自分のそばに死者がいるのに、自分のところの死者を置き去りにして、隣人の死者を嘆きに出かけるとすれば、それは愚かなことである。」

ところで、隣人に対して死ぬとは、自分の罪を担い、善人であろうと悪人であろうと、すべての人を気にかけないことである。誰にも悪しきことを行ってはならず、誰に対しても悪い考えを心に抱いてはならない。悪しきことを行う者を軽蔑してはならない。隣人に害を加える者に同意してはならない。隣人に害を加える者と、喜びに興じてはならない。他人を中傷してはならず、むしろ神がそれぞれの者を知っている、と言うがよい。中傷する者に説得されてはならない。隣人を中傷する者とともに喜んではならない。隣人を中傷する者を憎んではならない。これが、『裁いてはならない』（ルカ六・三七）ということである。どんな人間に対しても反感を抱いてはならず、心の中に決して敵意を抱いてはならない。隣人に対して憎しみを持つ者を憎んでもならない。これが平安というものである。これらすべてにおいて自らを励ますがよい。御言葉たる神の恵みによって、苦しみはわずかの間にすぎず、休息は永遠である[22]。」

マトエス

一　師父マトエスは語った。「初め苦しくてすぐに打ちのめされてしまうわざよりも、軽くて長続きするわざをわたしは望む。」
二　彼はさらに語った。「人は、神に近づけば近づくほど、いっそう自分が罪人であることが分かる[23]。事実、預言者イザヤは神を見て、自分が惨めで不浄の者であると言った（イザヤ一・一一―一三）。」
三　彼はさらに語った。「わたしは若い頃、自分は多分何か善いことを行っていると思っていた。しかし、年を取った今、自分の中には何一つ善いわざがないことが分かっている。」
四　彼はさらに語った。「悪魔は、魂がいかなる情念によって打ち負かされるかを知らない。すなわち彼は、邪淫の念や、他人を中傷するもろもろの考えや、他の情念の種を、蒔くことは蒔くが、それらを収穫できるかどうかは知らない。だが悪魔は、どんな情念に魂が傾いているかを見て、魂に材料をさし向け、そそのかすのである[*24]。」
五　ある兄弟が師父マトエスのもとを訪ねてきて言った。「どのようにしてスケーティスの人たちは、自分自身よりも自分の敵を愛することによって、聖書に書かれているよりも優れたことを行っていたのですか。」すると、師父マトエスは答えた。「何にせよ、わたしはわたしを愛する者をさえも、自分自身ほどには愛していない。」
六　ある兄弟が師父マトエスに尋ねた。「もし兄弟がわたしのもとを訪ねて来て、それが断食や朝課の時であった場合は、どうすべきでしょうか。そのことで悩んでいるのです。」長老は彼に答えた。「もしそれがそなたを悩ませず、そなたが兄弟とともに食事をするならば、そなたは正しいことを行っている。しかし、誰も待っていないのに食事をするならば、それはそなたの意志である。」
七　師父ヤコブは言った。「わたしは師父マトエスのもとを訪ねた。そこから戻るときに、『ケリアに行くつもりです』と言うと、彼は『師父ヨハネによろしく』と言った。師父ヨハネのところに着くと、『師父マトエスがよろしくとのことです』と言った。すると、長老は、『見よ、師父マトエスこそ、偽りのない真のイスラエル人だ（ヨハネ一・四七）』と言った。それから一年の後、わたしは再び師父マトエスの挨拶を伝えると、長老ヨハネはこう言った。『わたしはあの長老の言葉に値しない。しかし、次のことをよく知ってほしい。ある長老が自分よりも隣人を称えるのを聞くときには、その長老は偉大な境地に達しているのだ。なぜなら、自分よりも隣人を称えることこそは、完全さを意味するからである。』」

八　師父マトエスは語った。「ある兄弟がわたしのもとを訪ねて来て、『中傷は邪淫よりも悪い』と言った。わたしは『その言葉は受け入れ難い』と答えた。すると、彼はわたしに『では、あなたはこのことがらをどう考えるのですか』と尋ねた。わたしは答えた。『確かに中傷は悪いが、すぐに治す方法がある。というのは、中傷する者は、わたしは悪意を持って語ったと言って、しばしば後悔するからである。だが、邪淫はその本性上、死である。』」

九　あるとき、師父マトエスはライトウからマグドロスの地方に行った。彼の兄弟も彼とともにいた。ある主教が長老を捕えて、司祭にした。彼らがともにいるとき、主教は言った。「師父よ、赦してほしい。あなたがこのことを望んでいないことは知っている。だが、あなたから祝福を受けたかったので、あえてこのようにしたのだ。」そこで、長老は謙って言った。「わたしの心も、少しはそれを望んでいました。それよりもわたしを苦しめるのは、ともにいる兄弟から離れなければならないことです。というのも、祈りをすべて一人ですることには耐えられないからです。」主教は言った。「彼が司祭職にふさわしい、とあなたが思っておられるならば、わたしは彼をも叙階しよう。」師父マトエスは語った。「彼がふさわしいかどうかは分かりません。ただ一つ分かっているのは、彼がわたしより優れた人であることです。」そこで、主教は彼をも叙階して、司祭にした。しかし、彼らは二人とも、奉献祭儀を行うために祭壇に近づくこともなく、永遠の眠りに就いた。が、長老は語っていた。「わたしは、奉献祭儀を行わなかったから、叙階のことでひどい裁きを受けることはないと神に信頼している。というのも、叙階は咎められるところのない人々のものだからだ。」
一〇 師父マトエスは語っていた。三人の長老が、頭と言われている師父パフヌティオスのもとに、教えを求めてやって来た。長老パフヌティオスは彼らに尋ねた。「わたしに何を話してほしいのか。霊的なことか、それとも身体的なことか。」彼らは「霊的なことです」と答えた。そこで長老は語った。「行け、そして休息よりも苦しみを、名誉よりも侮辱を、また、受けることよりも与えることを愛せよ。」
一一 ある兄弟が師父マトエスに「お言葉をください」と願った。師父は語った。「行け、そしてそなたの心に悲歎と謙遜を与えてくださるよう、神に願うがよい。つねに自分の罪を顧み、他人を裁かず、万人の下にいる者になれ。少年と親しくせず、女性と関わらず、また異端の者とも近づきになるな。そなたから気安い言葉を取り除け。自分の舌と腹とを制し、ぶどう酒はわずかにせよ。もし人が何かについてあれこれ語っても、彼と好んで議論するな。彼が正しいことを言うなら、『然り』と言い[*25]、間違ったことを言うなら、『あなたはどのように語るか知っているはずです』と言うがよい。彼が語ったことについて、彼と言い争ってはならない。そして、これこそが謙遜なのだ。」
一二 ある兄弟が師父マトエスに「お言葉をください」と願った。長老は語った。「何事についても、そなたから口論を取り除け、そして嘆き、悲しめ。時は近づいているからだ[*26]。」

一三　ある兄弟が師父マトエスに尋ねた。「わたしはどうすべきでしょうか。わたしの舌がわたしを苦しめるのです。人々の中に入っていくときには舌を制することができず、彼らのすべての善いわざに対しても、彼らをとがめ、争ってしまいます。一体どうすればよいでしょうか。」長老は答えて言った。「自分を制することができないならば、独りの生活に逃れよ。それは弱さのためである。しかし、兄弟たちと暮らす者は、四角であってはならず、すべてに転がることができるように、丸くなければならない。」また、長老は語った。「わたしが独りで生活するのは、徳があるからではなく、弱さのためなのだ。事実、人々の中に入って行く者は、力ある人々である。」

シルアノスの弟子マルコス

一　人々が師父シルアノスについて話していたところによると、彼はスケーティスにマルコスという名の弟子を持っていた。マルコスは非常に従順であり、その上、美しい字を書いた。長老は彼をその従順のために愛していた。彼には他に十一人の弟子がいたが、彼らは、長老が自分たちよりもマルコスを愛していることで苦しんでいた。また他の長老たちも、そのことを聞いて悲しんでいた。さて、ある日長老たちは、師父シルアノスのところに来て、彼を咎めた。すると、彼は長老たちを連れて外へ出、各々の修屋の戸を叩いて、「兄弟なにがしよ、出て来てくれ。そなたに頼みがある。」と言った。だが、彼らのうちだれ一人として、すぐに応じた者はいなかった。それから、シルアノスはマルコスの修屋に来て、戸を叩いて「マルコスよ」と言った。すると、長老の声を聞いて、彼はすぐに飛び出してきた。彼はマルコスを司祭のところに使いに出し、長老たちに言った。「父たちよ、他の兄弟たちはどこにいるだろうか。」それから、マルコスの修屋に入り、彼の帳面を調べてみると、彼はオメガの字を書き始めていたが、長老の言葉を聞いたので、それを書き終えるために葦の筆を動かそうとしなかったことがわかった。そこで長老たちは言った。「師父よ、あなたが愛している者をわたしたちも愛します。また、神も彼を愛しておられます。」

二 人々が師父シルアノスについて話していたところによると、あるとき彼は、長老たちとともにスケーティスを歩いていたが、自分の弟子マルコスの従順と、自分が彼を愛している理由とを、彼らに示そうと思った。彼は小さな猪を見つけたので、マルコスに言った。「子よ、あの小さな水牛が見えるか。」彼は「はい、師父よ」と答えた。長老は言った。「では、その角がどんなに堂々としているかも見えるか。」彼は「はい、師父よ」と答えた。そこで、長老たちは彼の答えに驚き、その従順さに教えられた。

三 あるとき、師父マルコスの母が彼に会いに下ってきた。彼女は非常に着飾っていた。長老が彼女のところに出てくると、彼女は言った。「師父よ、息子に会えるよう、外に出ることを彼に命じてください。」そこで長老は中に入って彼に言った。「母親に会うために外に出るがよい。」マルコスは継ぎはぎだらけの上衣を着、すすで黒くなって、台所から出て来た。彼は従順のために外に出たが、目を閉じて「お元気で、お元気で、お元気で」と人々に言った。しかし、彼らを見ようとはしなかった。彼の母親は、彼のことがわからなかった。そこで、彼女は再び長老に願って言った。「師父よ、息子に会うために、息子をここに来させてください。」長老はマルコスに言った。「母親がそなたに会えるよう、外に出ろと言わなかったか。」するとマルコスは答えた。「師父よ、わたしはお言葉に従って外に出ました。どうか、あなたに逆らうことにならぬように、また出て行けとは仰らないでください。」そこで、長老は外に出て、母親に言った。「お元気で、と言いながらあなたがたに会ったのが、彼だったのだ。」そして、師父は彼女を慰め、送り出した。
四 また別のとき、彼はスケーティスを出てシナイ山に行き、そこに住もうとした。マルコスの母は人を遣わして、息子が出て来て会ってくれるように、涙を流して願った。長老はマルコスを外に出そうとした。しかし、彼は外に出るために修道者用の毛皮の外套を着け、長老に挨拶するために出ようとしたが、突然泣き出して、外には出なかった。
五 人々が師父シルアノスについて話していたところによると、彼がシリアに向かって出発しようとしたとき、弟子のマルコスは言った。「父よ、わたしはここを離れたくありません。わたしはあなたを出発させたくないのです。師父よ、三日間ここに留まってください。」こうして、彼は三日目に死の眠りに就いたのである。

ミレシオス

一 師父ミレシオスがあるところを通りかかったとき、一人の修道者が殺人を為したかどで、ある人に捕えられているのを見た。長老はその兄弟に近づいて尋ねた。そして、彼が中傷によって無実の罪を着せられているのを知った。長老は彼を捕えている人々に、「殺された人はどこにいるのか」と尋ねた。すると、彼らはその場所を示した。長老は殺された者に近づき、皆に祈るように言った。彼が神に向かって手を差し伸べると、死者は立ち上がった。そこで、彼は皆の前で死者に尋ねた。「そなたを殺したのは誰なのか、われわれに聞かせてくれ。」すると死者は答えた。「わたしが教会に入って司祭に金を渡すと、司祭は立ち上がってわたしを殺し、師父の修道院に運んで、そこにわたしを投げ入れたのです。お願いですから、あの金を取り返して、わたしの子供たちに与えてください。」そこで、長老は死者に言った。「行け、そして眠れ。主が来られて、そなたを目覚めさせるまで。」
二　また別のとき、彼は二人の弟子とともにペルシアの国境に住んでいた。兄弟である二人の王子が、習慣に従って狩りに出かけた。彼らは四〇ミリアもの長さの網を張り[*27]、網の中に見入ったすべてのものを狩り立て、矢で殺そうとした。そこへ、長老が二人の弟子とともに来合わせた。毛むくじゃらの、野蛮人のような長老を見て、王子たちは驚いて言った。「われわれに言え。おまえは人間か、それとも霊か。」彼は答えた。「罪人である。自分の罪を嘆くために外に出て来た。わたしは生ける神の子、イエス・キリストを賛美する。」彼らは言った。「太陽と火と水の神以外に、崇拝すべき神は存在しない。進み出て、それらの神々に犠牲を捧げよ。」
　すると長老は言った。「それらは被造物であり、そなたたちは踏み迷っているのだ。しかし、わたしはそなたたちが回心し、それらすべてのものの造り主である真実の神を知るように勧める。」彼らは言った。「断罪され十字架に付けられた者が、真実の神だとでも言うのか。」長老は答えた。「罪を十字架に付け、死を滅ぼしたお方こそ、真実の神である、とわたしは言っているのだ。」しかし、彼らは、長老と兄弟たちとを拷問にかけ、犠牲を捧げるように強いた。多くの拷問のあとに、彼らは兄弟たちの首を切った。が、長老は数日間、なお多くの拷問にかけられた。そしてついには、彼らの狩猟法に従って、長老を彼らの間に立たせ、一人は表に、一人は背に、矢を射掛けた。そのとき長老は言った。「そなたたちは一緒になって、罪のない血を流した。やがて、明日の同じ時刻に、そなたたちの母は子供たちをなくし、そなたたちの愛情を失うだろう。そして、そなたたちは自らの矢で、互いの血を流し合うのだ。」しかし、彼らは長老の言葉をあざわらい、その翌日狩りに出かけた。すると、一頭の鹿が彼らの傍らから飛び出した。彼らは馬に乗って鹿を追いかけ、矢を放った。すると、長老が彼らを呪って言った言葉のとおり、互いに心臓を貫き合い、死んでしまった。

モティオス

一　ある兄弟が師父モティオスに尋ねた。「わたしがどこかに行って住む場合、どのように暮らせばいいとお思いですか。」長老は語った。「そなたがどこかに住むならば、たとえば集会に行かないとか、愛餐で何も食べないとかして、何かにつけ評判になろうとするな。これらは虚しい名声となり、ついには人々に悩まされるようになる。というのも、そのようなことが見出されるところに、人は駆け寄ってくるからである。」兄弟は長老に、「では、どうしたらよいでしょうか」と尋ねた。長老は語った。「そなたがどこに住もうと、すべての人に従い、そなたが信頼する敬虔な人々の行うことを見て、行え。そうすれば平安を得る。というのも、彼らと同じになることこそ、謙遜であるからだ。すると、人々はそなたが特別な者でないのを見て、そなたを他の人々と等しい者と看做す。そして、誰もそなたを悩ませたりはしない。」
二 師父モティオスについて、彼の弟子である師父イサクは――彼らは二人とも主教になったのであるが――、次のように語っていた。「最初、長老はヘラクレアに修道院を建てた。次いでそこを去り、別の場所に来て、そこにまた修道院を建てた。しかしそこには、悪魔の働きによって、彼を憎み悩ませる兄弟がいた。そこで長老はそこを発ち、自分の村に退いた。そして自分のために修道院を造り、そこに隠修した。しばらくして、彼が以前去った地の長老たちが、彼に悲しみを与えた兄弟を連れて、やって来た。この兄弟を彼の修道院に引き取ってもらおうと、頼みに来たのである。師父ソレスがいる場所に近づくと、彼らはその近くに、彼らの修道者用の毛皮の上衣と、悲しみを与えたかの兄弟を残した。それから師父モティオスの戸を叩くと、長老は梯子を立てかけ、外をちらりと見て彼らを認め、言った。『そなたたちの毛皮はどこにあるのか。』彼らは答えた。『ここに兄弟とともにあります。』自分を悲しませた兄弟の名を聞くと、長老は喜んで、斧を振りかざして戸を壊し、兄弟のいるところに走っていった。彼はまず、かの兄弟の前にひれ伏し、抱擁した。そして、彼を自分の修屋に導きいれた。三日間、彼らを歓待し、ともに過ごしたが、そんなことをする習慣はなかったのである。それから、彼は立って彼らとともに出発した。こうして後に、彼は主教になった。事実、彼は奇蹟を行う者であった。」また、至福なるキュリロスは、彼の弟子イサクをも主教にした。

メゲティオス

一　人々が師父メゲティオスについて話していたところによると、彼は自分の修屋から出たとき、その場所から離れようという考えが浮かぶと、もう自分の修屋には戻らなかった。事実、彼はしゅろの枝を割くためのきり一つのほかには、この世のどんな物も持ってはいなかった。彼は自分の糧の価として、日に三つの籠を作っていた。

二　人々がもう一人の師父メゲティオスについて話していたところによると、彼は非常に謙遜であった。彼はエジプト人から教育を受け、多くの長老たち、とくに師父シソエスや師父ポイメンと親しくしていた。彼はシナイで、川のほとりに住んでいた。自ら語っていたところによると、あるとき一人の聖人が彼に会いに来て、言った。「兄弟よ、この砂漠でどのように暮らしているのか。」彼は答えた。「わたしは二日間断食し、それから一つのパンを食べています。」すると、かの聖人は言った。「わたしに聴従しようとするのならば、日に半分のパンを食べなさい。」彼はそのとおりにして、平安を見出した。

三　師父たちの幾人かがメゲティオスに尋ねて言った。「煮た物が翌日まで残ったとき、兄弟たちはそれを食べたほうがよいでしょうか。」長老は語った。「それが腐っているなら、兄弟たちが強いてそれを食べるのは、よくない。病気になるからで、むしろ捨てたほうがよい。しかし、それがよい物でありながら、気まぐれのためにそれを捨てて、他の物を煮るならば、それは悪いことである。」
四 彼はさらに語った。「初めわれわれが集まって、益となることについて語り合い、互いに励まし合っていたときには、われわれは円になり、天に昇っていた*28。しかし今では、一緒になって他人を中傷するようになり、下に落ちている。」

ミオス

一 ベレオスの人、師父ミオスは語った。「従順に対しては、従順がある。人が神に従うならば、神もその人に従う。」
二 また彼が、スケーティスのある長老について語っていたところによると、その長老はもと奴隷であったが、非常に分別のある人物であった。毎年彼は、自分の主人たちのところへ稼いだ金を持って行くため、アレクサンドリアに行った。主人たちは彼を迎えて、頭を垂れた。長老は主人たちの足を洗うために、たらいに水を入れて持って来るのであったが、彼らは言った。「いけません、師父よ、わたしたちを悩ませないでください。」しかし彼は答えた。「わたしはあなたがたの奴隷であることを告白します。神に仕える自由を与えてくださったことを感謝し、あなたがたの足を洗います。また、この稼ぎも受け取ってください。」しかし彼らはあくまで受け取らなかった。そこで彼は言った。「あなたがたがこれを受け取ることを望まないならば、あなたがたに仕えるために、わたしはここに留まります。」彼らは彼を恐れて、彼の望みどおりにした。そしてさらに、彼が彼らの名で愛のわざを為すことができるように、多くの必需品と贈り物とを与え、送り帰した。このため、彼はスケーティスで有名になり、愛される人となった。
三　師父ミオスはある兵士に、神は回心を受け入れるか、と尋ねられた。そこで、多くの言葉で彼を導いた後、こう尋ねた。「親愛なる者よ、あなたの外套が破れたとしたら、それを外に投げ捨てるかどうか、聞かせてほしい。」彼は「いいえ、それを繕って、身にまといます」と答えた。長老は語った。「あなたが自分の上衣を大切にするのならば、神がご自分の被造物を大切にしないことがあろうか。」

エジプト人マルコ

人々がエジプトの師父マルコについて話していたところによると、彼は三〇年の間、自分の修屋から外に出ずに留まった。彼のために一人の司祭が来て、聖なる奉献祭儀をする習慣があった。ところが、悪魔は師父マルコの優れた忍耐を見て、彼が人を裁くよう誘惑しようとたくらんだ。悪魔は霊に憑かれた者を用意し、祈りを口実にして、長老のもとに行かせた。霊に憑かれた者は、開口一番に師父に言った。「お前の司祭は罪の匂いがする。これからはお前の家に入れるな。」しかし、神の霊に動かされた師父は言った。「子よ、すべての人は汚れを外に投げ出す。しかし、そなたはそれをわたしのところに持って来る。だが聖書には、『裁いてはならない。そうすれば、あなたも裁かれない』（マタイ七・一）と書かれている。たとえ罪人であっても、主は彼を救われる。それは、『癒されるために、互いに祈り合うがよい』（ヤコブ五・一六）と書かれているからだ。」こう言って祈りをし、長老はその人から悪霊を追い出して、健やかになったその人を送り帰した。

さて、司祭がいつものようにやって来ると、長老は喜んで彼を迎えた。そこで、善なる神は、長老の無垢な姿を見て、彼に一つのしるしを示した。それは、長老が語ったところによると、次のようなものだった。「聖職者が聖なる食卓の前に立とうとすると、わたしは、主の使いが天から下ってきて、その手を聖職者の頭の上に置くのを見た。そして、その聖職者は火の柱のようになった。この光景にわたしが驚いていると、このように言う声を聞いた。『人よ、なぜこの出来事に驚いているのか。地上の王が自分の高官たちに、汚れたまま正装もせず自分の前に立つことを許さないならば、まして神の力が、天の栄光の前に立つ聖なる神秘の祭礼の司式者たちを浄めないことがあろうか。』」こうして、キリストの高貴なる闘士、エジプトのマルコは偉大な者となり、この賜物にふさわしい者とされた。というのも、彼が司祭を裁かなかったからである。

都会人マカリオス

一　ある日、都会の人、師父マカリオスは、しゅろの枝を切りに行った。数人の兄弟が彼について行った。最初の日、彼らは言った。「父よ、さあ、一緒に食事をしましょう。」そこで、彼は兄弟たちのところに行って食事をした。翌日、また彼らは食事をしようと言った。だが、彼はそれを望まず、彼らに言った。「子たちよ、そなたたちはまだ食事を必要とする。なぜならまだ肉の人だからだ*29。だがわたしは今や、食事をしたくない。」
二　都会の人、師父マカリオスは、タベネシスの師父パコミオスのもとを訪ねた。パコミオスは彼に尋ねて言った。「兄弟たちが規律を守らないとき、彼らを懲らすのは正しいでしょうか。」師父マカリオスは答えた。「そなたのもとにいる人々なら懲らし、正しく裁けばよい。しかし、それ以外の者は、誰も裁いてはならない。というのは、こう書かれているからである。『あなたたちが裁くのは内部の者だけではないのか。外部の者は神が裁かれる』（一コリント五・一二―一三）。」
三　師父マカリオスは、あるとき四か月の間、毎日ある兄弟を訪問したが、その兄弟が祈り以外のことに心を奪われているのを、一度も見たことがなかった。そこで、彼は驚嘆して言った。「見よ、これこそ地上の天使である。」

N《ニュー》巻

ネイロス

一　師父ネイロスは語った。「あなたに害を加えた兄弟に復讐するために、あなたが行うすべてのことは、祈りのときに、あなたの心に現れ出てくる。」
二　彼はさらに語った。「祈りとは、柔和と寛容のための芽である。」
三　彼はさらに語った。「祈りとは、悲しみや臆病さを癒す薬である。」
四　彼はさらに語った。「気を散らさずに祈れるように、行ってあなたの持ち物を売り、貧しい人々に与えよ（マタイ一九・二一）。そして、十字架を担って、己れを捨てよ（マタイ一六・二四）。」
五　彼はさらに語った。「耐え忍んで智を愛するならば、あなたはその実りを、祈りのときに見出すであろう。」

六　彼はさらに語った。「正しく祈ることを望むならば、魂を悲しませてはならない。さもなければ、空しく走ることになる*1。」
七　彼はさらに語った。「あなたに関することが、あなたの思いどおりにではなく、神を喜ばせるようになることを望むがよい。そうすれば、動揺することなく、祈りの中で感謝できるであろう。」
八　彼はさらに語った。「人から万人の屑と思われる（一コリント四・一三）修道者は、幸いである。」
九　彼はさらに語った。「静寂を愛する修道者は、敵の矢から無傷でいられる。しかし、多くの人といたずらに交わる者は、絶えず攻撃を受ける。」
一〇　彼はさらに語った。「主人のもろもろの仕事に注意を払わない奴隷には、鞭打ちが待っている（ルカ一二・四七）。」

ニステロオス

一　師父の大ニステロオスは、ある兄弟とともに砂漠を歩いていたが、竜を見て逃げ出した。兄弟は彼に言った。「父よ、あなたでも恐れるのですか。」すると、長老は答えた。「子よ、わたしは恐れない。だが、逃げたほうが有益だったのだ。さもなければ、わたしは虚栄の霊を免れなかっただろう*2。」

二　ある兄弟が長老に尋ねた。「わたしが行い、それによって生きるべき善きこととは、どのようなものでしょうか。」すると、長老は語った。「善そのものは、神がご存じである。だが、わたしの聞いたところによると、ある師父が、師父アントニオスの友人である師父、大ニステロオスに尋ねて言った。『為すべき善いわざとは、どのようなものでしょうか。』そこで、彼は言った。『どんなわざでも同じではないだろうか[*3]。聖書の言葉によると、アブラハムは客人をもてなして、神は彼とともにあり（創世記一八）、エリアは静寂さを愛して、神は彼とともにあり（列王上一七）、そしてダビデは謙遜なる者であって、神は彼とともにあった（サムエル上一八・一二）。それゆえ、そなたの魂が神に従って望んでいることは何なのかを観想して、これを行い、そなたの心を見張るがよい（箴言四・二三）。』」
三　師父ヨセフが、師父ニステロオスに尋ねた。「わたしは自分の舌を制することができないのですが、それをどうすればよいでしょうか。」長老は答えた。「そなたは話をするとき、平安であるか。」彼は「いいえ」と答えた。そこで長老は言った。「平安でないならば、なぜ話すのか。むしろ沈黙を守るがよい。そしてもし会話をすることになったら、話すよりも、むしろ多くを聞くようにせよ。」
四　ある兄弟が、師父ニステロオスが二枚の袖なし衣を持っているのを見て、尋ねて言った。「もし貧しい人がやって来て、あなたの上衣を求めたら、どちらを与えますか。」彼は「よい方だ」と答えた。兄弟は尋ねた。「別の人があなたに求めたら、何を与えますか。」長老は答えた。「残ったものの半分を。」兄弟は尋ねた。「さらに別の人が来て求めたら、何を与えますか。」すると長老は答えた。

「残りのものを裂いて、その半分を与える。それから、残りを帯にする。」兄弟はさらに尋ねた。「では、もし誰かがそれまでも求めたら、どうしますか。」長老は答えた。「その人に残りの全部を与える。そうして、神がわたしにそれを与え、覆ってくださるまで、どこかに行って座っている。というのも、わたしはそれを他の誰にも求めないからだ。」
五　師父ニステロオスは語った。「修道者は、神の望まれることをわれわれはどのように行ったたか、また、望まれなかったことを、どのように行わなかったたか、と一生の間反省して、朝晩、自分に問わなければならない。というのも、師父アルセニオスは、まさにこのように生きたからである。神の前に、罪なくして立てるように、毎日熱心に励むがよい。現存する神に対面するように、神に祈れ。事実、神はそこに現存する。掟に固執するな。誰をも裁くな。誓うこと、誓いに背くこと、嘘を言うこと、呪うこと、侮辱すること、冷笑することは、修道者にあってはならない。自分の価値以上に名誉や賞讃を受ける人にとっては、それは大きな損害となるからである。」

共住修道者ニステロオス

一　師父ポイメンは、師父ニステロオスについて語っていた。「民を癒すためにモーセによって作られた青銅の蛇のように[*4]（民数二一・八―九）、この長老はすべての徳を備えており、黙ってすべての人を癒していた。」

二　師父ニステロオスは、師父ポイメンに尋ねられた。かつて困難なことが共住修道院に起こったとき、彼は何も言わず、また何も干渉しなかったが、どこでその徳を獲得したのかと。彼は答えた。「師父よ、赦してほしい。わたしが初めてこの共住修道院に来たとき、わたしは自分の考えに言った。『おまえはろばと同じだ。ろばは殴られても、何も言わず、邪険に扱われても、仕返しなどしない。だからおまえもそのようであれ*5。』詩編はこのように言っている。『わたしはあなたの前で獣のようであった。しかし、絶えずあなたとともにいる（詩編七三・二二―二三）。』」

ニコン

ある兄弟が、師父の一人に尋ねて言った。「悪魔はどのようにして、聖人たちに試練を与えるのですか。」すると、長老は語った。「師父のうちにニコンという名の者がいて、シナイ山に住んでいた。ところで、見よ、一人の男が、あるファラン人の幕屋にやって来て、そこに一人でいた娘を見つけ、彼女と罪に陥った。そして、男は彼女に言った。『隠修者である師父ニコンが、わたしをこのような目に遭わせた、と言え。』後に彼女の父親が戻って来て、事の次第を知り、剣を取って長老のもとへ行った。彼が扉を叩くと、長老が出て来た。父親は彼を殺そうとして、剣を突きつけたが、その手は力を失った。そこで、このファラン人は司祭たちのもとに行き、このことを告げたので、彼らは長老のところに人を遣わした。長老がやって来ると、司祭たちは彼をしたたか打ち、追放しようとしたが、彼は願って言った。『回心のために、また神のために、わたしをここに留めてください。』そこで彼らは、三年間彼を人々から離し、誰も彼を訪れないように、という命令を下した。彼は三年間、このようにして過ごした。主の日ごとに教会に来て、回心を示し、皆に願って言った。『わたしのために祈ってください。』さて、その後、罪を犯して隠修者にこの試練を与えたかの男は、霊に動かされて、教会で『わたしは罪を犯し、神のしもべを中傷しました』と告白した。そこで、民衆は皆、長老のもとへ行き、ひれ伏して『師父よ、お赦しください』と願った。すると彼は言った。『赦すことについては、あなたたちは赦されるように。留まることについては、わたしはもはやここにあなたたちとともに留まらない。わたしを哀れんでくれるほどの分別を持つ人は、一人も見出せなかったからである。』このようにして彼はそこを離れ去った。」長老は言った。「どのようにして悪魔が聖人たちを試みるかが分かるだろう。」

ネトラス

人々が師父シルアノスの弟子、師父ネトラスについて話していたところによると、彼は、シナイ山の修屋で暮らしていたとき、体の必要に応じて、適度に身を処していた。しかし、ファランの主教になると、もっと多くの厳しい苦行を自分に課した。そこで、彼の弟子は尋ねた。「師父よ、わたしたちが砂漠にいたとき、あなたはこのような苦行をしませんでした。」長老は答えた。「あそこには砂漠があり、静寂さと清貧があった。だから、わたしは病気になったりして、自分の持っていないものを求めぬように、身を処そうとしたのだ。だが今は、世間と誘惑の機会とがある。わたしがここで病気になったとしても、修道者たるわたしを滅ぼさぬよう世話をする人がいる。」

ニケタス

師父ニケタスが、ある二人の兄弟について語っていたところによると、彼らは一緒に暮らそうとして落ち合った。一人は心の中で「兄弟が何をわたしに望んでも、それを行おう」と考え、同様に、もう一人の者も、「兄弟の意志を行おう」と思っていた。そして、彼らは長年大いなる愛をもって生きてきた。敵はこれを見て、彼らを引き離そうとし、彼らのところにやって来た。悪霊は扉の前に立つと、一方には鳩として、他方にはカラスとして現れた。一方の者が「この鳩が見えるか」と言うと、もう一人は「あれはカラスだ」と答えた。それで、彼らは口論し始めた。そして立ち上がり、血を流すまで殴り合ったので、敵なる悪霊は大いに喜んだ。そうして彼らは別れてしまった。しかし、三日後に彼らは悔改め、正気に返った。そこで、互いにひれ伏し、自分の見た鳥について、それぞれが考えていることを打ち明けた。このようにして、彼らは敵の攻撃を知り、最後まで別れずに暮らしたのである。

Ξ《クシー》 巻

クソイオス

一　ある兄弟が師父クソイオスに尋ねた。「わたしがどこかにいて、三つのパンを食べるとしたら、それは多くはないでしょうか。」長老は言った。「兄弟よ、そなたは麦打ち場にでも来たのか。」兄弟はさらに尋ねた。「ぶどう酒を三杯飲むとしたら、それは多くはないでしょうか。」長老は答えた。「悪霊がいないなら、多くはない。しかし、いるなら、それは多い。というのも、神に従って生きる修道者には、ぶどう酒はふさわしくないからだ。」
二　師父のうちの一人が、テーベの人、師父クソイオスについて語っていたところによると、あるとき、彼はシナイ山に行き、そこから戻って来た。ある兄弟が彼に会いに来て、ため息をついて言った。「師父よ、雨が降らないので悩んでいます。」長老は「では、なぜ神に祈り、願わないのか」と言った。兄弟は言った。「われわれは祈り、連禱を唱えていますが、雨は降らないのです。」長老は彼に言った。「全く、そなたたちは熱心に祈っていないのだ。どうすればよいか、知りたいか。」そして、彼が手を天に伸ばして祈ると、すぐに雨が降って来た[*1]。これを見て兄弟は恐れ、ひれ伏して大地に顔を付け、彼を拝んだので、長老は逃げ出した。兄弟はこの出来事を皆に告げた。これを聞いた人々は、神に栄光を帰したのである。

クサンティアス

一　師父クサンティアスは語った。「盗賊は十字架に付けられていたが、ただ一言で義とされ（ルカ二三・四二）、ユダは使徒の一人に数えられていたが、ただ一晩でその労苦を失い、天から地獄に落ちた（マタイ二六・一四）。だから、人はだれでもよいことをしたからと言って、それを誇ってはならない。というのは、自分自身に依り頼む者は、皆滅びたからである。」
二　ある日、師父クサンティアスはスケーティスからテレヌティスへと上って行った。彼が休んでいるところへ、ある人々が、旅の苦労を癒すために、ぶどう酒を少し持って来てくれた。彼がそこにいることを聞いて、別の人々が一人の悪霊憑きを連れて来た。すると、悪霊は長老をののしって、「この俺をこんな酒飲みのところに連れて来おって」と言った。長老はこれを追い出すつもりはなかったが、これを叱るために、こう言った。「わたしはキリストに信頼している。この杯を飲み干さないうちに、出て行くがよい。」そして、長老が飲み始めると、悪霊は叫んで言った。「おまえは俺を焼き尽くす、焼き尽くす。」そして、長老が飲み終わる前に、キリストの恵みによって、悪霊は出て行った。
三　彼はさらに語った。「犬はわたしよりも優れている。というのも、犬には愛があり、『裁きに至らない』（ヨハネ五・二四）からである。」

Ｏ《オミクロン》巻

オリュンピオス

一　師父オリュンピオスは語った。「あるとき、ギリシア異教徒の祭司がスケーティスに下って来た。彼はわたしの修屋に来て、一夜を過ごした。そして、修道者たちの生活の仕方を見て、わたしに尋ねた。『このように生活していて、あなたたちの神について何も見ないのですか。』わたしが『いいえ』と答えると、祭司は言った。『わたしたちの方では、神に聖なる務めを捧げるとき、神はわたしたちに何も隠さず、その神秘を啓示します。あなたたちはこれほどの労苦、徹夜、静寂、苦行をしながら、何も見ないと言うのですか。確かに、あなたたちが何も見ないのだとしたら、それは、あなたたちを神から離れさせる悪い考えが心の中にあるからでしょう。だから、あなたたちの神は、その神秘を啓示しないのです。』そこで、わたしは長老たちに、この祭司の言葉を告げに言った。すると、彼らは驚いて言った。『そのとおりだ。事実、不浄な考えは、人間から神を離れさせる。』」
二　ケリアの師父オリュンピオスは、邪淫に攻め立てられていた。次のような考えが彼にささやいた。「行け、妻を娶れ。」そこで、彼は立ち上がり、泥をこねて女の形を作り、自分に言った。「見よ、これがおまえの妻だ。彼女を養うために、大いに働かなくてはならない。」そして、大変労苦して働いた。数日後、彼はまた泥をこねて娘を作り、自分の考えに言った。「おまえの妻は子を産んだ。おまえの子を養い、守ってやるために、もっと働かなくてはならない。」こうして、彼は疲れ果て、自分の考えに言った。「わたしにはもはや労苦に耐える力がない。」そして言った。「労苦に耐える力がないならば、妻を求めるな。」そこで、神はこの労苦を見て、彼から闘いを取り除き、彼は平安を得た。

オルシシオス

一　師父オルシシオスは語った。「川のそばで、土台のために使われた焼いていない煉瓦は、一日ともたない。しかし、焼いた煉瓦は石のようにもつ。このように、肉的な感覚を持ち、ヨセフのように神への畏れの火によって浄められない人間は（詩編一〇四・一九）、権力の座に就いても滅びてしまう。というのも、人間の中にいる人々には、数多くの誘惑があるからだ。そして自分の限度を知る人が権力の重荷を避けるのは、よいことである。しかし、堅固な信仰を保つ人は、不動である。誰かが、聖なるヨセフについて語ろうとするならば、ヨセフは地上の者ではなかった、と言うだろう。彼は当時敬虔さのかけらもなかった国で、何と多くの試練を受けたことか。しかし、父祖たちの神は彼とともにあり、彼をすべての苦しみから助け出し[*1]。そして、今や彼は、その父祖たちとともに天国にいる。だから、われわれも自分の限度を知り、闘おう。事実、それによってこそ、辛うじて神の裁きを免れることができるからである。」
二　彼はさらに語った。「わたしが思うに、人はその心を正しく守らなければ、自分の聞いたことをすべて忘れ、無視するようになる。このように敵なる悪霊は、その人の中に居場所を見つけて、人を陥れる。よく手入れがなされて輝くランプのようなものでも、人がそれに油を入れるのを怠ると、少しずつ消えていって、ついには闇が支配するに至る。そのうえ、鼠がランプのところにやって来て、芯を食い尽そうとする。油がなくなる前は、鼠はそうはできない。しかし、芯に光がなくなるだけではなく、炎の熱もなくなると、鼠は芯を引き出そうとして、ランプを倒す。ランプが粘土でできているならば、砕けてしまう。だが、青銅でできているなら、家の主人はもう一度それを整える。それと同様に、魂が不注意であると、聖霊は少しずつ魂から退き、ついにはその熱が消えてしまう*2。そして、最後に敵は魂の熱意を食い尽くし、邪悪さが体を破壊してしまうのだ。しかし、人が神に対してよき姿を保持し、単に怠慢に引きずられているだけならば、神は憐れみ深いお方として、その人に神への畏れと罰への思いを投げかける。そして神の訪れのときまで、魂が醒めているよう準備をさせ、前もって注意深く見張りをさせるのである。」

Π《パイ》巻

ポイメン

一　あるとき、当時若者であった師父ポイメンは、三つの考えについて尋ねるため、ある長老のところに行った。長老のところに着いたとき、三つの考えのうち一つを忘れてしまった。そこで、自分の修屋に引き返した。ところが、戸を開けるために掛け金に手をかけたとき、忘れていた言葉を思い出した。そこで彼は掛け金から手を離して、長老のところに戻った。長老は言った。「兄弟よ、急いでやって来たな。」そこで彼は長老に告げた。「掛け金を握るために手をかけた途端に、探していた言葉を思い出したので、戸も開けずにやって来たのです。」ところで、その道の距離は非常なものであった。そこで長老は言った。「天使たちの牧者（ポイメン）よ、そなたの名はエジプト全土に告げられるだろう。」
二　あるとき、師父ポイメンの兄弟であるパエシオスが、修屋の外である人と親しく話していた。ところが、師父ポイメンはそれを望まなかった。そこで彼は立ち上がり、師父アンモナスのところに逃げて行って、長老に告げて言った。「わたしの兄弟であるパエシオスが誰かと親しくしていて、わたしは平安を得られません。」すると師父アンモナスは言った。「ポイメンよ、そなたはまだ生きているのか。行け、そして自分の修屋に座しておれ。そして、自分はすでに一年前から墓の中にいるのだと、肝に銘じよ。」
三　あるとき、地方の司祭たちが師父ポイメンのいる修道院へやって来た。そこで、師父アヌーブが中に入って、彼に言った。「今日、ここに司祭たちを呼びましょう。」しかし、彼は返事をせずに、長い間立っていた。そこで、師父アヌーブは悲しみつつ出て行った。ポイメンのそばに座っていた人々は、彼に言った。「師父よ、どうして彼に答えなかったのですか。」師父ポイメンは言った。「わたしはそのことには関わりがない。なぜなら、わたしは死んだ者だからだ。死人はものを言わない。」
四　師父ポイメンの一行がやって来る前、エジプトに有名で多くの尊敬を受けている長老がいた。しかし、師父ポイメンの一行がスケーティスから上って来ると、人々はこの長老を見捨てて、師父ポイメンのところに行き始めた。師父ポイメンは心を痛めて、兄弟たちに言った。「人々は長老を見捨て、何者でもないわれわれのところにやってきて、われわれを苦しめているが、われわれはこの偉大な長老に対して、何を為すべきだろうか。どうすれば、この長老の心を癒すことができるだろうか。」彼は兄弟たちに言った。「少しの食べ物を用意し、革袋一杯分のぶどう酒を持って来てくれ。彼のところに行き、一緒に食事をしよう。そうすれば恐らく彼の心を癒すことができよう。」そこで、彼らは食べ物を持って出発した。彼らが戸を叩くと、長老の弟子は「誰ですか」と尋ねた。彼らは答えた。「あなたから祝福を受けることを望んでいるポイメンです、と師父にお伝えください。」弟子がこのことを告げると、彼はきっぱりと「行け、わたしには暇がない」と答えた。しかし、彼らは暑さの中を待ち続け、言った。「わたしたちは長老に迎えられるまで、立ち去りません。」彼らの謙遜と忍耐とを見て、長老は悔恨の情にかられて、戸を開けた。そこで、彼らは中に入って、ともに食事をした。食事をしながら、長老は言った。「実に、わたしがあなたがたのわざのうちに見たものは、噂に聞いていたことだけでなく、その百倍ものことだ。」こうして、その日から長老は彼らの友となった。
五　あるとき、この地方の長官が師父ポイメンに会いたいと思ったが、長老は承諾しなかった。そこで、長官は長老の姉妹の息子を悪行のかどで捕え、牢に入れて言った。「長老が来て、彼のために嘆願するならば、釈放してやろう。」そこで、姉妹は長老の戸口に来て哀願した。だが、彼は返事をしなかった。すると、彼女は非難して言った。「頑なな人よ、わたしを憐れんでください。あれはわたしのたった一人の息子です。」長老は人を遣わして言った。「ポイメンは子どもを産んだことはない。」こうして、彼女は帰っていった。これを聞いた長官は、人を遣わして言った。「一言でもその方が命ずるならば、彼を釈放しよう。」すると、長老はこう言って返事をした。「法に従って彼を取り調べよ。死に値するなら、殺すがよい。さもなければ、あなたの望むようにするがよい。」
六　あるとき、共住修道院で一人の兄弟が、ある罪を犯した。その場所には、長い間外出したことのない隠修者がいた。共住修道院の師父は、隠修している長老のもとに行き、罪を犯した兄弟のことを告げた。すると、隠修者は「彼を追放せよ」と言った。それで、かの兄弟は共住修道院から出て行って、ある洞窟に入り、そこで悲嘆にくれていた。ところで、たまたま師父ポイメンのところに行く兄弟たちが、彼が悲嘆にくれているのを聞きつけた。彼らが中に入ると、兄弟が非常に苦しんでいるのを見つけた。そこで、兄弟たちは長老のところに行くように勧めたが、彼はそれを望まず、「わたしはここで死ぬのです」と言った。

さて、彼らは師父ポイメンのところに着くと、このことを話した。すると師父は彼らに勧め、「彼に告げよ、師父ポイメンがあなたを呼んでいる」と言って、彼らを送り出した。そこで、兄弟は師父のもとにやって来た。ポイメンは、彼が大変悲しんでいるのを見て、立ち上がって彼に挨拶し、打ち解けた言葉をかけて、彼を食事に招いた。そして、一人の兄弟を隠修者のもとに遣わして言った。「わたしはあなたについて聞き及び、長い間会いたいと思っていましたが、双方のためらいから、互いに会う機会に恵まれませんでした。今、神のご意志によってその機会が来たので、ご足労ですが、ここまでお出でください。互いに会いましょう。」隠修者は自分の修屋から出たことはなかったが、ポイメンの伝言を聞いて言った。「神が長老に霊感を与えなかったならば、わたしに人を遣わしはしなかっただろう。」彼は立ち上がり、師父ポイメンのところにやって来た。彼らは喜んで挨拶を交わし、座った。師父ポイメンは言った。「二人の人間が同じところに住んでいて、二人とも死骸を持っていました。彼らのうちの一人はその死骸を見捨て、もう一人の方の死骸を嘆きに行きました。」この言葉を聞いて隠修者は悔恨の情にかられ、自分のしたことを思い出して、こう言った。「ポイメンよ、天高く昇れ。わたしは地に深く下ろう。」

七 あるとき、大勢の長老たちが師父ポイメンのもとを訪れた。すると、見よ、師父ポイメンの親族の一人が子どもを連れて来ていたが、その子の顔は悪魔の仕業によって、後ろを向いていた。子どもの父親は大勢の師父を見て、子どもを連れ、泣きながら修道院の外に座った。そこにたまたま一人の長老が外に出て来て、彼らを見て言った。「人よ、なぜ泣くのか」。彼は答えた。「わたしは師父ポイメンの親戚の者です。見てください、この子にこんな試練が降りかかったのです。わたしたちはこの子を長老のもとに連れていこうと思いましたが、彼が恐ろしいのです。というのも、彼はわたしたちを見ようともしないからです。そして、今ではここにわたしがいると知るや、人を遣ってわたしを追い出そうとします。しかし、わたしはあなたがたがおられるのを見て、思い切ってやって来ました。師父よ、お願いですからわたしを憐れんで、子を中へ入れ、この子のために祈ってください。」
長老は子どもを連れて中に入ったが、思案した上で、その子をすぐには師父ポイメンのところに連れて行かず、一番若い兄弟から始めて、こう言った。「この子に十字のしるしをしなさい。」そして順番に皆にしるしをさせ、最後に師父ポイメンのところに連れて行った。しかし、彼は近づこうとしなかった。そこで、皆は彼に願った。「父よ、あなたも皆のようにしてください。」彼はため息をつきながら立ち上がり、こういいながら祈った。「神よ、敵なる悪魔に支配されないように、あなたの被造物を癒してください。」そして、しるしをしてすぐに癒し、健やかになった子どもを、その父親に返したのであった（ルカ九・四二）。

八 師父ポイメンのそばで暮らしていた一人の兄弟が、あるとき外国に行き、ある隠修者のところに着いた。この隠修者は愛ある者で、多くの人が彼のところに来ていた。兄弟は彼に、師父ポイメンの話をした。その徳を聞いた隠修士は、彼に会いたいと思った。この兄弟がエジプトに戻ってしばらく後、隠修者は外国からエジプトにやって来て、前に自分を訪問した兄弟のもとを訪ねた。この兄弟は、どこに自分が住んでいるかを話していたからである。兄弟は彼を見て驚き、また非常に喜んだ。隠修者は言った。「お願いですから、師父ポイメンのところに連れて行ってください。」そこで、彼は隠修者を長老のところに連れて行き、こう告げた。「この方は偉大な人物で、豊かな愛を持ち、その国で名声を博しています。わたしがあなたのことを話したところ、あなたに会いたいと思ってやって来たのです。」そこで長老は喜んで彼を迎え、互いに挨拶を交わして座った。

さて、客人は聖書を引用しながら、霊的なことや天上のことを話し始めた。しかし、師父ポイメンは顔を背け、返事をしなかった。客人は彼が自分と話さないのを見て、悲しんで立ち去り、自分を連れて来てくれた兄弟に言った。「この旅をしたのは無駄でした。というのも、わたしは長老のところに来たのに、見よ、彼はわたしと話そうとしないからです。」そこで、兄弟は師父ポイメンの修屋に入り、言った。「師父よ、あの地方で非常に名誉を得ている偉大な人物が来たのは、あなたのためなのです。なぜ彼と話さなかったのですか。」長老は答えた。「彼は上の者で、天上のことを話す。わたしは下の者で、地上のことを話す。彼が魂の情念について話したならば、わたしは返事をするだろう。しかし、彼が霊的なことを話しても、それはわたしにはわからない。」

そこで、兄弟は外に出て、客人に言った。「長老は容易に聖書を引用して語ったりはしません。しかし、魂の情念について何か話すのであれば、答えましょう。」客人は悔恨の情に駆られて、長老のもとに戻り、言った。「師父よ、わたしは魂の情念によって支配されていますが、どうしたらよいでしょうか。」すると、長老は喜んで彼を見つめ、言った。「さあ、よくおいでなさった。今こそ、このことについてあなたの口を大きく開けるがよい。そうすれば、わたしはそれを諸々の善いもので満たそう（詩編八〇・一一）。」訪問者は大いに益を受けて言った。「これこそ真の道です。」こうして、神がかくも偉大なる人物に自分を引き合わせてくださったことに感謝しつつ、自分の国に戻って行ったのである。

九　あるとき、その地方の長官が、師父ポイメンの村のある男を逮捕した。すると、村の者が皆長老のところにやって来て、長老が出頭し、その男を釈放させるようにと願った。彼は言った。「わたしに三日与えてほしい。それから行こう。」そして、師父ポイメンは主に祈った。「主よ、この恵みをわたしに与えないでください。さもなければ、彼らはわたしをここに座らせておかないでしょう。」それから、彼が長官に願いに行くと、長官は「師父よ、盗賊のために執り成そうというのですか」と言った。長老は、彼のために恵みを受けなかったことを喜んだ。

一〇　ある人が話していたところによると、縄をなう仕事をしていた師父ポイメンと彼の兄弟たちは、あるとき繊維が買えなかったので、仕事を続けられなかった。そこで、彼らを愛していた人が、信者である商人に事の次第を話した。ただ、師父ポイメンは、困っているからといって、人から何かを受け取ることを望んでいなかった。さて、商人は長老に仕事を与えようと思って、縄が必要であるという口実で、自分のらくだを連れて来て、縄を持って行った。すると、一人の兄弟が師父ポイメンのところに来て、商人がしたことを聞き、彼を褒めようと思って言った。「師父よ、実は、彼は必要があって縄を持って行ったのではなく、わたしたちに仕事を与えようとしたのです。」ところが、師父ポイメンは、商人が必要もないのに縄を持っていったと聞いて、兄弟に言った。「立て、らくだを借りて、縄を持って帰れ。縄を持って帰らなければ、ポイメンはここにそなたたちと留まらない。というのも、縄を必要としないこの人が損害をつくって、われわれの代価を取ることで、彼に不正なことをしたくはないからだ。」兄弟は大変悩んで出かけてゆき、縄を持って帰って来た。そうしなければ、長老は彼らから離れてしまうからである。長老は縄を見ると、大変な宝物を見つけたかのように喜んだ。

一一　あるとき、ペルシオンの司祭は、幾人かの兄弟たちが、町に集まって入浴し、だらしなくしていることを耳にした。そこで集会に行き、兄弟たちの修道服を取り上げた。しかしその後、悔恨の情に打たれ、その思いがつきまとって離れないので、兄弟たちの小修道服を持って、師父ポイメンのところに行き、事情を話した。すると長老は言った。「あなたには古き人の何かが残っていないか。それとも脱ぎ捨てたか（コロサイ三・九－一〇）。」司祭は答えた。「わたしはまだ、古き人との関わりがあります。」長老は言った。「では、見よ、あなたも兄弟たちと同じだ。わずかな古さでも抱えているかぎり、あなたも罪に服従しているからである*1。」そこで司祭は立ち去り、兄弟たちを呼び、一一人の兄弟の皆に悔恨の情を示し、彼らに修道服を着せて、去らせた。

一二　ある兄弟が師父ポイメンに尋ねて言った。「わたしは大きな罪を犯しました。三年間回心をしたいと思います。」長老は「それは多過ぎる」と言った。兄弟が「少なくとも一年間は」と言うと、長老はまた「多過ぎる」と言った。そこで、そばにいた人々が「四〇日間くらいは」と言うと、彼はさらに「多過ぎる」と言った。そして彼は語った。「言っておくが、人が心の底から悔改めて、それ以上罪を重ねないならば、神は、三日で彼を受け入れてくださる*2。」

一三　彼はさらに語った。「修道者の証しは、さまざまな試練において現れる。」
一四　彼はさらに語った。「王の護衛兵がつねに王のそばに立っているように、魂はつねに邪淫の悪霊に抗して、備えをしていなければならない。」
一五　師父アヌーブが、人間の心が生み出す諸々の不浄な想念と空しい欲望とについて、師父ポイメンに尋ねた。すると、師父ポイメンは語った。「斧は、ものを切るためにそれを振るう人なしに、自らを誇ることができようか（イザヤ一〇・一五）。そなたも、それらに手を貸すな。そうすれば、それらは働かないだろう*3。」
一六　師父ポイメンはさらに語った。「もし近衛兵の隊長であるナブザルダンが来なかったならば、主の神殿は焼かれなかっただろう（列王下二五・八）。すなわち、大食という弛緩が魂に起きなければ、知性は悪霊の攻撃に屈することはないだろう。」
一七　人が師父ポイメンについて語っていたところによると、彼は意に反して食事に招かれると、兄弟をなおざりにして彼を悲しませないために、涙を流しながら出かけていた。
一八　師父ポイメンはさらに語った。「人々があなたを妬んでいると思われる場所に住んではならない。さもないと、あなたは進歩しない。」

一九　ある人々が、一人の修道者について、「彼はぶどう酒を飲みません」と師父ポイメンに話した。すると、彼は語った。「ぶどう酒というものは、まったく修道者のものではない。」

二〇　師父イザヤが汚れた想念について、師父ポイメンに尋ねた。すると、師父ポイメンは語った。「箱を満たし、捨てておかれる衣服は、時が経てば朽ちてしまう。想念も同じことだ。それらは体で実行しなければ、時とともに消えてしまうか、あるいは朽ちてしまうだろう*4。」

二一　師父ヨセフが同じことを尋ねると、師父ポイメンは語った。「蛇とさそりとを容器に入れて、閉じこめておくと、時とともに完全に死ぬ。それと同様に、悪霊によって生じるみだらな想念も、忍耐によって消えてしまうものなのだ。」

二二　ある兄弟が師父ポイメンのところに来て言った。「わたしは畑に種を播き、そこから取れるものによって施しをしています。」長老は彼に「そなたはよいことをしている」と言った。彼は勇んで帰って行き、さらに施しを増やした。師父アヌーブはこの言葉を聞いて、師父ポイメンに「あのようなことを兄弟に話すとは、あなたは神を畏れないのか」と言った。だが、長老は沈黙を守っていた。二日後に、師父ポイメンはかの兄弟を招き、師父アヌーブが聞いている前で、彼に言った。「先日、そなたはわたしに何を尋ねたのか。実は、心がよそを向いていたのだ。」兄弟は言った。「わたしは自分の畑に種を播いて、そこから取れるものによって施しをしている、と言ったのです。」そこで、師父ポイメンは彼に言った。「わたしは、そなたが在俗の兄弟について話していると思っていたのだ。

そんな仕事をしているのがそなたならば、それは修道者の為すべきことではない。」この言葉を聞いて、兄弟は悲しんで言った。「わたしは他の仕事を知らないのです。もしそうでなくとも、自分の畑に種を播かないわけにはいきません。」彼が去ると、師父アヌーブは後悔のために身を投げ出し、「お赦しください」と言った。すると、師父ポイメンは言った。「わたしは初めから、そんなことは修道者のわざではないと分かっていた。しかし、彼の考えに合わせて話し、施しを増やすために彼を励ましたのだ。今や彼は悲しんで帰っていったが、また同じことをするだろう。」
二三 師父ポイメンは語った。「ある人が罪を犯しながらそれを否定し、『わたしは罪を犯していない』と言うならば、彼を非難してはならない。さもないと、あなたは彼の勇気を挫くことになる。そして、彼に『兄弟よ、落胆してはならない。今後も用心せよ』と言うならば、あなたは彼の魂を悔改めへと励ますことになる*5。」
二四 彼はさらに語った。「試練は善いものである。というのも、それは人間を鍛えることを教えるからだ*6。」
二五 彼はさらに語った。「自分の教えることを実行しないで、教えるだけの人は、井戸に似ている。というのは、井戸はすべての人を洗い浄めるが、自分自身を浄めることはできないからだ。」
二六 あるとき、師父ポイメンがエジプトを通りかかったとき、墓地に座って激しく泣いている女を見た。そこで彼は語った。「この世のどんな喜びが訪れても、この女の魂を悲嘆から解き放つことはないだろう。このように、修道者も、自分の心に絶えず悲嘆を担っていなければならない。」
二七　彼はさらに語った。「沈黙していると思われている人がいる。だが、彼の心は他人を裁いている。このような人は、実は絶えず話している。また、朝から晩まで話しながら、沈黙を保持している人もいる。というのも彼は、益になること以外は何も話していないからである。」
二八　ある兄弟が、師父ポイメンのところに来て言った。「師父よ、わたしは多くの悪い想念を抱いていて、それらに脅かされています。」すると、長老は彼を戸外に連れ出して言った。「そなたの胸をふくらませ、風を入れよ（格言三〇・四）。」彼は「わたしにはできません」と答えた。そこで長老は語った。「それができないのなら、悪い想念が起こるのを防ぐことなどできない。しかし、それに抵抗することはそなた自身のわざなのだ*7。」
二九　師父ポイメンは語った。「三人の者が集まって、一人はよく静寂を守り、一人は病気でありながら感謝し、今一人は清い考えで奉仕しているとしよう。そのとき、三人はまさに一つのわざをなしているのだ*8。」
三〇　彼はさらに語った。「聖書には、『神よ、鹿が泉をあえぎ求めるように、わたしの魂もあなたをあえぎ求める』（詩編四一・二）と記されている。すなわち、鹿は砂漠で沢山の蛇を飲み込み、その毒が自分を焼くとき、水辺に来ることを渇望する。水を飲むことで、蛇の毒から身を鎮めるのである。同様に、砂漠に住む修道者たちは、邪悪な悪霊たちの毒に焼かれたとき、その悪の苦しみから浄められるために、土曜日と主の日には泉、つまり主の御体と御血のもとに来ることを渇望する。」
三一　師父ヨセフが師父ポイメンに、どのように断食すべきかを尋ねた。師父ポイメンは答えた。「わたしは満腹しないように、毎日少しずつ食べるほうを好む。」師父ヨセフが言った。「師父よ、あなたは若い頃、二日に一度しか食べなかったのではないのですか。」すると長老は語った。「実は、三日か四日、さらには一週間もそうした。かつて師父たちは強かったので、そのようなことすべてを試みた。が、毎日少しの食事をする方が望ましいことに気づいた。そうして、彼らはわれわれに王道を伝えてくれた（民数記二〇・一七）。というのも、その道こそ容易だからである。」
三二　人々が師父ポイメンについて話していたところによると、彼は集会に出発しようとするときには、約一時間、自分のさまざまな想念を調べるために独りで座り、それから出発したのであった。
三三　ある兄弟が師父ポイメンに尋ねた。「ある人がわたしに遺産を遺しましたが、それをどうすればよいでしょうか。」長老は言った。「帰って、三日後にやって来なさい。そうすれば話そう。」そこで兄弟は、決められたとおりに戻って来た。すると、長老は語った。「兄弟よ、そなたに何が言えるだろうか。『教会に与えよ』と言えば、そこで朝食が準備される。『親族に与えよ』と言えば、そなたの報いがなくなる。『貧者に施せ』（マタイ一九・二一）と言えば、そなたは実行をためらう。だから、そなたが望むところを為すがよい。わたしには関係ない。」
三四　他の兄弟が彼に尋ねた。「『悪に悪を返すな』（一テサロニケ五・一五）とは、どういう意味ですか。」長老は語った。「悪という情念には、次の四つの対処の仕方がある。第一は心によって、第二は見ることによって、第三は舌によって、第四は悪に悪を返さないことによってである。そなたの心を浄めることができるならば、情念は目にやって来ない。目にやって来るならば、それを口にしないように見張れ。しかし、口にするのならば、せめて悪に悪を返さないよう、ただちにそれを断ち切るがよい。」
三五　師父ポイメンは語った。「見張ること、己れに注意すること、分別を持つこと、これら三つの徳（アレテー）は、魂の導き手である。」
三六　彼はさらに語った。「神の御前に自らを投げ出すこと、自分を評価しないこと、そして我意を捨て去ることは、魂の道具である。」
三七　彼はさらに語った。「あなたにやって来るすべての苦しみに対する勝利とは、沈黙することである。」
三八　彼はさらに語った。「身体的な休息はすべて、主の嫌いたもうところである。」

三九　彼はさらに語った。「悲嘆は二重のかたちを取る。すなわち、働くことと見張ることだ（創世記二・一五）。」
四〇　彼はさらに語った。「身体に必要なものについての考えが生じたならば、それを正せ。そして再び生じたならば、またそれを正せ。しかし、三度生じたならば、もはやそれに注意を向けてはならない。それは無益なことだからである。」
四一　彼がさらに語っていたところによると、ある兄弟が師父アロニオスに尋ねて言った。「己れを無にするとは何でしょうか。」長老は語った。「それは、理性を持たないものの下に身を置くことであり、それらが非難すべきものではないことを知ることである*9。」
四二　彼はさらに語った。「『あなたは、あなたの言葉によって義とされ、また、あなたの言葉によって罪ありとされる』（マタイ一二・二七）という聖書の言葉を思い起こすならば、人はむしろ沈黙を選ぶだろう。」
四三　彼はさらに語った。「もろもろの悪の始まりは、気を散らすことである。」
四四　彼がさらに語ったところによると、スケーティスの司祭である師父イシドロスは、あるとき大勢の人に語った。「兄弟たちよ、われわれがこの場所に来たのは、労苦のためではなかったか。しかし、今はもはや労苦はない。だから、わたしは自分の毛皮を着て、労苦のあるところへ行き、そこで平安を得るだろう。」
四五　ある兄弟が師父ポイメンに言った。「わたしが何かを見たら、それを話したほうがよいでしょうか。」長老は言った。「聖書には、『よく聞く前に返事をする者は、愚かさを暴露し、叱責を受ける』と書かれている。尋ねられたならば、話せ。さもなければ黙っていよ。」
四六　ある兄弟が師父ポイメンに尋ねた。「人はただ一つの徳の実行で、自分に恃むことができるでしょうか。」長老は答えた。「師父ヨハネ・コロボスは、『わたしはあらゆる徳を少しずつ獲得してゆくことを望む』と語っていた[*10]。」
四七　長老はさらに語った。「ある兄弟が師父パンボに、隣人を褒めることはよいことだろうかと尋ねたところ、彼は言った。『黙っているほうがよい。』」
四八　師父ポイメンはさらに語った。「人は新しい天と地を造るとしても（イザヤ六六・二二）、気苦労なしにはおられない。」
四九　彼はさらに語った。「人は、鼻から出る息を必要とするように、謙遜と神への畏れとを必要とする。」

五〇　ある兄弟が師父ポイメンに、何を為すべきでしょうか、と尋ねた。長老は言った。「アブラハムが約束の地に入ったとき、墓地を買い、埋葬のために遺産の地を受け取った（創世記二三）。」兄弟は彼に「墓とは何ですか」と尋ねた。長老は言った。「それは、涙と悲嘆の場所である。」
五一　ある兄弟が師父ポイメンに言った。「わたしが兄弟に少しのパンと何か他のものを与えると、悪霊どもは、この施しがあたかも人におもねるためになされたかのように、これを汚すのです。」長老は彼に語った。「たといそれが人におもねるためであっても、われわれは兄弟に必要なものを与えよう。」そして、彼は次のような譬えを話した。「二人の農夫が同じ町に住んでいた。そのうちの一人は、種を播いた地から、小さくて汚れた果実を収穫した。ところがもう一人は種播きを怠ったので、何も収穫できなかった。飢饉が起こったとき、生活の糧を見出すのは二人のうちのどちらだろうか。」兄弟は答えた。「小さくて汚れた果実を収穫した人です。」長老は語った。「われわれも飢えで死ぬことがないよう、たとえ小さく汚れた種でも播くようにしよう。」
五二　師父ポイメンがさらに語ったところによると、師父アンモナスはこう言っていた。「ある人は一生涯斧を持っていても、木を切り倒す方法がわからない。他の人は、伐採の経験があるので、容易に木を切り倒す。」そして、彼は語った。「斧とは分別のことである。」
五三　ある兄弟が師父ポイメンに、人はどのように修行すべきでしょうか、と尋ねた。長老は語った。「ダニエルを見よう。彼には、神なる主に対する奉神礼儀のこと以外は、何ら非難すべきものがなかった。」
五四　師父ポイメンは語った。「人間の意志は、人間と神との間を隔てる青銅の壁であり（エレミア一・一八）、妨害の岩である。それゆえ、人間がこれを捨て去ると、彼も『わたしの神において城壁を乗り越える（詩編一七・三〇）』と言う。しかし、弁解が意志に加わるようになると、人間は病んでしまう。」
五五　彼はさらに語った。「ある日、長老たちが座って食事をしており、師父アロニオスが立って給仕をしていた。長老たちは彼を見て、褒めた。しかし、彼は一言も答えなかった。そこで、ある人がひそかに彼に言った。『あなたを褒めている長老たちに、なぜ答えないのですか。』師父アロニオスは答えた。『もし彼らに答えれば、わたしは彼らの称賛を受け入れることになります。』」
五六　彼はさらに語った。「人々は完璧に語るが、最小に働く。」
五七　師父ポイメンは語った。「煙は蜜蜂を追い払う。そのとき、彼らの働きの甘美さを取り去る。それと同様に、体の休息は、魂から神への畏れを追い払い、すべての善きわざを奪い去る。」
五八　ある兄弟が四旬節の第二週（大斎）の間に、師父ポイメンのもとを訪れ、自分の諸々の想念を述べ、安らぎを見出して、彼に言った。「もう少しで、わたしは今日、ここに来るのを見合わせるところでした。」長老が「なぜか」と尋ねると、兄弟は答えた。「『恐らく、四旬節のために師父は戸を開けないのではないだろうか』と思ったのです。」師父ポイメンは語った。「われわれは木の戸を閉じることを学ばず、むしろ舌の戸を閉じることを学んだ。」

五九　師父ポイメンはさらに語った。「肉的なことを避けねばならない。事実、人は肉的闘いに近づくたびに、非常に深い池のほとりに立つ一人の男のようになる。敵なる悪霊は好きなときに、たやすく彼を水に突き落とす。しかし、肉的なことがらから離れているならば、池から遠く離れた男のようになるであろう。すなわち、敵なる悪霊が彼を投げ落とそうと誘惑し、また襲おうとする瞬間に、神は彼に助けを送るのである*11。」

六〇　さらに語った。「清貧、苦悩、厳格さ、断食こそ、隠修生活の道具である。事実、こう書かれている。『ノア、ヨブ、ダニエルの三人がいるならば、わたしは生きる、と主は語る（エゼキエル一四・一四）。』ノアは清貧を、ヨブは苦悩を、ダニエルは分別を表している。それゆえ、もしこの三つの実行が人の中にあるならば、主は彼の内に住まう。」

六一　師父ヨセフは語った。「われわれが師父ポイメンと生活していたとき、彼はアガトンを師父と呼んだ。そこで、われわれは彼に言った。『彼はまだ若いのに、どうして彼を師父と呼ぶのですか。』すると、師父ポイメンは言った。『彼の〔賢明な〕口が、彼を師父と呼ばせるのだ。』」

六二　ある日、一人の兄弟が師父ポイメンのところに来て言った。「師父よ、わたしは邪欲に悩まされていますが、どうしたらよいでしょうか。わたしは師父イビスティオンのところに行きましたが、彼はわたしに『邪欲を留めておいてはならない』と言ったのです。」すると、師父ポイメンは語った。「師父イビスティオンと彼の諸々の行いは、天使とともに天上にあり、わたしやそなたが邪欲に悩まされていることを忘れているのだ。修道者は腹と舌を制し、この世で異邦人のような生活を送るならば、決して滅びはしない。そう確信せよ。」
六三　師父ポイメンは語った。「自分の心にあることを話すように、あなたの口に教えよ。」
六四　ある兄弟が師父ポイメンに尋ねて言った。「兄弟の過ちを見たとき、それを隠すのはよいことでしょうか。」長老は語った。「われわれが兄弟の過ちを隠すときには、神もわれわれの過ちを隠してくださる。しかし、われわれが兄弟の過ちを暴くときには、神もわれわれの過ちを暴く。」
六五　師父ポイメンがさらに語ったところによると、あるとき、人が師父パエシオスに尋ねた。「わたしの魂は無頓着で、神を畏れないのですが、どうしたらよいでしょうか。」すると、彼は語った。「行って、神を畏れる人と親しく交われ。そうすれば、その人に近づくことによって、彼はそなたも神を畏れるように教える。」
六六　彼はさらに語った。「もし修道者が二つのことに打ち勝つならば、この世から自由になれるだろう。」そこで兄弟は尋ねた。「それはどのようなものですか。」彼は答えた。「肉体的な安逸と虚栄である。」
六七 師父アガトンの弟子、師父アブラハムは、師父ポイメンに尋ねて言った。「なぜ悪霊どもはわたしを攻撃するのでしょうか。」すると師父ポイメンは語った。「悪霊どもがそなたを攻撃すると言うのか。われわれが自分の意志を行う以上、彼らがわれわれを攻撃するのではない。事実、われわれの意志が悪霊になるのである。つまり、意志を実現するためにわれわれを悩ますものは、われわれ自身の意志なのだ[*12]。しかし、悪霊どもがどんな者を攻撃するかを知りたいか。それは、モーセや彼と同じような者に対してである。」
六八 師父ポイメンは語った。「神がイスラエルに与えた生き方とは、自然・本性（ピュシス）に反することを避けることである[*13]。すなわち、怒り、いらだち、ねたみ、憎しみ、自分の兄弟に対する中傷であり、また、古き人（コロサイ三・九―一〇）に属する他のことがらである。」
六九 ある兄弟が師父ポイメンに願って、「お言葉をください」と言った。そこで彼は言った。「師父たちが物事の根本に据えたのは悲嘆であった。」兄弟はさらに言った。「他のお言葉をください。」長老は答えた。「施しをするため、できるだけ手仕事をして働け。事実、こう書かれている。『施しと信仰とは罪を浄める』（格言一三・二七）。」兄弟は尋ねた。「信仰とは何ですか。」長老は答えた。「信仰とは謙遜のうちに暮らし、憐れみ深くなることだ。」

七〇　ある兄弟が師父ポイメンに尋ねた。「もし過ちを犯したという兄弟に出会ったならば、わたしは彼を修屋に入れたくありません。しかし、良い兄弟に出会ったときは、彼とともに喜びます。」長老は語った。「そなたが良い兄弟に対してわずかな善を施すならば、もう一方の兄弟に対しては二倍の善を施せ。というのも、彼は病人だからだ。事実、ある共住修道院にテモテという名の隠修者がいたが、誘惑を受けたある兄弟の噂を耳にした修道院長が、テモテに相談したところ、彼はその兄弟を追放するように勧めた。彼を追放すると、同じ誘惑がテモテに襲い掛かり、彼は危機にさらされた。そこで、テモテは神の前で嘆いて言った。『わたしは罪を犯しました。お赦しください。』すると、次のように言う声が聞こえて来た。『テモテよ、おまえの兄弟が誘惑を受けたとき、おまえは彼を軽蔑した。わたしがおまえにこうしたのは、その他の理由があると考えてはならない。』」
七一　師父ポイメンは語った。「われわれが非常に大きな試練の中に置かれるのは、自分の名前や身分に固執しないためである。それは、聖書が次のように言うとおりである。自分の名を受け入れ、救い主に慰められた、かのカナンの女を見ないのか（マタイ一五・二七）。また、『わたしに罪があるようにに』（サムエル上二五・二四）とダビデに言ったために、彼がその願いを聞き入れて愛するようになった、あのアビガイアも同様である。アビガイアは魂の表れであり、ダビデは神性の表れである。それゆえ、もし魂が主の御前で自らを責めるならば、主はその魂を愛するであろう。」
七二　ある日、師父ポイメンは、師父アヌーブとともにディオルコス地方を通りかかった。墓地にやって来ると、深く悲しみ号泣している女を見つけ、立ち止まって彼女に目を注いだ。それから少し進んでゆくと、一人の男に出会ったので、師父ポイメンは彼に尋ねた。「どうしてあの女は激しく泣いているのか。」彼は答えた。「彼女の夫も息子も兄弟も、皆死んでしまったからです。」そこで、師父ポイメンは師父アヌーブに言った。「はっきり言っておく。人は肉体のすべての欲求を殺し（エフェソ二・三、コロサイ三・五）、このような悲嘆を得なければ、修道者にはなれない。まったく、この女の全生涯とその心とは、悲嘆の中にあるのだ。」

七三　師父ポイメンは語った。「自分自身を敬わず、正しく生活している者と交わるがよい。」

七四　彼がさらに語ったところによると、ある兄弟が師父ヨハネ・コロボスのところに行ったとき、師父は、「愛は寛容で、慈悲深い」（一コリント一三・四）と語る使徒の愛を、彼に示した。

七五　彼がさらに、師父パンボについて言ったところによると、師父アントニオスは師父パンボについて、「彼は神を畏れることによって、神の霊を自分の中に住まわせた」（一コリント三・一六）と語ったという*[14]。

七六　師父の一人が、師父ポイメンとその兄弟たちについて語ったところによると、彼らはエジプトに住んでいた。彼らの母親は彼らに会いたいと思っていたが、できなかった。そこで彼女は、彼らが教会に行くときを見計らって、彼らに会った。しかし、彼らは彼女を見ると、引き返し、彼女の面前で扉を閉めてしまった。彼女は扉に向かって、大変哀れな様子で泣き叫んで言った。「どうしたというのです、いとしい子どもたちよ。」それを聞いて師父アヌーブは、師父ポイメンのいるところに入っていき、言った。「扉に向かって泣いている老女をどうしましょうか。」師父ポイメンは修屋の中に立ち、彼女が大変哀れげに泣いているのを聞いて、彼女に言った。「老女よ、どうしてそのように叫んでいるのか。」彼の声を聞いた母親は、一層激しく叫び、泣きながら言った。「子どもたちよ、あなたたちに会いたいのです。わたしがあなたたちを見たからといって、それが何でしょうか。わたしはあなたたちの母親ではありませんか。あなたたちに乳を与えたのではありませんか。わたしの髪は真っ白です。あなたの声を聞いて動揺してしまったのです。」長老は老女に尋ねた。「あなたはわたしたちをこの世で見たいのか、それともあの世において見たいのか。」彼女は言った。「ここで見ないとしたら、あの世でよく見ることになるのですか。」彼は答えた。「ここで見ないように自分を抑えるならば、あの世でわれわれを見るだろう。」そこで、彼女は喜び、立ち去りつつ言った。「あの世で本当にあなたたちを見るのならば、もはやここでは会うことを求めません。」

七七　ある兄弟が師父ポイメンに尋ねた。「高ぶること（ローマ一一・二〇）とは何ですか。」長老は答えた。「裁くことである。」

七八　ある日、異端者たちが師父ポイメンのところに来て、アレクサンドリアの大主教が、司祭によって按手されたという理由で、大主教を中傷し始めた。しかし、長老は沈黙を守り、自分の兄弟を呼んで言った。「食卓を調えて彼らに食事をさせ、平安のうちに送り帰すがよい。」

七九 師父ポイメンが語ったところによると、他の兄弟たちと一緒に生活していたある兄弟が、師父ビザリオンに「何を為すべきでしょうか」と尋ねた。すると長老は答えた。「沈黙せよ、そして自分を高く評価してはならない。」
八〇 彼はさらに語った。「あなたの心が完全に信頼していない人に、心を傾けてはならない。」
八一 彼はさらに語った。「あなたが自分自身を軽んじるならば、どのような場所にいても平安を得るだろう。」
八二 彼がさらに語ったところによると、師父シソエスは、「恐れなき罪深い恥がある」と語っていた。
八三 彼はさらに語った。「我意と安逸とそれらの習慣とは、人間を堕落させる。」
八四 彼はさらに語った。「あなたが沈黙を守るならば、どこに住んでも平安を保つだろう。」
八五 さらに彼が、師父ピオールについて語ったところによると、彼は毎日新しいことを始めていた。
八六 ある兄弟が師父ポイメンに尋ねて言った。「人が何かの過ちに陥っても、回心するならば、神によって赦されるでしょうか。」長老は語った。「人間に赦すことを命じられた神が、ましてや自らそうなさらないことがあろうか。事実、神はペテロに、「七度の七〇倍までも赦せ」と命じられた（マタイ一八・二二）。」
八七 ある兄弟が師父ポイメンに尋ねた。「祈るのはよいことでしょうか。」長老は答えた。「師父アントニオスは語った。『主の顔から出る声がする。主は語る。わたしの民を慰めよ、慰めよ』（イザヤ四〇・一）。」
八八 ある兄弟が師父ポイメンに尋ねた。「人は自分のすべての想念を支配し、それらのうちのいかなるものをも敵なる悪霊に与えないことができるでしょうか。」長老は答えた。「一〇の考えが生じても、そのうちの一つしか与えない人がいる。」
八九 その兄弟が師父シソエスに同じ質問をすると、師父は答えた。「確かに、敵に何ものをも与えない人がいる。」
九〇 アトリベスの山地に、偉大なる静寂主義者がいた。そこへ盗賊たちが襲って来たので、この長老は叫んだ。隣人たちはそれを聞いて盗賊たちを押さえつけ、執政官のところに引いて行ったところ、彼は盗賊を投獄した。兄弟たちは悲しんで言った。「われわれのために彼らは引き渡されてしまった。」彼らは立ち上がって師父ポイメンのところに行き、このことを話した。そこで師父はかの長老に手紙を書き、このように記した。「最初の裏切りと、それがどこから来たかを考えよ。そうすれば第二の裏切りも見えてくるだろう。あなたがまず内面から裏切らなかったならば、第二の裏切りを犯すこともなかっただろう。」彼はその地方全体に有名であり、自分の修屋を出たことはなかったが、師父ポイメンの手紙を了解し、町に行って、盗賊たちを牢から出してもらい、公に釈放させた。

九一 師父ポイメンは語った。「自分の運命を嘆く者は修道者ではない。復讐する者は修道者ではない。怒りやすい者も修道者ではない。」

九二 長老の幾人かが、師父ポイメンのところに行き、尋ねた。「兄弟たちが時課祈禱や徹夜祈禱のときに居眠りをしているのを見たら、目を覚ますように揺り起こすべきだとお考えですか。」彼は語った。「わたしならば、兄弟が居眠りをしているのを見たら、彼の頭を膝の上に置いて休ませる*15。」

九三 人々がある兄弟について話していたところによると、彼は冒瀆の誘惑に襲われ、それを話すのを恥じていた。彼は偉大なる長老たちのことを耳にして、告白するために彼らのもとを訪ねたが、いざ来てみると、言明するのが恥ずかしくなった。そこで彼はしばしば、師父ポイメンのところにもやって来た。長老は、彼のそんな思いを見て取り、兄弟がそれを告白しないことを悲しんでいた。ある日、師父は彼に先んじて尋ねた。「長い間、そなたはわたしに何か告げようとしてここに来ているが、いざ来てみると、それを言いたくなくなり、苦しんで突然行ってしまう。だから子よ、そなたの心にあることを、わたしに話しなさい。」彼は言った。「神を冒瀆するように、悪霊どもがわたしに闘いをしかけるのですが、それを話すのを恥じていたのです。」彼は長老にこのことを話すと、すぐに心が軽くなった。そこで長老は言った。「子よ、悩むことはない。その考えが浮かぶたびに、心の中で言うがよい。『わたしには関係がない。悪魔よ、おまえの冒瀆がおまえ自身の上に降りかかるように。わたしの魂はあんなことは何も望みはしない』と。魂が望まないことはすべて、わずかのときしかもたないものだ。」兄弟はこうして癒され、立ち去った。

九四　ある兄弟が師父ポイメンに尋ねて言った。「どこへ行っても、神の助けを見出すことができるでしょうか。」長老は語った。「剣を手にする人々をさえ、神は今、このときも憐れんでくださる。それゆえ、われわれも勇敢であれば、神はわれわれを憐れんでくださる。」

九五　師父ポイメンは語った。「人は自分を非難するならば、いかなる場所でも耐えていける。」

九六　彼がさらに語ったところによると、師父アンモナスはこのように語っていた。「修屋で百年過ごしても、修屋にどのように住むべきか、分からない人がいる。」

九七　師父ポイメンは語った。「清い者にとってはすべて清い（テトス一・一五）という使徒の言葉に達すると、人は自分をすべての被造物よりも劣ったものと見る。」するとある兄弟が言った。「どうしてわたしが、人殺しよりも劣っているなどと考えられるでしょうか。」長老は語った。「もし人がこの言葉に達した上で人殺しを見るならば、この者はただ一つの罪を犯したに過ぎないが、自分は毎日人を殺している、と言うだろう。」
九八　この兄弟は、師父ポイメンが語ったこととして、同じ言葉について師父アヌーブに尋ねた。すると、師父アヌーブは語った。「もし人がこの言葉に達した後、兄弟の欠点を見ると、兄弟の欠点を飲み込んで、自分の義を行う。」兄弟は尋ねた。「その者の義とは何ですか。」長老は尋ねた。「つねに自分自身を責めることである。」
九九　ある兄弟が師父ポイメンに言った。「わたしがひどい過ちに陥ると、わたしの想念がわたしを捕えてしまい、なぜ罪に陥ったのかとわたしを非難するのです。」長老は語った。「人が過ちに陥るときでも、わたしは罪を犯したと言うならば、すぐ罪はやんでしまう。」
一〇〇　ある兄弟が師父ポイメンに尋ねた。「なぜ悪霊どもは、わたしの魂にわたしより優れた人と親しくするように勧め、劣った人を無視させるのでしょうか。」長老は語った。「そのために使徒はこう言っている。『大きな家には、金や銀の器だけではなく、木や土の器もある。だから、もしこれらすべてのことから自分を浄めるならば、主人の役に立ちすべての善きわざに備えられた誉れの器となるだろう*16』（二テモテ二・二〇―二一）。」
一〇一　ある兄弟が師父ポイメンに尋ねて言った。「どうしてわたしは、自分の諸々の想念をもとにして、自由に振舞えないのでしょうか。」長老は語った。「師父ヨハネ・コロボスが語ったところによると、敵なる悪霊は、自分の考えを長老に打ち明けない人々のことを何にもまして喜ぶのだ*17。」
一〇二　ある兄弟が師父ポイメンに言った。「わたしの心は、少し労苦に陥ると音を上げてしまいます。」長老は語った。「われわれは、わずか一七歳の少年ヨセフがいかにして最後まで誘惑を耐え忍んだかということに（創世記三七・四〇）驚かないだろうか。そして神は彼に栄光を与えた。また、ヨブがいかにして最後まで忍耐を保ち続け、諦めなかったかを（ヨブ二・一〇）知らないだろうか。こうして、諸々の誘惑は神に対する彼の希望を揺るがすことはできなかった。」
一〇三　師父ポイメンは語った。「共住修道院には三つの行いが必要である。一つは謙遜、一つは聴従、もう一つは、共住修道院の仕事に対して、活発で鋭敏に振舞うことである。」
一〇四　ある兄弟が師父ポイメンに尋ねて言った。「わたしは、自分が困惑していたとき、聖人たちの一人に必要なものを求めました。すると、彼はそれを愛の施しとして与えてくれました。そこで、もし神がわたしに命ずるならば、今度はわたしが他の人に愛の施しをすべきでしょうか。それとも、わたしにそれを与えてくれた人に返すべきでしょうか。」長老は答えた。「神から見れば、それを彼に返すのは正しい。それは彼のものだからである。」兄弟は言った。「では、わたしがそれを彼のところに持っていって、彼が受け取ろうとせず、『行って、あなたが望むように人に施しなさい』と言ったならば、どうすべきでしょうか。」長老は彼に語った。「ともかくも、それは彼のものだ。しかしもし、あなたが求めないのに誰かが自分から何かをくれるとしたら、それはそなたのものである。そして、修道者であろうと在俗者であろうと、その人にそなたが願っても受け取ろうとしないときには、彼は承知しているのだから、そなたがそれを彼の施しと見るのは正しい。」
一〇五　人々が師父ポイメンについて話していたところによると、彼は、他の長老が語った後で決して自分の言葉を付け加えようとはせず、むしろすべてにおいて長老に同意していた。
一〇六　師父ポイメンは語った。「われわれの師父たちの中には、苦行において勇敢な人は沢山いるが、繊細さにおいて勇敢な人はわずかしかいない。」
一〇七　ある日、師父イサクが師父ポイメンのところにいたが、鶏の鳴き声が聞こえた。イサクは「師父よ、あれをここで聞けるのですか」と尋ねた。すると長老は答えた。「イサクよ、どうしてわたしに無理に話をさせようとするのか。そなたと、そなたと同じような者には、あれが聞こえる。しかし、心の醒めている者は、そんなことを気にもかけない。」
一〇八　人々が話していたところによると、ある人々が師父ポイメンのところに来たとき、彼はまず、彼らを師父アヌーブのところに送った。すると、師父アヌーブは彼らに言った。「わたしの兄弟である師父ポイメンのところに行くがよい。彼は言葉の賜物を持っているから。」しかし、師父アヌーブが師父ポイメンのそばに座っているときには、師父ポイメンは彼の前では全く口をきかなかった。

一〇九　非常に敬虔な生活を送っている一人の在俗信徒が、師父ポイメンのもとを訪れた。ところが、長老のもとには他の兄弟たちがくつろいでいて、言葉を聞きたいと請うていた。そこで、長老はこの敬虔な信徒に言った。「兄弟たちに何か話してください。」が、信徒は彼に願って言った。「師父よ、お赦しください。わたしは学ぼうと思って来たのです。」しかし、長老に促されて、彼は語り出した。「わたしは野菜を売って商売をしている信徒です。大きな束を解いて小さな束を作り、安く買って高く売ります。もちろん、聖書について言えることは何もありませんが、一つの譬えを話します。ある人が友人に言いました。『わたしは皇帝を見たいという望みを持っている。一緒に来てくれ。』すると、友人は『途中までお供しよう』と言いました。次に、彼は別の友人に言いました。『わたしを皇帝のもとに連れて行ってくれ。』彼は答えました。『皇帝の宮廷まで連れて行こう。』そして、彼は第三の友人に言いました。『わたしと一緒に皇帝のところに行ってくれ。』すると、彼は言いました。『行こう。あなたを宮廷に連れて行き、立ち、話し、皇帝のところに連れて行こう。』」兄弟たちがこの譬えの持つ力を尋ねると、彼は答えた。「最初の友人は、道まで案内する苦行です。第二の友人は、天まで達する浄さです。第三の友人は、皇帝すなわち神にまで確実に導く施しです。」そこで、兄弟たちは教化されて立ち去った。

一一〇　ある兄弟が自分の村の外に住んでいた。彼は長年村に上らず、兄弟たちに言っていた。「見よ、多くの年月が経ったが、わたしは村に上ることがなかった。しかし、あなたたちは一度は村に上っている。」そこで、兄弟たちが彼のことを師父ポイメンに告げると、長老は語った。「わたしなら、村に上らないなどと思いが高ぶらないように、夜、村に上って一巡りしただろう。」

一一一　ある兄弟が師父ポイメンに、お言葉をくださいと願った。そこで彼は語った。「鍋が火に掛っている間は、蝿も地を這うほかの生き物も、それに触れることはできない。しかし、鍋が冷えると、それらはたかってくる。修道者もこれと同じだ。霊的な行いを続けている間は、敵なる悪霊も彼を堕落させる方法を見出せない。」
一一二　師父ヨセフが話していたところによると、師父ポイメンはこう語っていた。「『上衣を持っている者はそれを売り、剣を買え（ルカ二二・三六）』と福音に書かれた言葉の意味は、次のようなものである。『休息している者は、それを離れ、狭い道を取れ（マタイ七・一四）。』」
一一三　師父たちの幾人かが、師父ポイメンに尋ねて言った。「兄弟が罪を犯しているのを見たときには、彼を叱ったほうがよいでしょうか。」長老は語った。「わたしなら、あるところを通る必要があって、兄弟が罪を犯しているのを見たら、彼を叱らずに通り過ぎる。」
一一四　師父ポイメンは語った。「『あなたの目が見たことを証言せよ（格言二五・八）』と聖書には書かれている。しかし、わたしはそなたたちに言っておく。そなたたちが手で触れたことすらも、それを証言してはならない。事実、ある兄弟はそのようにして欺かれたのだ。彼は、ある兄弟が女と罪を犯しているのを見た。そして、この考えにいたく悩まされ、彼らに違いないと思い込み、行って彼らを足蹴にし、『やめろ、いつまで続けるのだ』と言った。ところが、見よ、それは麦の束だったのである。だから、もしそなたたちが手で感じたとしても、そのことを訴え出てはならない、と言ったのだ。』
一一五　ある兄弟が師父ポイメンに尋ねて言った。「わたしは邪欲と怒りに襲われているのですが、どうしたらよいでしょうか。」長老は語った。「それゆえダビデは言っている。『わたしは獅子を打ち、熊を押さえつけた』（サムエル上一七・三五）。つまり、彼は労苦によって怒りを取り除き、邪欲を砕いたのだ。」
一一六　彼はさらに語った。「『隣人のために自分の魂を捨てること、これより大きな愛はない（ヨハネ一五・一三）。』事実、人が、邪悪な言葉、人を苦しませる言葉を聞いて、たとい同じような言葉を言うことができても、それを言わないように闘うとする。また、人に傲慢な態度を取られても耐え忍び、復讐しないとする。そのような人は、隣人のために魂（生命）を捨てているのだ*18。」
一一七　ある兄弟が師父ポイメンに尋ねて言った。「偽善者とは何ですか。」長老は語った。「偽善者とは、まだ自分が達していないことを隣人に教える者のことである。事実、こう書かれている。『自分の兄弟の目にあるおがくずは見るのに、なぜ自分の目にある梁は見ないのか（マタイ七・三）』。」
一一八　ある兄弟が師父ポイメンに尋ねた。「『自分の兄弟に対していたずらに怒る』（マタイ五・二二）とはどういうことですか。」すると彼は語った。「そなたの兄弟が、そなたにどんな傲慢な態度を取ったとしても、彼に対して怒るならば、いたずらに怒ることになる。たとえば、彼がそなたの右の目をくり抜き、右手を切り落としたとしても、彼に対して怒るならば、そなたはいたずらに怒ることになる。だが、そなたを神から引き離すならば、そのときは怒るがよい。」
一一九　ある兄弟が師父ポイメンに尋ねて言った。「自分の諸々の罪に対して、どうしたらよいでしょうか。」長老は語った。「罪を赦されたいと願う者は、悲嘆によって赦され、徳を得ようと望む者も、悲嘆によってそれを得る。それゆえ、嘆き悲しむということは、聖書と師父たちが伝えた道である。『嘆き悲しめ』と彼らは言っている。というのも、それ以外の道はないからである。」
一二〇　ある兄弟が師父ポイメンに尋ねた。「罪からの回心とは何でしょうか。」長老は語った。「それは、今後罪を犯さないことである。それゆえ義人は、責むべきところのない者と呼ばれている（コロサイ一・二二）。というのも、彼らは自分の罪を捨て、義人になったからである。」
一二一　彼はさらに語った。「人々の邪悪さは、彼らの背後に隠されている。」
一二二　ある兄弟が師父ポイメンに尋ねた。「わたしを動揺させるこの不安の中で、どうすればよいでしょうか。」長老は語った。「神がわれわれに憐れみをかけるまで、どんな苦しみの中にあっても、神の憐れみ（善性）の前で嘆こう。」
一二三　ある兄弟が師父ポイメンに尋ねた。「わたしが持っているこの空しい執着を、どうすべきでしょうか。」すると、長老は語った。「死に瀕してあえぎつつも、この世への執着を持っている人がいる。それらの執着に近づいても、また触れてもならない。そうすれば、執着はひとりでに遠ざかるものである。」
一二四　ある兄弟が師父ポイメンに尋ねて言った。「人は死人になり得るでしょうか。」彼は語った。「人が罪に陥るなら、死ぬことになる[*19]。しかし、善に達するならば、彼は生き、善を行うことになる。」
一二五　師父ポイメンが語ったところによると、至福なる師父アントニオスはこう語っていた。「人間の偉大なる力は、主の御前で己れの過失を身に負い、最後の息を引き取るまで、試練を覚悟することだ。」
一二六　師父ポイメンは尋ねられた。「『明日のことを思い煩ってはならない（マタイ六・三四）』という聖書の言葉は、誰に向けられたものでしょうか。」長老は語った。「試練に遭い落胆する人に向けて言われたものだ。それは、彼が一体いつまでこの試練の中に留まるのかと思い煩うことなく、むしろ毎日を『今日という日』（ヘブライ三・一三）と考えるためである[*20]。」
一二七　彼はさらに語った。「隣人に教えることは、健全で情念から解放された者のわざである。他人の家を建てても、自分の家を壊すならば、何の役に立つだろうか。」

一二八　彼はさらに語った。「何かわざを為しても、そこから学ぶことがないならば、何の役に立とうか。」
一二九　彼はさらに語った。「あらゆる行き過ぎは、悪霊どもから来る。」
一三〇　彼はさらに語った。「家を建てようとする者は、それを建てることができるように、多くの必要な材料を集め、さまざまな種類のものを積み重ねる。われわれも同じように、すべての徳を少しずつ身につけよう。」
一三一　ある師父たちが師父ポイメンに尋ねた。「どのようにして師父ニステロオスは、自分の弟子のことを耐え忍んだのでしょうか。」師父ポイメンは答えた。「わたしであれば、その弟子の頭に枕さえも置いただろう。」師父アヌーブは彼に言った。「では、あなたは神に何と言ったでしょうか。」師父ポイメンは答えた。「わたしはこう言っただろう。主よ、あなたは『まず自分の目から梁を取り除け。そのときには、兄弟の目からおがくずを取り除くことができる』（マタイ七・五）と言われたではありませんか、と。」
一三二　師父ポイメンは語った。「食欲と睡眠欲とは、われわれに小さなことを見落とさせる。」
一三三　彼はさらに語った。「強くなった人は多いが、これを促す人は少ない。」

一三四　彼はさらに、ため息をつきながら言った。「ただ一つの徳を除いて、すべての徳がこの家に入った。だが、その徳なしには人はなお労苦のうちにある。」そこで人は、その徳とは何かと尋ねた。すると彼は答えた。「それは、人が自分自身を非難することである*21。」
一三五　師父ポイメンはしばしばこう言っていた。「思いに対して醒めていること以外に、われわれに足りないものはない。」
一三六　師父の一人が師父ポイメンに尋ねて言った。「『わたしは、あなたを恐れるすべての人の友である』（詩編一一八・六三）と語ったのはだれですか。」長老は答えた。「それを語ったのは聖霊である。」
一三七　師父ポイメンが語ったところによると、ある兄弟が師父シモンに尋ねて言った。「わたしは自分の修屋から出て、気を散らしている兄弟に会うと、わたしも彼とともに気を散らしてしまいます。また彼が笑っているのを見ると、わたしも彼とともに笑います。そこで自分の修屋に戻ると、平安を保てないのです。」長老は語った。「では、そなたは修屋から出て、笑っている人とともに笑い、喋っている人とともに喋っておいて、しかも修屋に戻ってから、以前のような自分を見出したいと思うのか。」兄弟は言った。「では、どうしたらよいのでしょうか。」すると長老は答えた。「中でも注意深く見張り、外でも注意深く見張れ。」

一三八　師父ダニエルは語っていた。「あるとき、われわれは師父ポイメンのもとを訪れ、食事をともにした。食事の後で、彼はわれわれに『兄弟たちよ、行って、しばらく休みなさい』と言った。そこで兄弟たちはしばらく休息を取りに行った。しかし、わたしは一人で彼と話すためにとどまり、立ち上がって彼の修屋に行った。彼はわたしが来るのを見て、眠ったふりをしていた。というのも、長老のわざとは、すべてのことを隠れたところで行うことだったからである。」
一三九　師父ポイメンは語った。「何かの光景を見たり聞いたりしたならば、それを隣人に告げてはならない。それは争いを引き起こすからである。」
一四〇　彼はさらに語った。「初め、一度は逃げよ。二度目も逃げよ。三度目は剣になれ。」
一四一　師父ポイメンはさらに師父イサクに語った。「そなたの義の重荷を軽くせよ[*22]。そうすれば、そなたに与えられたわずかな日に、休息を得るだろう。」
一四二　ある兄弟が師父ポイメンのもとを訪れた。幾人かの兄弟たちも同座していた。その兄弟が、ある人は悪を憎んでいるといって褒めた。師父ポイメンはその話をしている者に尋ねた。「では、悪を憎むとは何だろうか。」彼は動揺して答えを見出せず、立ち上がって、長老の前にひれ伏して言った。「悪を憎むとはどんなことか、お教えください。」長老は語った。「誰かが自分の罪を憎み、隣人を義とするならば、それは悪を憎むことである。」

一四三　師父ポイメンのもとを訪れた兄弟が言った。「何を為すべきでしょうか。」長老は答えた。「行って、『わたしは何を望んでいるのだろうか』と言う者と親しくせよ。そうすれば平安を得るだろう。」
一四四　師父ヨセフが語っていたところによると、師父イサクはこう言っていた。「あるとき、師父ポイメンのそばに座っていると、彼が脱魂状態にあるのを見た。わたしは彼と打ち解けた間柄だったので、彼の前にひれ伏して尋ねた。『あなたがどこにいるのか、お教えください。』彼は強いられて、答えた。『わたしの思いは、神を生む者（テオトコス）たる聖マリアが、救い主の十字架のもとに立って泣いておられるというものだった（ヨハネ一九・二五）。それで、わたしもそのようにずっと泣いていたかったのだ。』」
一四五　ある兄弟が師父ポイメンに尋ねて言った。「わたしを圧迫するこの重荷のもとで、わたしはどうしたらよいでしょうか。」長老は語った。「小さな船も大きな船も縄を持っている。それは、順風が吹かないときには、神が風を送ってくださるまで、船体に引き綱と縄を投げかけ、少しずつ船を引くためである。しかし、嵐が来るのが分かると、そのときには、船が波で動かないように急いで船を杭に結び付けるのだ。杭とは自らを責めることである。」
一四六　ある兄弟が、悪しき想念によって引き起こされる欺きについて、師父ポイメンに尋ねた。長老は語った。「それは、自分の左手に火を持ち、右手に水の入った器を持つ男のようなものである

（シラ一五・一六）。すなわち彼は、火が燃えれば、器の水をかけて火を消す。火とは敵なる悪霊の種子であり、水とは神の御前に身を投げ出すことである。」
一四七 ある兄弟が師父ポイメンに尋ねた。「話すことは、沈黙するよりもよいことでしょうか。」長老は語った。「神のために語る者は、よいことをしている。また、神のために沈黙する者も、同様である。」
一四八 ある兄弟が師父ポイメンに尋ねて言った。「どうしたら、人は隣人の悪口を言うのを避けられるでしょうか。」長老は語った。「われわれとわれわれの兄弟とは、二つの似姿である。人が自分に目を向けて、自分を非難するとき、その兄弟は彼のそばで価値ある者に見える。しかし、自分がよいと思ってしまうと、その兄弟は彼のそばで悪しき者に見える。」
一四九 ある兄弟が倦怠について師父ポイメンに尋ねた。長老は語った。「倦怠はすべての根底にあり、それより悪い情念はない。しかし、人が自らそれに気づくならば、それは静まる。」
一五〇 師父ポイメンは語った。「われわれは師父パンボの、三つの身体的な実践を見た。すなわち、毎日夕方まで続ける断食、沈黙、そして多くの手仕事である。」
一五一 彼がさらに語ったところによると、師父テオナスはこう語っていた。「人がある徳を得たとしても、神は彼だけにこの恩恵を与えるわけではない。というのも、神は、その者が自分の労苦に信頼を置いていなかったことを知っているからだ。しかし、彼が仲間のところに行くならば、そのとき神は、その仲間とともにおられるのである*[23]。」
一五二　ある兄弟が師父ポイメンに尋ねて言った。「わたしは共住修道院に入って、そこに住みたいと思うのです。」長老は彼に語った。「共住修道院に入ることを望むのか。もしそなたが、あらゆる人、あらゆることに関する心配を捨てなければ、共住修道院でのわざを実践することはできないだろう。というのも、水差し一つでさえ、そなたの権限にはないからだ。」
一五三　ある兄弟が師父ポイメンに、何をなすべきかと尋ねた。長老は語った。「聖書にはこう書かれている。『わたしは自分の不正を告白し、自分の罪を思い煩う』（詩編三七・一九）。」
一五四　師父ポイメンは語った。「邪欲と悪口については、人はすべて、この二つの考えを口にしたり、そもそも心の中で考えたりしてもならない。というのも、心の中でそれらにすっかり決着をつけてしまおうとしても、益することがないからである。しかしそれらに対して怒るならば、平安を得るだろう。」
一五五　師父ポイメンの兄弟たちが彼に言った。「この場所から立ち去りましょう。近くにある修道院がわたしたちを悩ませ、魂をだめにしてしまうからです。また、子供たちの騒ぎ声もわたしたちの静寂さを妨げています。」師父ポイメンは彼らに言った。「そなたたちは天使の声のために、ここから去ろうとしている。」
一五六　師父ビティミオスが師父ポイメンに尋ねた。「もし誰かがわたしに対して反感を抱き、わたしが彼に赦しを請うても納得してくれないとすれば、どうしたらよいでしょうか。」長老は語った。「別に二人の兄弟を連れて、赦しを請うがよい。それでも納得しないならば、別の五人を伴え。それでも納得しないならば、司祭を連れてゆけ。それでも納得しないならば、彼を満足させてくださるように、動揺することなく神に祈り、また思い煩ってはならない。」
一五七　師父ポイメンは語った。「隣人にものを教えるのは、彼を叱責するのと同じである。」
一五八　彼はさらに語った。「我意を満足させてはならない。むしろ、兄弟の前で謙ることのほうが必要である。」
一五九　ある兄弟が師父ポイメンに尋ねた。「兄弟たちが完全な休息を得られる場所を見つけました。わたしもそこに住みたいのですが。」すると長老は言った。「兄弟を妨げない場所を見つけ、そこに留まれ。」
一六〇　師父ポイメンは語った。「有益なのは、次の三つの主要なわざである。すなわち、主を畏れること、祈ること、そして隣人に善を行うことである。」
一六一　ある兄弟が師父ポイメンに言った。「わたしの体は弱っていますが、情念はまだ弱り切っていません。」長老は語った。「情念とは茨の茂みである*24。」
一六二　ある兄弟が師父ポイメンに尋ねて言った。「わたしは何を為すべきでしょうか。」長老は彼に語った。「神がわれわれを視察に来るとき、われわれが思いを潜めるべきは何であろうか。」兄弟は、「自分の諸々の罪です」と答えた。そこで長老は語った。「修屋に入り、そこに座して自分の諸々の罪を思い起こそう。そうすれば、主はすべてにおいてわれわれとともにおられる*25。」
一六三　市場に行くある兄弟が師父ポイメンに尋ねた。「わたしは何を為すべきでしょうか。」長老は語った。「自分を抑えることのできる人と友達になれ。そして、安んじて物を売るがよい。」
一六四　師父ポイメンは語った。「心に潜んでいることを話すように、あなたの口に教えよ。」
一六五　師父ポイメンは汚れについて尋ねられ、次のように答えた。「もしわれわれが行いを持し、注意深く目を醒ましているならば、自分自身の中に汚れを見出さないだろう。」
一六六　師父ポイメンは語った。「スケーティスの三世代目から、つまり師父モーセのときから、兄弟たちはもはや進歩することがなかった。」
一六七　彼はさらに語った。「自らの内なる秩序を保つ者は、心を乱されないだろう。」
一六八　ある兄弟が師父ポイメンに尋ねて言った。「修屋ではどのように座すべきでしょうか。」彼は語った。「修屋で正しく座すとは、目に見えるところでは、手仕事をし、一日一食にし、沈黙し、注意を集中することである。だが、修屋におけるひそかな進歩とは、どんな場所に行こうとも、自らの過誤を究明し、時課祈禱の務めを守り、隠れた行いをおろそかにせず、たまたま手仕事のないときがあれば、時課祈禱につき、動揺することなくそれを果たすことである。このようにして遂にはよい同行を得、悪い仲間から離れるがよい。」
一六九　ある兄弟が師父ポイメンに尋ねた。「兄弟がわたしにわずかの金を借りているとき、その返済を要求すべきだと思いますか。」長老は彼に言った。「一度だけ要求せよ。」兄弟は言った。「わたしは自分の考えを抑えておけないのですが、どうすればよいでしょうか。」長老は語った。「そなたの考えを沈ませておけ。そしてただ、そなたの兄弟を悩ませてはならない。」
一七〇　師父たちの幾人かが、キリストを愛する信徒の家をたまたま訪れた。その中には師父ポイメンもいた。食事の最中に肉が出され、師父ポイメンを除いて皆がそれを食べた。長老たちは彼が食べなかったので、その分別を知って驚いた。食事の席を立ったとき、彼らは言った。「あなたはポイメン、牧者です。それであのように振舞われたのですか。」長老は答えた。「師父たちよ、赦してほしい。そなたたちが何を食べても、誰も躓かされない。しかし、わたしがそれを食べたとすると、多くの兄弟たちがわたしを非難しようとやって来て、『ポイメンは肉を食べた。われわれは食べない』と言ったただろう*[26]。」そこで彼らは、彼の分別に改めて驚嘆したのである。
一七一 師父ポイメンは語った。「わたしは言う。悪魔（サタン）が投げ込まれる場所へこそ、わたしも投げ込まれる。」
一七二 さらに彼は、師父アヌーブに語った。「空しいものを見ないように、そなたの目をそらせよ（詩編一一八・三七）。というのも、気ままな自由は魂を殺すからだ。」
一七三 あるとき師父パイジオスが、師父ポイメンのいるところで、頭から血が噴き出すほど他の兄弟と争った。ところが、長老は一言も口をきかなかった。そこへ師父アヌーブが入ってきて、彼らを見、師父ポイメンに言った。「どうしてあなたは何も言わずに、兄弟たちが争うままにしているのですか。」師父ポイメンは答えた。「彼らは兄弟同士だから、また平和に暮らすだろう。」師父アヌーブは言った。「彼らがあのように振舞うのを見ていながら、なぜそのように言うのですか。」そこで師父ポイメンは語った。「わたしはここにいなかったと、心に留めておいてほしい。」
一七四 ある兄弟が師父ポイメンに尋ねた。「兄弟たちがわたしと一緒に暮らしているのですが、彼らに命令を下してもよいでしょうか。」長老は答えた。「いけない。むしろまず働け。彼らが一緒に生活したいのならば、自分で自分を顧みるだろう。」兄弟は言った。「父よ、彼ら自身、わたしが命令するよう望んでいるのです。」長老は語った。「いけない。彼らに対しては模範となるべきであって、律法者となってはならない。」
一七五　師父ポイメンは語った。「ある兄弟がそなたのところに来て、彼自身訪問によって益するところがなかったと思うならば、そなたの考えを見つめ、彼自身訪問の前に自分が抱いていた想念がどのようなものであったかを知れ。そうすれば、彼に益するところがなかった理由がわかるだろう。このことを謙遜と注意とをもって行うならば、自分に欠点があったとしても、隣人に対して欠けたところのない者となる。事実、人が慎重に自分の修道生活を営むならば、過ちを犯すことはないだろう。というのも、神が彼の前におられるからである。わたしの見るところ、人はこうした姿勢によって、神への畏れを獲得する。」
一七六　彼はさらに語った。「人が少年とともに生活していて、彼に対して古き人*[27]としての情念を覚えるのに、なおも彼を自らのもとに留めておくならば、そのような人は、虫に食い荒らされる畑を持つ人に似ている。」
一七七　彼はさらに語った。「悪は決して悪を取り除くことはない。しかし、人があなたに悪を行うならば、善行によって悪を破るために、彼に善を行え（ローマ一二・二一）。」

一七八　彼はさらに語った。「ダビデが獅子に行き逢ったとき、彼は獅子の喉を押さえ、ただちに殺した（サムエル上一七・三五）。それゆえ、われわれも自分ののどと腹とを制するならば、神によって目に見えない獅子に打ち勝つであろう*28。」
一七九　ある兄弟が師父ポイメンに尋ねて言った。「苦しみがわたしを襲うため、動揺してしまうのですが、どうしたらよいでしょうか。」すると長老は語った。「暴力は、小さな者をも偉大な者をも動揺させるものだ。」
一八〇　人が師父ポイメンについて語っていたところによると、彼はスケーティスで二人の兄弟とともに住んでいたが、若いほうの兄弟が彼らを悩ませていた。ポイメンはもう一人の兄弟に言った。「この若い兄弟はわれわれを堕落させる。さあ、ここを発って行こう。」そこで彼らは、兄弟を置いて出て行った。兄弟は彼らの帰りが遅いのに気づき、彼らが遠くに去っていくのを見て、叫びながら後を追い駆け始めた。師父ポイメンは言った。「弟を待とう。彼が疲れてしまうだろうから。」彼は追いつくと、ひれ伏して言った。「わたし一人を残して、どこへ行くのですか。」長老は答えた。「おまえはわれわれを悩ませる。だから去って行くのだ。」すると彼は言った。「そう、あなたがたが望むところへ、ともに行きたい。」彼の無邪気さを見て、長老はもう一人の兄弟に言った。「兄弟よ、戻ろう。というのも、彼は望んでこうしているのではなく、そうさせているのは悪魔だからだ。」こうして、彼らはもといた場所に戻って行った。

一八一　ある共住修道院の院長が、師父ポイメンに尋ねて言った。「どうすれば神への畏れを獲得できるのでしょうか。」師父ポイメンは言った。「チーズの入った革袋と塩漬け肉の入った壺とを持っていて、どうして神への畏れを得られようか。」
一八二　ある兄弟が師父ポイメンに尋ねた。「師父よ、ここに二人の者がいて、一人は修道者、もう一人は在俗信徒でした。修道者はある晩、次の日の朝に修道服を捨てようと考えており、他方、在俗信徒は修道者になろうと考えました。両方ともその晩のうちに死んだのですが、彼らはどう判定されるでしょうか。」長老は語った。「修道者は修道者として死に、在俗信徒は在俗信徒として死んだ。彼らは、もとの見出された姿のままで死んだからである。」
一八三　師父ヨハネは師父マルキアノスによって追放された人であった。彼は語った。「あるとき、われわれはシリアから師父ポイメンのもとを訪れ、心の頑迷さについて尋ねようと思っていた。しかし長老はギリシア語を知らず、通訳も居合わせなかった。するとと長老は、われわれが困っているのを見て、ギリシア語で語り始め、こう言った。『水の本性は柔らかく、石の本性は硬い。しかし、石の上に吊り下げられ、一滴ずつ落ちる水差しの水は、石を穿つ。それと同じように、神の言葉は柔らかく、人の心は硬い。だが、人がしばしば神の言葉を聞くならば*29、彼の心は神への畏れへと開かれる。』」
一八四　師父イサクが師父ポイメンのもとを訪れた。そして彼は、師父ポイメンが少しの水を足にかけているのを見た。彼は師父ポイメンと打ち解けた間柄だったので、尋ねた。「どうしてある人々は、自分の体を厳しく扱うことによって、厳しい苦行を示したのでしょうか。」師父ポイメンは語った。「われわれは体を殺すことをではなく、情念を殺すことを教えられた。」
一八五　彼はさらに語った。「わたしには断ち切ることのできない三つの傷がある。すなわち、糧と衣と眠りである。しかし、それらの幾分かは断ち切ることができる。」
一八六　ある兄弟が師父ポイメンに尋ねて言った。「わたしは沢山の野菜を食べるのですが。」長老は語った。「それは何の役にも立たない。むしろパンとわずかな野菜を食べよ。必要だからと言って、親の家に行ってはならない。」
一八七　人々が師父ポイメンについて話していたところによると、ある長老たちが彼の前に座り、師父たちのことを話していたが、師父シソエスの名を口にすると、彼は言った。「師父シソエスに関して話すのはやめよ。というのも、彼について語り得る程度には、われわれは達していないからだ。」

パンボ

一　師父パンボという者がいた。彼について言われていたところによると、彼は三年間も、神にこう願いつづけていた。「地上でわたしに栄光を与えないでください。」すると神は、彼の顔にある栄光のために、誰も彼を見つめることができないほど、彼に栄光を与えられた[*30]。

二　二人の兄弟が、あるとき師父パンボのところにやって来て、彼らの一人が尋ねた。「師父よ、わたしは二日間断食し、それから二切れのパンを食べます。わたしは自分の魂を救えるでしょうか。それとも迷っているのでしょうか。」次にもう一人が尋ねた。「師父よ、わたしは自分の手仕事で毎日二枚の小銭をもうけ、一枚を自分の食物にあて、残りを施しにあてます。わたしは救われるでしょうか、それとも滅びるでしょうか。」長い間彼らは問い続けたが、長老は何の返事も与えなかった。四日後に彼らはそこを立ち去ったが、聖職者たちは彼らを励まして言った。「兄弟たちよ、悩んではならない。神がそなたたちに報いてくださるだろう。あれは長老の習慣なのだ。彼は、神が彼に確信を与えない限り、容易に語ろうとはしないのだ。」
そこで、彼らは長老のところに戻り、「師父よ、われわれのために祈ってください」と言った。長老は彼らに言った。「そなたたちは出発したいのか。」彼らは「はい」と答えた。すると長老は彼らの行いのことを取り上げ、地面に字を書きながら言った。「パンボは二日間断食し、二切れのパンを食べるが、はたしてそれで修道者になったのか。そうではない。また、パンボは二枚の小銭のために働いて、それで施しをした。はたしてそれで修道者になったのか。そうではない。」そして彼らに言った。「そなたたちの行いは善い。しかし、隣人に対して良心を見張るならば、救われるだろう。」そこで彼らの思いは満たされ、喜びとともに立ち去った。

三　ある日、毛皮を身につけた四人のスケーティスの人が、偉大なる師父パンボのところに来て、おのおの互いがいないときに、自分の仲間の徳を話した。第一の者はしばしば断食していた。第二の者は貧しく、第三の者は大いなる愛を持っていた。そして彼らは、第四の者について、彼は二二年間も一人の長老への聴従に生きたと語った[31]。師父パンボは答えた。「そなたたちに言っておく。この最後の者の徳が、最も優れている。事実、そなたたちはそれぞれ自分の意志によって、自分の徳を獲得した。しかし、彼は自分の意志を捨て、他人の意志を行っている。実際、このような人々が最後まで注意深く身を持しているならば、彼は勇気ある者、信仰の告白者となる。」
四　アレクサンドリアの大主教で、聖なる者として記憶されるアタナシオスは、師父パンボに砂漠からアレクサンドリアに下ってくるように願った。彼が下って来たところ、そこで一人の劇場の女を見て、涙を流した。一緒にいた者たちが、なぜ泣くのかと尋ねると、彼は語った。「二つのことがわたしを動かした。一つはこの女の滅びであり、もう一つは、堕落した人々に気に入られるために彼女が示すほどの熱心さを、わたしは神の気に入るために示していない、ということである。」
五　師父パンボは語った。「神によって世間を離れて以来、わたしは自分の語った言葉を悔やんだことはない。」
六　彼はさらに語った。「修道者は、三日間修屋の外に置いていても誰も盗まないような上衣を、いつも身に着けていなければならない。」
七　あるとき、師父パンボは兄弟たちとエジプトのある地方に行くことになった。信徒たちが座っているのを見て、パンボは彼らに言った。「立って、祝福を受けるため、修道者たちに挨拶するがよい。

彼らは絶えず神と語っており、彼らの言葉は聖なるものだからだ*[32]。」
八 人々が師父パンボについて話していたところによると、彼はまさに死に臨まんとしたとき、自分を囲んでいる聖なる人々に語った。「わたしは、砂漠のこの地に来て、自分の修屋を建ててそこに住んで以来、自分の手仕事によらないで得たパンを食べた記憶がない。また今に至るまで、自分の語った言葉を悔やんだこともない。だが、わたしはまだ神に仕え始めたばかりのような姿で、神のもとに行くのだ。」
九 彼が多くの人よりも優れていたのは、次の点においてである。彼は聖書の言葉や霊的な言葉について尋ねられたとき、すぐに答えようとはせず、そんな言葉は知らないと語っていた。そして、さらに人が願っても、答えを与えなかった。
一〇 師父パンボは語った。「もしあなたが心を持っているならば、救われるだろう。」
一一 ニトリアの司祭が、兄弟たちはどのように振舞うべきかを尋ねた。彼らは答えた。「それは、大いなる苦行によってであり、隣人に対して良心を見張ることによってである。」
一二 人々が師父パンボについて話していたところによると、モーセがアダムの栄光の像*[33]を受けたとき、モーセの顔は輝き渡った*[34]。これと同様に、師父パンボの顔は稲妻のように輝き、玉座に座る王のようであった。そして同じ出来事が、師父シルアノスにも、師父シソエスにも生じたのである。
一三　人々が師父パンボについて語っていたところによると、彼は決して笑顔を見せなかった。そこで、あるとき悪霊どもが彼を笑わせようとした。彼らは薪に羽を縛り付けて背負い、大騒ぎをしながら、「ほら、ほら」と叫び、それを持って歩き始めた。師父パンボはそれを見て笑い出した。すると悪霊どもは、「やあ、やあ、パンボが笑ったぞ」と言って、踊り出した。しかし、彼は答えて言った。「笑ったのではない。そんなに大勢で羽を持ち上げようとする、おまえたちの無力さを嘲笑したのだ。」
一四　フェルメの師父テオドロスが師父パンボに「お言葉をください」と願った。パンボは大変苦心して、こう言った。「テオドロスよ、行って、すべての人に憐れみをかけよ。憐れみこそは、神の御前で親しみ*35を見出すからである。」

ピストス

一　ピストスと言われる師父がこう語っていた。われわれ七人の隠修者は、クリュスマに住んでいる師父シソエスのところに行き、言葉をいただけるよう願った。すると彼は語った。「赦してほしい、わたしは無学な者だ。しかし、師父オールと師父アトレのところに行ったときの話をしよう。師父オールは一八年来病気だった。わたしが彼の言葉をいただくために彼にひれ伏すと、師父オールはこう言った。『そなたに何が言えよう。行って、そなたが見ることを行え。神は、自分に厳しい人、またすべてにおいて己れを抑える人のものである。』師父オールと師父アトレとは同じ地方の出身ではなかったが、肉体から離れ去るまで、彼らは大いなる平安のうちに暮らした。事実、師父アトレの従順は偉大なものであり、また師父オールは非常に謙遜であった。わたしは数日間彼らのところで過ごし、彼らを注視していたが、そこで師父アトレが行った、次のような大いに驚くべきことを見たのだった。

ある人が彼らのところに小さな魚を持ってきたので、師父アトレはたまたま長老のためにそれを調理しようとしていた。ところで、彼が包丁を取ってまさに魚を切ろうとしたとき、師父オールが彼を呼んだ。師父アトレは魚の真中に包丁を残したまま、残りを切らなかった。わたしは彼の偉大な従順に驚嘆した。というのも、彼は『魚を切ってしまうまで我慢してください』とは言わなかったからだ。そこで、わたしは師父アトレに、どこでそのような従順を学んだのか、と尋ねた。彼は答えた。『それはわたしのものではなく、長老のものだ。』そして、彼はわたしを導いて言った。『彼の従順を見に来なさい。』彼は魚を少し取って、わざと汚し、長老に渡したところ、長老は何も言わずにそれを食べた。彼は長老に言った。『長老よ、おいしいですか。』長老は『とてもおいしい』と答えた。それから、おいしい部分を少し持っていって、『長老よ、汚してしまいました』と言った。すると彼は『ああ、少し汚したな』と答えた。師父アトレはわたしに言った。『従順が長老のものであることが分かるか。』そこで、わたしは彼らのところから戻り、自分の見たことを守るように、全力を尽くしたのだ。」

これが、師父シソエスが兄弟たちに語ったことであった。さて、われわれの中の一人が、彼に願って言った。「どうかわたしたちにあなた自身のお言葉を聞かせてください。」そこで、彼は言った。「知識において自ら謙る者は、聖書全体を完成する者だ。」さらに、われわれの中の別の者が尋ねた。「父よ、異邦人とは何ですか。」長老は語った。「自分の行くあらゆる場所において、『わたしは何も分かりません』と言うがよい。それこそが異邦人である[36]。」

ピオール

一　至福なるピオールは、ある人のところで収穫の仕事をした。その人は報酬を与えることを思い立ったが、彼はそれを延期したので、ピオールは自分の修屋に戻って行った。再び収穫の季節がやって来たので、彼はこの人のところへ収穫の仕事をしに行き、熱心に働いた。しかし、その人は何も渡さなかったので、彼は自分の修屋に戻った。さて、三年が過ぎ、長老は例の仕事を終え、何も受け取らずに立ち去った。しかし、主はこの人の家を富ませたので、彼は報酬を持って聖人を探し、修道院を尋ね回って、やっと師父ピオールを見つけ出した。彼は師父の足元にひれ伏し、報酬を差し出しながら言明した[37]。「これこそ主がわたしに与えてくださったものです。」しかし、長老は、教会に行ってそれを司祭に渡すように命じた。
二　師父ピオールは歩きながら食事をしていた。ある人が、なぜそのように食事しているのですかと尋ねると、彼は答えた。「わたしは食事を必要なわざとは見なさず、付属的なものと見なしたいのだ。」また、やはりこのことについて尋ねた別の者に対して、彼は語った。「それは、食事においても、わたしの魂が肉体的な快楽を感じないようにするためである。」
三　あるとき、罪を犯した一人の兄弟について、スケーティスで会議が開かれた。幾人かの師父たちが語ったが、師父ピオールは沈黙を守っていた。最後に彼は立ち上がって外に出、袋を取って砂で満たし、肩に負った。また、少しの砂を小さな籠の中に入れて、前に提げた。師父たちがその意味を尋ねると、彼は言った。「多くの砂を入れた袋は、わたしの多くの罪である。わたしはこれを苦にしたり嘆いたりしないで済むよう、肩に負った。また、見よ、こちらはわたしの前にいる兄弟の小さな罪であり、わたしはこれらの罪を咎めて無駄に過ごしている。しかし、このようなことをしてはならない。むしろ目の前に自分の罪を置き、それを顧みて赦してくださるよう、神に祈らなければならない。」この言葉を聞いて、師父たちは「これこそ真に救いの道である」と言った*38。

ピチュリオン

師父アントニオスの弟子、師父ピチュリオンは語った。「悪霊を追い払おうと望む者は、まず自分の情念を服従させよ。事実、どんな情念でも、人がそれを支配するならば、悪霊はその情念から追い払われる。たとえば怒りに結びついた悪霊がいる。あなたが怒りを制すれば、怒りの悪霊は追い払われる。このことは、どんな情念についても同じである。」

ピスタモン

ある兄弟が師父ピスタモンに尋ねて言った。「手仕事の品を売るのは心痛むのですが、どうしたらよいでしょうか。」長老は答えて言った。「師父シソエスも他の人々も、自分たちの手仕事の品を売っていた。それは害にはならない。しかし、売るときには、一度その品の値段を言え。次いで、値段を少し下げようと思うならば、それはそなたの自由だ。このようにすれば、平安を保てるだろう。」兄弟はさらに言った。「他に必要なことがあるときでも、手仕事のことを気にかけたほうがよいでしょうか。」長老は語った。「そなたに他の必要なことがあるときでも、手仕事を捨ててはならない。できる限り、しかし動揺することなく働くがよい。」

ピオニトスのペトロ

一　人々が、ピオニトスのペトロについて話していたところによると、彼はぶどう酒を飲まなかった。彼が年取ったとき、兄弟たちはぶどう酒を混ぜた飲み物を少し作り、彼がそれを飲んでくれるよう願った。すると、彼は語った。「わたしを信じよ。それは香料のようなものだ。」そして、ぶどう酒の入ったその飲み物も、自らに禁じたのだった。
二　ある兄弟が、師父ロトの弟子であるペトロに言った。「自分の修屋にいるときには、わたしの魂は平安のうちにあります。しかし、兄弟がわたしのもとを訪れて、世間の話をするときには、わたしの魂は動揺してしまうのです。」師父ペトロは、師父ロトが「あなたの小さな鍵がわたしの戸を開ける」と語っている、と話した。兄弟は「その言葉の意味は何ですか」と尋ねた。長老は答えた。「人があなたのもとを訪れると、あなたは彼に、お元気ですか、どこから来たのですか、兄弟たちは元気ですか、彼らはあなたを受け入れてくれますか、などと言う。こうして、あなたは兄弟の戸を開け、聞きたくないことを聞くのだ。」兄弟は言った。「そのとおりです。それでは、人は兄弟が尋ねて来たら、どうすべきなのでしょうか。」長老は答えた。「悲嘆こそは、全き教訓である。悲嘆のないところでは、自分を守ることはできない*39。」兄弟は言った。「わたしが修屋にいるときは、悲嘆はわたしとともにあります。しかし、誰かがわたしのところに来たり、わたしが修屋から出たりすると、それがなくなるのです。」

長老は語った。「それは、まだ悲嘆がそなたに服従せず、そなたがそれを利用しているだけだ。事実、律法にはこう書かれている。『あなたがヘブライ人の奴隷を獲得したならば、彼を六年間あなたに仕えさせ、七年目に解放しなければならない。彼に妻を与え、その妻があなたの家で子供を産み、彼が妻と子供のために去ることを望まないならば、あなたは彼を門のところに連れて行き、きりで彼の耳に穴を開けなければならない。そうすれば、彼は永久にあなたの奴隷となるだろう（出エジプト二一・二―六）。』」兄弟は尋ねた。「その言葉は何を意味するのですか。」長老は答えた。「人がある必要なことを求めて、できるだけ苦労をするならば、それを得るために、どれほど長い間探し求めようとも、それを見出す。」兄弟は願った。「どうかその言葉の意味をお教えください。」長老は語った。「私生児はある人に仕えて、ずっと留まることはない。しかし、嫡出子は決して父のもとを離れない。」
三　人々が師父ペトロと師父エピマコスについて話していたところによると、彼らはライトウにおいて、親しくしていた。彼らが教会で食事をしたとき、長老たちの食卓につくように求められた。そこで、師父ペトロだけが大変な苦痛を感じつつそこに行った。食卓を離れたとき、師父エピマコスは彼に、「なぜあえて長老たちの食卓についたのか」と言った。彼は答えた。「もしわたしが長老としてあなたがたと一緒にとどまったなら、兄弟たちはまず祝福するようにわたしを促し、その結果、わたしはあなたがたより大きな者とされただろう。だが今は、師父たちと一緒にいたおかげで、わたしは皆の中で最も小さな者になり[*40]、また考えにおいてより謙遜な者となった。」
四 師父ペトロは語っていた。「主がわれわれを通して何事かを行うとき、高ぶってはならない。むしろ、われわれが主に招かれるのにふさわしい者とされたことを感謝せよ。」彼は、あらゆる徳に対してこう考えるべきことを説いた。

パフヌティオス

一 師父パフヌティオスは語った。「わたしが道を歩いていたとき、霧によって道に迷い、ある村の近くに着いた。そこで、互いに恥ずべき振舞いをしている幾人かの人を見た。しかし、わたしは自分の罪のために、立って祈った。すると、見よ、突然剣を持った天使がやって来て[*41]、わたしに言った。『パフヌティオスよ、自分の兄弟を裁く者はすべて、この剣で滅びる。しかし、おまえは人を裁かず、あたかも罪を犯したのが自分であるかのように、神の御前で自ら謙ったので、おまえの名は生きる者の書に書き記された（詩編六八・二九）。』」
二 人々が師父パフヌティオスについて話していたところによると、彼は滅多にぶどう酒を飲まなかった。あるとき、彼は道を歩いていて盗賊の群に出会ったが、彼らはぶどう酒を飲んでいた。盗賊の首領は彼を知っており、彼がぶどう酒を飲まないことも知っていた。そして、長老が非常に疲れているのを見てとり、その首領は杯に酒を満たし、手に剣を持って、「飲まないと殺すぞ」と言った。長老は神の命令を果たそうと思い、また彼に益をもたらそうとして、杯を取って飲んだ。すると、首領は後悔の念を示して言った。「師父よ、赦してください。わたしはあなたを苦しめました。」長老は言った。「この杯のために、この世においても来たるべき永遠の世においても、神がそなたを憐れんでくださると、わたしは神に信頼している。」すると首領は言った。「わたしは神かけて、今から誰にも悪を働きません。」このようにして長老は、主のために自分の意志を捨てることで、盗賊全員に益をもたらしたのであった。
三　師父ポイメンが語っていたところによると、師父パフヌティオスはこう語っていた。「長老たちが生きていたとき、わたしはいつも彼らから一二ミリア離れたところに住んでいたが、一か月に二度、彼らのもとを訪れた。そして、わたしはすべての考えを彼らに話したが、彼らはわたしに次のこと以外は何も言わなかった。『どこへ行こうとも、自分自身を評価するな。そうすれば平安を得るだろう。』」
四　スケーティスに師父パフヌティオスとともに暮らしている一人の兄弟がいたが、彼は情欲と闘っており、こう言った。「わたしは一〇人の女を娶っても、自分の欲望を満足させられまい。」長老は勧告して言った。「子よ、それはいけない。それは悪霊どもの挑発なのだ。」しかし彼は納得せず、エジプトに行って妻を娶った。しばらくして、たまたま長老がエジプトに上ると、彼が貝殻を入れた籠を背負っているのに出会った。長老は彼に気付かなかったが、兄弟は彼に、「わたしはあなたのかつての弟子です」と言った。長老は、彼の惨めなありさまを見て嘆き、言った。「なぜあれほどの栄誉を捨てて、このような惨めな状態になったのか。」かれはため息をついて言った。「実は一人だけ娶りました。そして、彼女をパンで養うのに苦労しているのです。」長老は言った。「われわれと一緒に来い。」彼は、「師父よ、わたしは回心できるでしょうか」と言った。長老は「できるとも」と答えた。そこで、兄弟はすべてを捨てて、長老に従った。彼はスケーティスに戻り、この試練によって立派な修道者となった。

五　テーベの砂漠に一人の兄弟が住んでいたが、あるとき彼にこんな考えが起こった。「なぜ実りのない生活をしているのか。立って、共住修道院に行け、そうすれば実を結ぶ。」彼は師父パフヌティオスのところに行き、自分の考えを述べた。すると長老は言った。「行って、そなたの修屋に座しておれ。そして、朝と夕べと夜に一度ずつ祈りをなせ。腹が空いたら食べ、渇いたら飲み、眠かったら眠れ。ただし、この砂漠の地に留まれ。自分の思いに説得されるな。」兄弟は師父ヨハネのところにも行って、師父パフヌティオスの言葉を告げた。師父ヨハネは言った。「祈りは全くしなくてもよいが、自分の修屋に留まれ。」兄弟は立ち上がって、師父アルセニオスのところにも行き、すべてを告げた。すると長老は彼に言った。「師父たちが言った言葉をしっかりと守れ。わたしにはそれ以上語ることはない。」そこで、彼は十分納得して帰って行った。

エジプト低地の出身で、テーベに住んでいた師父パウロという人物について、師父たちの一人が語っていたところによると、彼はさそりと蛇とを手でつかんで、二つに裂いた*42。兄弟たちは彼の前にひれ伏して言った。「あなたはこの賜物を受けるのに、どんなわざを果たされたのか、言ってください。」すると彼は言った。「師父たちよ、お赦しください。人が浄らかさを獲得したならば、掟を踏み外す前、楽園にいたアダムに対するように、すべてのものは彼に服するでしょう。」

理髪師パウロ

一　理髪師であった師父パウロとその兄弟テモテは、スケーティスに住んでいた。彼らの間にはしばしば言い争いが起きた。師父パウロは言った。「われわれはいつまでこんなことを続けるのだろうか。」師父テモテは言った。「どうか、わたしがそなたを困らせるときは、辛抱してくれ。そなたがわたしを困らせるときには、わたしも辛抱するから。」このようにして、彼らは生涯の残りの日々を平安に暮らした。
二　この師父パウロとテモテは、スケーティスでは理髪師であったが、彼らは兄弟たちによって悩まされていた。そこでテモテは兄弟パウロに言った。「この仕事をどうしたらよいだろうか。彼らは、一日中われわれを静かにしておかない。」すると師父パウロは答えた。「われわれの思いが醒めているならば、夜の静寂さだけで十分だ。」

大パウロ

一　ガラテアの人、師父大パウロは語った。「自分の修屋にわずかの必要品を持ち、気を揉んで外に出る修道者は、悪霊どもにからかわれる。わたしもそれを経験した。」
二　師父パウロは語った。「わたしは首まで泥に漬かり[*43]、神の御前で嘆きながら言う、『わたしを憐れんでください』と。」
三　人が師父パウロについて語っていたところによると、彼はわずかなひら豆と一壺の水で四旬節を過ごしていた。また、彼は一つの籠を持っており、それを編んだり解いたりして、過越の祭日まで閉じ籠もっていた。

純朴者パウロ

聖アントニオスの弟子、至福にして純朴なる師父パウロは、師父たちに次のことを告げた。あるとき彼は訪問のため、また兄弟たちに恵みをもたらすために、ある修道院に行っていた。いつも通り、互いに会話を交わした後、彼らは習慣に従って時課祈禱を果たすために、神の聖なる教会に入った。そこで至福なるパウロは、彼が言うには、教会に入っていく各人を注意深く見て、彼らがどんな魂の状態で時課祈禱に与るかを見ようとした。事実、彼は、われわれが互いに顔を見るように、各人がどんな魂の状態にあるかを見るという賜物を、主から与えられていたのである。皆が顔を輝かせ、喜びに満ちた表情で入って行き、各人の天使が喜んでいるのに、一人だけ全身が黒くて暗い者がいた。悪霊どもが両側から彼を押え、傷付け、鼻に通したひき綱で自分たちの方に引っ張って行くが、彼の聖なる天使は悲しみ、意気消沈して遠くからついて行った。そこでパウロは涙を流し、手で胸を打ち、教会の前に座って、このように彼に示された人のことを激しく泣いていた。

彼の不思議な振舞いと、涙と悲しみに駆り立てられた突然の変化を見た人々は、彼が皆を非難してそうしているのではないかと思った。そして、なぜ彼が泣いているのかを語るように願い、自分たちと一緒に時課祈禱に加わるようにと願うのであった。しかし、パウロは首を振り、自分の見た人のことを激しく嘆き、外に座っていた。時課祈禱が終わってしばらくの後、集まっていた人々が外に出て来たので、パウロは改めて彼らがどのように出て来るのかを知りたいと思い、各人を注意深く見つめた。すると、前には全身が黒くて暗かったかの男が、顔を輝かし、真っ白い体をして教会から出て来て、悪霊どもが遠くから彼に従い、聖なる天使が大変嬉しそうに彼のそばについているのを見た。

そのとき、パウロは喜びのあまり跳び上がり、神を称えて叫んだ。「おお、言語に絶する、人間への神の愛と憐れみよ。」そして、彼は急いで高い段の上に登り、大声で言った。「来て見よ、神のわざを。何と畏るべく、また驚きに値することよ（詩編四五・九）。来て見よ、すべての人が救われ、真理を認めに来ることを望まれる神を（ティモテ二・四）、来て礼拝せよ。主の前にひれ伏し（詩編九六・六）、『あなただけが罪を消し去ることができる』と言おう。」そこで、皆は興奮して駆けつけ、彼の言葉を聞こうとした。そして皆が集まったので、パウロは教会の入口で見たこと、続いて起こったことを語り、神が突然このような変化を恵みとしてもたらした理由を話してくれるように、かの男に求めた。

パウロに問いかけられたかの男は、皆の前であらわに自分の話をした。「わたしは罪人です。今に至るまで長い間、わたしは邪淫の中に生きていました。ところが今、神の聖なる教会の中に入ると、人の読んでいる聖なる預言者イザヤを、否むしろ、彼によって語っている神の言葉を聞きました。『体を洗い清め、わたしの目の前からあなたたちの心の悪意を取り除き、善を行うことを学べ。たといあなたたちの罪が赤くとも、わたしはそれを雪のように白くする。そして、あなたたちがわたしの言葉を聞こうと望むならば、あなたたちは地の良きものを食べるだろう（イザヤ一・一六—一九）。』邪淫のうちにあるこのわたしは、この預言者の言葉によって魂を揺さぶられ、思いの中でため息をついて神に言いました。『あなたは神です。罪人を救うためにこの世に来られたお方よ（一テモテ一・一五）、あなたが今、あなたの預言者によって告げられたことを、罪人であり何の価値もないこのわたしにおいて、成就してください。見よ、今より後、わたしはあなたに言葉を捧げてあなたに同意し、このような悪しき行いを捨てて、すべての不正から離れることについてあなたに感謝し、これからは浄い良心をもってあなたに仕えます（一テモテ三・九）。絶対の主よ、今日、このときから、回心し、あなたの前にひれ伏し、今後あらゆる罪から遠ざかるわたしを、受け容れてください。』このようにして、（と彼は付け加えた）わたしは神の御前で、もはやいかなる悪しきことも行わないと心から決心して、教会を出て来たのです。」

この言葉を聞いて、皆は声を合わせて、神に向かって叫んだ。「主よ、あなたのわざは何と素晴らしいことか。あなたは万物を知恵において造られた（詩編一〇三・二四）。」それゆえ、キリスト者よ、聖書と聖なる啓示から、神がどれほどの憐れみ（善性）を有しているかを学ぶがよい*44。すなわち、神のもとに真摯に逃避し、悔改めをもって自分のかつての過ちを正す人々に対する神の憐れみを。そして、神が過去の諸々の罪に対する審判を行うことなく、約束された良きものを再び与えることを学んで、自分自身の救いに絶望しないようにするがよい。事実、預言者イザヤによって告げられたように、神は罪に深く沈んだ人々を洗い、羊毛や雪のように白くし、彼らを天のエルサレムの善きものにふさわしいものとするのだ。また同様に、神は再び預言者エゼキエルによって、われわれを滅ぼさない、と誓って保証された。事実、主は語っている。「わたしは生きている者であって、罪人の死を望まない。罪人が回心して、生きることを望む（エゼキエル一八・三二、三三・一一）。」

ディオスのペトロ

ディオスの司祭ペトロは、誰かとともに祈るとき、『師父アントニオスの生涯』*45に書かれているように、司祭の勤めによって前のほうに立たねばならないときでも、謙遜のゆえに後ろのほうにいて、信仰の告白をした。彼はこのようにして、誰をも悲しませなかった。

P《ロー》巻

ローマ人の師父

一　宮廷の高官であったあるローマ人が、あるとき修道者となって、スケーティスの教会の近くに住むことになった*1。彼は自分に仕える召使いを連れていた。司祭は彼が病弱なのを見、また以前、彼がいかに安楽に暮らしていたかを知って、彼が必要とするもので、誰かが教会に持ってきたものを、彼に贈っていた。スケーティスで二五年間を過ごした後、彼は先見者として有名になった*2。
彼のことを聞いたエジプトの偉大な者の一人が、彼の類まれな身体的修行を見ようと思って、彼に会いに来た。そのエジプト人は中に入って挨拶し、祈りを捧げてから座った。ところが、このエジプト人は、彼が柔らかな衣服を着、皮の布団と小さな枕を置いた寝床を持ち、サンダルを履いたきれいな足をしているのを見て、躓かされた。というのも、ここではこのような生活の仕方は採らず、むしろ厳しい修行を行うからである。先見者である長老は、彼が躓いているのに気付き、自分の召使いに「今日は長老のために祝おう」と言った。少しの野菜を使って、それを煮させ、ほどよい頃に立ち上がって食事をした。長老はまた、体の弱さのために少量のぶどう酒を持っていたので、彼らはそれを飲んだ。さて、夕方になって一二の詩編を唱え、眠りに就いたが、夜の間も同様であった。

さて、エジプト人は明け方に起きて、彼に「わたしのために祈ってください」と言った。が、教化されることなく立ち去った。ところが、彼が遠ざかるとすぐに、長老は彼に益をもたらそうと思い、呼び戻した。そして彼が戻ると、改めて喜びとともに迎え、尋ねて言った。「お国はどこですか」彼は言った。「エジプトの者です。」「何という町から来たのですか。」「わたしは少しも都会の人間ではありません。」「では、村での仕事は何でしたか」「番人でした。」「どこで眠りましたか。」「野原で。」「体の下には寝具を敷きましたか。」「一体、野原で寝具を敷くことなどできるでしょうか。」「では、どのようにして眠ったのですか。」「地面にです。」長老はさらに尋ねた。「野原ではどんな食べ物を食べていましたか。どんなぶどう酒を飲んでいたのですか。」彼はまた答えた。「野原に食べ物や飲み物があるでしょうか。」「それでは、どうやって生きていたのですか。」「乾パンを食べ、あれば少しの塩漬け肉と水を飲み食いしていました。」「それは大変な苦労です。村には体を洗うための浴場がありましたか。」彼は答えた。「ありませんでした。しかし、好きなときに、川で体を洗っていました。」

そこで、長老はこれらすべてを把握し、彼の以前の生活の苦しさを知って、彼に益を得させるために、以前世間にいたころの自分の生活の様子を語った。「わたしは今はご覧の通り慎ましくしていますが、大都会ローマの出身で、皇帝の宮廷で高官だった者です。」エジプト人はこの話の始めを聞いて胸を打たれ、長老の語ることに、一心に耳を傾けた。長老はさらに語った。「わたしは都を捨てて、この砂漠に来ました。あなたが見ているこのわたしは、壮大な住居と多くの財産を持っていました。しかし、わたしはこれらを蔑み、この小さな修屋に来たのです。さらに、あなたが見ているこのわたしは、非常に高価な布団を敷いた純金の寝台を持っていました。それらの代わりに、神はこの寝台と皮衣を、わたしに与えてくださったのです。さらに、わたしの上着は非常に価値あるものでしたが、それらの代わりにこんな粗末な上衣を着ています。さらにわたしの食卓には、多くの黄金が使われていましたが、その代わりに神は、このわずかな野菜とこの小さな杯一杯のぶどう酒とを与えられました。わたしに仕える多くの召使いがいましたが、見よ、それらの代わりに神は、この老人がわたしに仕えるようにしてくださっています。そして、浴場の変わりにわずかな水を足に注ぎ、弱さのためにサンダルを履いています。さらに、音楽と竪琴の代わりに、わたしは一二の詩編を唱えます。同様に夜には、わたしが犯していた諸々の罪の代わりに、ささやかな奉神礼を平安のうちに行っています。師父よ、どうかわたしの弱さによって躓かないでください。」
これを聞いたエジプト人は我に返り、こう言った。「わたしに災いあれ。わたしは世間の多くの苦しみから、今や休息にたどり着きました。わたしはかつて持っていなかったものを、今や持っています。他方、あなたは非常な安楽さを離れ、苦しみにやって来ました。多くの栄光と富を離れ、謙遜と清貧へとやって来たのです。」彼は大いに教えられて、立ち去った。そして長老の友になり、霊的利益を受けるために、しばしば長老のもとに会いに来た。それは、長老が分別に富み、聖霊の芳しい薫りに満ちた人だったからである。

二 また彼が語ったところによると、良い弟子を持っていた長老がいた。しかし、長老は短気に駆られ、修道者の毛皮を持たせて、その弟子を外に追いやってしまった。兄弟は外に座って待っていた。さて、長老が戸を開けると、彼がそこに座っているのを見つけた。そこで、彼の前にひれ伏して言った。「おお、父よ、あなたの忍耐強い謙遜が、わたしの短気に打ち勝った。さあ、中へお入りなさい。これからはあなたが長老だ。そして、わたしは新参者であり、弟子である。」

ルフォス

一　ある兄弟が師父ルフォスに尋ねた。「静寂さとは何ですか。また、それは何の役に立つのですか。」長老は彼に言った。「静寂さとは、悪意と高ぶりとを捨て、神への畏れと知とを持って修屋に座すことである。このような静寂はあらゆる徳の母であり、修道者を敵の燃えさかる矢から守り、その矢によって傷付けられるのを防ぐ。そうだ、兄弟よ、死という終わりを思い起こすことによって、静寂を得よ。そなたは、いつ盗人が来るかを知らないからだ（ルカ一二・三九）。さらには、自分自身の魂について醒めているがよい。」

二　師父ルフォスは語った。「霊的師父への従順のうちに座する者は、砂漠に一人で隠修する者よりも、大いなる報いを受ける。」彼はまた、師父たちの一人がこう語ったと述べている。「わたしは天に四つの段階を見た。第一の段階とは、病気でありながら神に感謝を捧げる人。第二の段階とは、客人に尽くし、そうした姿で奉仕する人。第三の段階とは、砂漠を離れず、誰にも会わぬ人。第四は、師父への従順に生き、主のためにこれに従う人である。ところで、従順によってこれに達した者は、金の首飾りと冠とを着け、他の人々よりも多くの栄光を受けた。」
彼は続けて語った。「それでわたしは、わたしを導く者に言った。『どうしてこの人は一番若いのに、他の人々よりも大きな栄光を受けるのですか。』彼は答えた。『それはこうだ。人を歓待する者は自分の意志によって行動し、砂漠に生活する者も、自分の意志によって隠修する。だが、従順の心を持つ者は、自らのすべての意志を捨てて、神と自分の師父とに依り頼むからである。そのため、彼は他の人よりも大きな栄光を受けたのである。おお、子たちよ、そういうわけで、主のために行われた従順はよい。子たちよ、聞くがよい。あなたたちは少なくとも、この徳の幾分かを持ったことになる。おお、すべて信ずる人々の救いである従順よ。王国の発見である従順よ。天を開き、人間を地上から引き上げる従順よ。すべての聖徒の乳母であり、彼らに乳を与え、彼らを完全な者にした従順よ。天使たちとともなる従順よ。』」

ロマノス

師父ロマノスが死に臨んだとき、弟子たちは周りに集まって尋ねた。「われわれはどのように暮らせばよいのでしょうか。」すると、長老は答えた。「わたしは、そなたたちの誰かがわたしの言うことを行わなくても怒るまい、と決心しないうちに、何かを命じたことはない。このようにしてわれわれは、生涯を平安のうちに暮らした。」

Σ《シグマ》巻

シソエス

一 他の兄弟から不正なことを蒙ったある兄弟が、師父シソエスのところにやって来て、言った。「わたしはある兄弟から害を受けました。復讐しようと思います。」しかし、長老は彼をさとして言った。「子よ、それはいけない。復讐は神に任せた方がよい[*1]。」彼は長老に言った。「わたしは、復讐しないうちは収まらないのです。」長老は言った。「兄弟よ、祈ろう。」長老は立ち上がって言った。「神よ、もはやあなたが、われわれのことを慮る必要はありません。というのも、われわれは復讐を自分で行うからです。」これを聞いた兄弟は、長老の足元にひれ伏して言った。「師父よ、わたしはもう兄弟と争いません。お赦しください。」
二 ある兄弟が師父シソエスに尋ねた。「わたしが教会に行くと、しばしば愛餐があって、人はわたしを引き止めるのですが、どうしたらよいでしょうか。」長老は言った。「それは困難を伴う。」そこで、彼の弟子アブラハムが言った。「会合が土曜日または主の日に行われ、兄弟が三杯のぶどう酒を飲んだら、それは多いでしょうか。」長老は語った。「悪魔がいないなら、多くはない。」

三　師父シソエスの弟子が、彼に言った。「父よ、あなたは老人です。人の住んでいる場所の近くに行きましょう。」長老は言った。「女のいないところに行こう。」弟子は言った。「砂漠以外のどこに、女の住んでいないところがあるでしょうか。」すると長老は言った。「わたしを砂漠に連れていってほしい。」
四　師父シソエスの弟子はしばしば彼に言った。「師父よ、立ってください。食事をしましょう。」彼は言った。「子よ、食事をしなかったのか。」弟子は答えた。「していません、父よ。」そこで長老は言うのだった。「していないなら、持って来なさい。食べよう。」
五　あるとき、師父シソエスはきっぱりと言った。「勇気を出せ。わたしはこれから三〇年間、もはや罪については神に祈らず、むしろこう言って祈ろう。『主イエスよ、わたしの舌からわたしを守ってください』と。わたしはいままで毎日舌のために堕落し、罪を犯している*2。」
六　ある兄弟が師父シソエスに言った。「どうしてわたしから情念が離れていかないのでしょうか。」長老は語った。「情念の器がそなたの中にある。それらにその保証を与えよ*3。そうすれば、それらは去ってゆく。」
七　あるとき、師父シソエスは師父アントニオスの山地に住んでいた。彼の奉仕者の来るのが遅かったので、彼は一〇か月もの間、誰にも会わなかった。ところで、彼が山を歩いていたとき、獣を狩っているファラン人を見つけた。そこで、長老は尋ねた。「そなたはどこから来たのか。ここにどれくらいいるのか。」彼は答えた。「師父よ、実はわたしは一一か月この山地にいるのですが、あなた以外のどんな人も見ませんでした。」これを聞いて、長老は自分の修屋に入り、自らを打って言った。「見よ、シソエス、おまえはひとかどのことをしたと考えていた。しかし、この在俗の者がしてきた高みには達していないのだ。」
八　師父アントニオスの山地に奉献の祭儀があって、そこに革袋一杯のぶどう酒があった。長老の一人が、小さな壺と杯とを手にして、師父シソエスのところに持って行って渡すと、長老はそれを飲んだ。同様に、二度目もそれを飲んだ。三度目にそれを差し出すと、彼は受け取らずにこう言った。「兄弟よ、やめよ。それとも、悪魔がいることを知らないのか。」
九　ある兄弟が、師父アントニオスの山地にいる師父シソエスのもとを訪れた。そして、話をしている途中、師父シソエスに尋ねた。「父よ、あなたはまだ師父アントニオスの境地には達していないのでしょうか。」長老は語った。「わたしが師父アントニオスの考えのただ一つでも抱くなら、わたしの全身は火のようになるだろう。しかし、非常に苦労して、彼の考えを保持することのできる人を知っている。」
一〇　あるとき、一人のテーベ人が、修道者になろうとして師父シソエスのところにやって来た。長老は彼に、世間に誰か大事な人がいるかと尋ねた。彼は「一人息子がいます」と答えた。長老は言った。「行って、その子を川に投げ込め。そうすれば修道者になれるだろう。」そこで、彼は息子を川に投げ込むために立ち去ったが、長老は一人の兄弟を遣わして、それを妨げようとした。兄弟は言った。「やめなさい。何をするのか。」彼は答えた。「師父が息子を投げ込むように言ったのです。」すると兄弟は言った。「しかし、師父は改めて、投げ込まないようにと言ったのだ*4。」彼は息子を残し、長老のもとに戻った。そして、その従順によって立派な修道者になった。

一一　ある兄弟が師父シソエスに尋ねて言った。「悪魔は昔の人々を、このように迫害したのですか。」長老は彼に言った。「今ではそれ以上である。というのも、彼の裁きの時は近づき、大いに動揺しているからだ。」

一二　あるとき、師父シソエスの弟子アブラハムは、悪霊に試みられた。そして、長老は弟子が倒れたのを見た。そこで、長老は立ち上がって両手を天に伸ばし、言った。「神よ、あなたが望むと望まざるとにかかわらず、彼を癒してくださらない限り、わたしはあなたを放しません。」すると、弟子は直ちに癒された。

一三　ある兄弟が師父シソエスに尋ねて言った。「神の記憶がわたしの中に留まっているのが分かります。」長老は彼に言った。「そなたの考えが神とともにあることは、偉大なことではない。偉大なことは、そなたがすべての被造物の下にあるのを見ることである。そして、肉体的な労苦が、そうした謙遜な姿へと導くのだ。」

一四　人々が師父シソエスについて話していたところによると、彼が死に臨もうとしたとき、師父たちが彼のそばに座っていたが、彼の顔は太陽のように輝いた。そして、彼らに言った。「見よ、師父アントニオスがやって来る。」また、しばらくして言った。「見よ、預言者たちの一群が来る。」さらに彼の顔は異常なほどに輝き、言った。「見よ、使徒たちの一群が来る。」彼の顔はいままでの倍も輝きを増した。そして、見よ、数名の相手と話しているように見えた。そこで長老たちが尋ねて言った。「父よ、あなたは誰と一緒にいるのですか。」彼は答えた。「見よ、天使たちが迎えに来たので、少し回心させてくれるよう頼んでいるのだ。」そこで長老たちは言った。「父よ、あなたには回心の必要などありません。」すると長老は答えた。「実はわたしは、回心し始めたかどうかわからない。」そこで皆は、彼が完成された人であることを知った。すると、突然、再び彼の顔は太陽のようになり、皆は畏れに捉われた。彼は師父たちに言った。「見よ、主が来て言われる。『砂漠から選びの器を連れて来い』（使徒言行録九・一六）*5と。」そこで、彼は直ちに息を引き取った。そのとき、稲妻のようなものが現れ、修屋全体が芳香に満たされた*6。

一五　ネイルポリスの主教、師父アデルフィオスが、師父シソエスを訪ねて師父アントニオスの山地に行った。彼らの一行が出かけようとしたとき、出かける前の夜明けに、師父シソエスは彼らに食事をさせようとした。その日は断食日であった。彼が食卓を調えると、見よ、兄弟たちが扉を叩いた。彼は自分の弟子に言った。「彼らにトウモロコシの粥を少し与えよ。疲れているだろうから。」師父アデルフィオスは彼に言った。「しばらく放っておくがよい。彼らが、師父シソエスが夜明け頃から食事をしている、と言うといけないから。」すると長老は彼を見つめ、それから弟子に言った。「行って、彼らに与えよ。」彼らはお粥を見て言った。「お客ではなかったのですか。長老はあなたたちと一緒に食事をしなかったのですか。」そこで、弟子は彼らに「いいえ、しました」と答えた。そこで、彼らは困惑して言い始めた。「あなたたちが長老に今食事をさせたことを、神がお赦しくださるように。このために、これから長い間、長老が労苦しなければならないことを、あなたたちは知らないのですか。」これを聞いて主教は、長老の前にひれ伏し、言った。「師父よ、赦してほしい。わたしは人間的なことを考えたが、あなたは神の御わざを行った。」すると、師父シソエスは言った。「神が人間に栄光をお与えにならないならば、人間たちの栄光など無にひとしい。」
一六 数名の者が、師父シソエスの言葉を聞くために、彼のところに行った。だが、彼は何も言わず、ただ「赦してほしい」と言うばかりであった。彼らは彼の小さな籠を見て、彼の弟子であるアブラハムに「この小さな籠をどうするのですか」と尋ねた。彼は答えた。「あちこちで売るのです。」これを聞いた長老は言った。「シソエスでも、ときには食事をするのです。」これを聞いて彼らは大いに益を得、彼の謙遜に教えられて、喜んで帰っていった。
一七 ライトウの師父アンモンは、師父シソエスに尋ねた。「聖書を読むと、わたしは、人に尋ねられたときに答えられるような言葉を熱心に求めてしまうのです。」長老は語った。「その必要はない。むしろ心を浄めることによって、無頓着であることと語ることとを得るがよい。」
一八 あるとき、一人の在俗信徒が自分の息子を連れて、師父アントニオスの山地にいる師父シソエスのところに行った。しかし、途中で息子は死んでしまった。だが、彼は動揺せず、信頼をもって長老のところに息子を運び、長老の祝福を受けるために、悔改めて息子とともに身を投げ出した。そして父親は立ち上がり、子供を長老の足元に置いて、外に出て行った。ところで、長老は子供がひれ伏しているものと思っていたので、「立って外に出よ」と言った。事実、彼は子供が死んでいることを知らなかったのである。すると、子供は立ち上がって外に出た。これを見て父親は驚嘆し、戻って来て長老の前にひれ伏して、このことを告げた。これを聞いて、長老は悲しんだ。彼はこのようなことが起こるのを、望んでいなかったからである。そこで彼の弟子は、長老が死ぬまでは、誰にもこのことを言わぬよう、かの父親に命じた。

一九　三人の長老が師父シソエスについて聞き及び、彼のもとを訪れた。第一の長老が尋ねた。「父よ、わたしはどのようにして、火の川から救われることができるでしょうか（ダニエル七・一〇）。」しかし、彼は答えなかった。第二の長老が尋ねた。「父よ、わたしはどのようにして歯がみ（マタイ八・一二）や眠ることのないうじ虫（マルコ九・四八）から救われ得るでしょうか。」さらに第三の長老が尋ねた。「父よ、外の暗闇（マタイ八・一二）の記憶がわたしを殺そうとするのですが、どうしたらよいでしょうか。」すると、長老は彼らに答えて言った。「わたしはそれらのことを何も思い出さない。というのも、神は憐れみ深い方であり、わたしを憐れんでくださることを希望しているからである。」この言葉を聞いて、長老たちは悲しみながら立ち去った。
しかし、長老は彼らを悲しみのうちに帰らせることを望まず、彼らを呼び戻して言った。「兄弟たちよ、あなたがたは幸いである。わたしはあなたがたを羨ましく思った。あなたがたの第一の者は火の川について、第二の者は黄泉の国について、第三の者は暗闇について話された。あなたたちの心が、このようなことを思い起こす力を持っているならば、罪を犯すことはできないだろう。だが、人間にとって罰が存在する、ということを知ろうとしない頑なな心を持つわたしなどは、一体どうすればよいのだろうか。そのため、わたしはあらゆるときに罪を犯している。」そこで、彼らはひれ伏して言った。「われわれはかつて聞いていたことを、そのまま見た（詩編四七・九）。」
二〇　幾人かの者が、師父シソエスに尋ねて言った。「もし兄弟が罪に陥ったならば、一年間回心のわざをする必要があるでしょうか。」彼は言った。「その言葉は厳しい。」そこで彼らは言った。「しかし六か月くらいは。」彼は「それは多い」と答えた。そこでまた、彼らは言った。「四〇日間までは。」彼はまた「それは多い」と言った。彼らは尋ねた。「では、どうしたらよいでしょうか。兄弟が罪に陥り、その直後に愛餐が行われることになれば、彼もそれに与ることができるのでしょうか。」長老は答えた。「いや、彼は数日間、回心のわざをする必要がある。事実、わたしは、この兄弟が心から回心するならば、三日後に神は彼を受け容れてくださる、と神を信じている。」
二一　あるとき、師父シソエスがクリュスマに来ると、在俗信徒たちが彼に会いにやって来た。彼らは盛んに話したが、彼は何も答えなかった。ついに、彼らの一人が言った。「なぜ、あなたたちは長老を苦しめるのですか。長老は食事をしていません。だから話すことができないのです。」長老は答えた。「わたしは必要になったときに、食事をする。」

二二 師父ヨセフが師父シソエスに尋ねて言った。「人はどれくらいの間に、情念を取り除かねばならないでしょうか。」長老は言った。「その期間を知りたいのか。」師父ヨセフが「はい」と答えると、長老は語った。「情念がやって来たときにはいつでも、すぐにそれを断ち切れ。」
二三 ある兄弟がペトラの師父シソエスに、修行について尋ねたところ、長老は彼に言った。「ダニエルは言った。わたしはおいしいパンを食べたことがない、と（ダニエル一〇・三）。」
二四 人が師父シソエスについて語っていたところによると、彼は修屋の中に座っているときは、いつも戸を閉じていた。
二五 あるとき、アレイオス派の人々が、師父アントニオスの山地にいる師父シソエスのところに来て、正統教会の人々の悪口を言い始めた。しかし、長老は彼らに何も答えず、自分の弟子を呼んで言った。「アブラハムよ、聖アタナシオスの書物を持って来て、読んでほしい*7。」彼らが沈黙していると、彼らの異端が明らかになった。そして、長老は彼らを平安のうちに送り帰した。
二六 あるとき、師父アムーンが師父シソエスを訪ねて、ライトウからクリュスマへやって来た。そして、師父アムーンは、彼が砂漠を去って来たことを悲しんでいるのを見て、言った。「師父よ、何を悲しんでいるのですか。実際、あなたのような老人が、砂漠で何ができるでしょうか。」すると、長老は厳しく彼を見つめて言った。「アムーンよ、何を言うのか。事実、砂漠では、考えの自由さだけでわたしには満足だったではないか。」
二七　あるとき、師父シソエスは自分の修屋にいた。弟子が来て戸を叩いたので、長老は彼に叫んだ。「行け、アブラハムよ。入って来てはならない。今、ここではそんな暇はない。」
二八　ある兄弟が師父シソエスに尋ねて言った。「あなたは、なぜ師父オールとともにスケーティスを離れ、ここに住みに来たのですか。」長老は言った。「スケーティスは侵略され始めた。そこで、わたしは師父アントニオスが眠りについたことを聞き、出発して、この山地に来た。そして、ここに静寂さを見出したので、しばらく留まったのだ。」兄弟は彼に尋ねた。「どのくらいの間、ここにおられるのですか。」長老は答えた。「七二年になる。」
二九　師父シソエスは語った。「人がそなたの世話をするならば、そなたはその人に命令してはならない。」
三〇　ある兄弟が師父シソエスに尋ねて言った。「道を歩いていて、もし案内人がわたしたちを迷わせたならば、それを彼に言うべきでしょうか。」長老は「言ってはならない」と答えた。そこで、兄弟は尋ねた。「それでは、彼がわたしたちを迷わせるのを放っておくのですか。」長老は語った。「どうするというのだ。そなたは棍棒を取って、彼を叩こうとでもいうのか。わたしは、あるとき道を進んでいた兄弟たちの話を知っている。彼らの案内人は、夜に彼らを迷わせてしまった。兄弟は一二人いたが、皆、道を間違えていることを知っていた。しかし、何も言わないように闘った。朝になって、案内人は道に迷ったことに気づいて、言った。『お赦しください。道に迷ってしまいました。』すると彼らは言った。『そのことは知っていたが、われわれは沈黙を守った。』この言葉を聞いた彼は、驚いて言った。『修道者たちは死ぬまで話さないように、自分を抑えている。』そして、彼は神を賛美した。ところで、彼らは街道から一二ミリア離れたところで迷っていたのである。」
三一　あるとき、サラセン人が襲来し、師父シソエスやその兄弟から略奪して行った。彼らは何か食物を見つけるために砂漠に出て行き、長老はらくだの糞を見つけた。それを踏み潰すと、そこに大麦の粒があったので、そのうちの一粒を食べ、他の粒を手に持った。さて、兄弟が来て、長老が食べているのを見つけて、言った。「これが愛ですか。あなたは食べ物を見つけても一人で食べてしまい、わたしを呼びもしないのですか。」師父シソエスは答えた。「わたしはそなたに不正を行ったわけではない。見よ、手にそなたの分を取っておいた。」
三二　人がテーベの人、師父シソエスについて語っていたところによると、彼はアルセノエのカラモンに住んでいた。ところで、他の長老が別の集落で病気になった。それを聞いて、彼は悩んだ。というのも、彼は二日に一度断食しており、その日は食事をしない日だったからである。知らせを聞いたとき、彼は心に思った。「どうしようか。わたしが行けば、兄弟たちはきっと無理に食事をさせるだろう。でも、明日までここに留まれば、病人は死んでしまうかもしれない。それではこうしよう。あそこへ行っても、何も食べないことにするのだ。」彼は何も食べずに出発し、神の命令を果たした。

そして神のための修行を、まったく緩めることがなかったのである。
三三　師父の一人が、カラモンの師父シソエスについて語っていたところによると、あるとき、彼は眠気に打ち勝とうとして、絶壁に釣り下がっていた。しかし、天使が現れて、彼を引き離し、決してこのようなことをしないように、また、そのようなことを他の人々にしてみせないように、命じた。
三四　師父の一人が師父シソエスに尋ねて言った。「わたしが砂漠に住んでいて、蛮族がやって来てわたしを殺そうとしたとき、わたしが彼よりも強かったとしたら、彼を殺してもよいでしょうか。」長老は語った。「いけない。むしろ、彼を神にゆだねよ。というのも、人は次のように言わねばならないからだ。『自分に襲い掛かるあらゆる試練は、自分の罪のゆえに起こる。そして、それが善であるならば、これは神の摂理による。』」
三五　ある兄弟がテーベの師父シソエスに「お言葉をください」と願った。彼は答えた。「わたしはそなたに何を言うべきだろうか。わたしは新約聖書を読み、それから旧約聖書に立ち帰る。」
三六　同じ兄弟が、ペトラの司祭である師父シソエスに、テーベの人、師父シソエスが語った言葉の意味を尋ねた。すると長老は言った。「わたしは罪の中に眠り、罪の中に目覚める。」
三七　人がテーベの人、師父シソエスについて語っていたところによると、彼は教会の務めが終わると、自分の修屋に逃げ帰っていた。そこで、人は「彼には悪霊がついている」と言っていた。しかし、彼は神のわざを行っていたのである（ヨハネ一〇・二〇）。
三八　ある兄弟が師父シソエスに尋ねて言った。「師父よ、わたしは罪に陥ってしまったのですが、どうすればよいでしょうか。」長老は「立ち上がれ」と言った。兄弟は言った。「わたしは立ち上がりましたが、また罪に陥ったのです。」長老は言った。「何度でも立ち上がれ。」そこで、兄弟が「いつまでですか」と聞くと、長老は語った。「そなたが、善のうちにであれ、過誤のうちにであれ、捉えられてしまうときまでである。なぜなら人間は、見出される状態において進んでゆくからである。」
三九　ある兄弟が、長老に尋ねて言った。「どうしたらよいでしょうか。手仕事のために苦しんでいるのです。というのも、わたしはものを編むことが好きですが、それができないのです。」長老は言った。「師父シソエスが言うには、『自分を休ませるような仕事をしてはならない。』」
四〇　師父シソエスは語った。「神を求めよ。そして、神の住む場所を求めてはならない*8。」
四一　彼はさらに語った。「恥と畏れのないことは、しばしば罪をもたらす。」
四二　ある兄弟が師父シソエスに尋ねて言った。「何をすべきでしょうか。」彼は語った。「そなたが求めるべきものは、大いなる沈黙と謙遜である。というのも、聖書には『彼のうちに住む者は、幸いである』（イザヤ三〇・一八）と書かれているからだ。このようにして、そなたは立つことができる。」
四三　師父シソエスは語った。「自らを無とせよ。自らの意志を、後ろに投げ捨てよ。思い煩うな。そうすれば平安を得るであろう。」
四四　ある兄弟が師父シソエスに尋ねて言った。「情念に対して何を為すべきでしょうか。」すると、長老は語った。「われわれは各々、自分自身の欲望によって試みられる（ヤコブ一・一四）。」
四五　ある兄弟が師父シソエスに「お言葉をください」と願った。すると彼は語った。「なぜむだに語らせようとするのか。さあ、そなたが見ていることを行うがよい。」
四六　あるとき、師父シソエスの弟子である師父アブラハムが、奉仕のために立ち去った。そこで、長老は数日間、別の者に奉仕されることを望まず、こう言った。「わたしの兄弟以外の他の人を、わたしに慣れさせようとするのか。」そして、彼は弟子が帰ってくるまで、苦労を忍び、他の人を受け入れなかった。
四七　人が師父シソエスについて語っていたところによると、彼は座っているとき、大声で「何とつらいことか」と叫んだ。弟子が「父よ、どうしたのですか」と尋ねると、長老は語った。「わたしは話のできる者を一人求めているが、見出せないのだ。」

四八　あるとき、師父シソエスは師父アントニオスの山地を離れ、テーベの外側の山地に行って、そこに住んだ。しかし、そこにはアルセノエのカラモンに住むメリティオス派がいた*9。さて、ある人々は、彼が外側の山地に出て行ったのを聞いて、彼を見たいと思った。しかし、彼らは互いに言った。「どうしようか。山地にはメレティオス派がいる。長老が彼らから害を受けないことは、分かっている。ところが、われわれはといえば、長老に会おうとして、かの異端者たちの試みに陥ってしまうだろう。」そこで彼らは、異端者たちに出会わないようにするため、長老に会いには行かなかった。
四九　人々が師父シソエスについて話していたところによると、あるとき彼は病気になった。長老たちは彼の周りに座っていたが、長老が誰かと話をしていたので、彼らは尋ねた。「師父よ、何を見ているのですか。」すると彼は言った。「誰かがわたしのところに来るのが見えるので、少し回心させてもらえるよう、頼んでいる。」長老の一人が言った。「彼らがそれを許すなら、それがあなたの回心に役立つのですか。」彼は語った。「たといできなくとも、わたしは自分の魂について少し嘆こう。わたしには、それで十分だ。」
五〇　人々が師父シソエスについて話していたところによると、彼はクリュスマに来たとき、病気になった。彼が自分の弟子とともに修屋にいると、見よ、突然戸を叩く者がいた。長老はこれを知って、弟子のアブラハムに言った。「戸を叩いている者に言うがよい。わたしは山にいるシソエスであり、谷にいるシソエスである、と。」これを聞いて、その者は姿を消した。

五一 テーベの人、師父シソエスが自分の弟子に言った。「そなたがわたしの中に見ているものを言いなさい。そうしたら、わたしもそなたの中に見ているものを話そう。」弟子は言った。「あなたの心は善いのですが、少し頑固です。」すると長老は言った。「そなたは善い人だが、心が弱い。」
五二 人々がテーベの人、師父シソエスについて話していたところによると、彼はパンを食べていなかった。そこで、過越祭に兄弟たちが彼の前にひれ伏して、一緒に食事をしてくれるよう願った。彼は答えて言った。「一つのことだけをしよう。わたしがパンを食べるか、そなたたちが作ったものを食べるかだ。」彼らは言った。「パンを食べるだけにしてください。」彼はそのとおりにした。

シルアノス

一 あるとき、師父シルアノスと弟子のザカリアが、ある修道院に行った。人々は彼らが旅をする前に、少し食事をさせた。さて、彼らは出発したが、弟子は道中で水を見つけ、飲もうとした。長老は言った。「ザカリアよ、今日は断食日だ。」彼は答えた。「父よ、わたしたちは食事をしたではありませんか。」長老は語った。「われわれが食事をしたのは愛のわざだ。子よ、われわれは自らの断食を固く守ろう。」
二 またあるとき、彼は兄弟たちとともに座っていたところ、脱魂状態になって、うつぶせに倒れた。かなり時が経ってから、彼は立ち上がって泣いた。そこで兄弟たちは、「父よ、どうしたのですか」

と尋ねたが、彼は黙って泣いていた。しかし、彼らが強いて語らせるので、彼は言った。「わたしは審判に心を奪われ、そこでわれわれの仲間の多くが罰を受けに行くのを見、他方、多くの在俗信徒が天の王国に行くのを見た。」そして、長老は悲しみ、自分の修屋から離れようとはしなかった。外に出るように強いられると、顔を頭巾で覆って言うのであった。「どうしてわたしは、何の役にも立たないこの一時の光を見ようとするのであろうか。」

三　また別のとき、彼の弟子であるザカリアが入ってくると、彼が両手を天に上げたまま、脱魂状態にあるのを見た。ザカリアは扉を閉めて出て行った。第六時と第九時に来てみると、同じ状態であった。第一〇時に、彼が戸を叩いて入ると、長老が静寂さを保っているのを見て、彼に言った。「父よ、今日はどうされたのですか。」すると彼は答えた。「子よ、今日わたしは病気だった。」しかし、弟子は彼の足を捉えて言った。「何を見たかを話してくださらない限り、あなたを放しません。」長老は答えた。「わたしは魂を天に奪われ、神の栄光を見た*10。そして、さっきまでそこに留まっていたが、今解放されたのだ。」

四　あるとき、師父シルアノスはシナイ山に住んでいた。弟子ザカリアが奉仕に出かけるとき、長老に言った。「庭に水を撒いてください。」そこで、長老は外に出て、目を頭巾で覆い、自分の足だけを見るようにしていた。そのとき、一人の兄弟がやって来て、遠くから彼を見、彼のしていることを観察した。彼は長老に近づいて言った。「師父よ、なぜあなたは、頭巾で顔を隠しながら庭に水を撒くのか、お教えください。」長老は彼に言った。「子よ、それはわたしの目が木を見ないためであり、また心がそれらに平安を妨げられないようにするためである。」
五　ある兄弟が、シナイ山の師父シルアノスのもとを訪ねた。そして、兄弟たちが働いているのを見て、長老に言った。「『朽ちる食物のために働くな』（ヨハネ六・二七）、『マリアはよい方を選んだ（ルカ一〇・四二）』とあります。」長老は自分の弟子に言った。「ザカリアよ、この兄弟に書物を与え、何もない修屋に居らせよ。」さて、第九時になったとき、この兄弟は、自分を食事に呼ぶために人が遣わされるだろうと、入口を見つめていた。しかし、誰も呼びに来なかったので、立ち上がり、長老のところに行って、彼に言った。「師父よ、今日兄弟たちは食事をしなかったのですか。」長老は「した」と答えた。兄弟が「なぜわたしを呼んでくれなかったのですか」と尋ねると、長老は答えた。「そなたは霊的な人で、このような食物を必要としないからだ。わたしたちのような肉的な人間は食べることを望み、そのために働く。だが、そなたはよい方を選び、一日中読書をして、肉的な糧をとることを望まない。」この言葉を聞いて、兄弟はひれ伏して言った。「師父よ、お赦しください。」長老は彼に言った。「全くのところ、マリアはマルタを必要としている*11。事実、マリアはマルタのおかげで褒められたのである。」
六　あるとき、人が師父シルアノスに尋ねて言った。「父よ、これほどの賢明さを得るために、どのような修行をされたのですか。」彼は語った。「わたしは、神を怒らせるような考えが心に生じたままにはしなかった。」

七　人々が師父シルアノスについて話していたところによると、彼が修屋に隠れ住んでいたとき、わずかなエジプト豆を持っていたが、その豆のつたで、百個のふるいを作る仕事をした。ある人が、パンをたくさん積んだろばを連れて、エジプトからやって来た。彼は扉を叩き、修屋の中にパンを下ろした。そこで長老はふるいを取ってろばに積み、その人を送り帰した。
八　人々が師父シルアノスについて話していたところによると、彼の弟子のザカリアは、彼を置いて外に出、兄弟たちを連れて、庭の囲いを取り払い、それを大きくした。長老はそのことを知り、修道者用の毛皮を着て外に出、兄弟たちに言った。「わたしのために祈ってほしい。」彼らは長老を見ると、その足元にひれ伏して言った。「父よ、どう思っておられるのか、仰ってください。」彼は弟子たちに向かって言った。「そなたたちが囲いをもとの場所に戻さないうちは、中には入らず、毛皮も脱がない。」彼らは再び囲いを置き換えて、もとのようにした。そこで、長老は自分の修屋に戻った。
九　師父シルアノスは語っていた。「わたしは奴隷で、わたしの主人はわたしに言った。『わたしの仕事をせよ、そうすればおまえを養おう。どのようにしてかは、わたしに尋ねるな。それがわたしの持ち物であろうと、わたしが盗んだり借りたりしようと、尋ねてはならない。ただ働け。その報酬としておまえを食べさせてやろう。』そこで、わたしは働いたときはその報酬で食べ、働かないときは施しで食べている。」
一〇　彼はさらに語った。「自分のわざよりも大きな名声を持つ人に、災いあれ。」

一一 師父モーセは師父シルアノスに尋ねた。「人は日毎にはじめに帰ることができるでしょうか。」長老は語った。「もし人が勤勉ならば、どんなときでもはじめに帰ることができる*12。」
一二 師父の一人が話したところによると、かつてある人が師父シルアノスに出会ったが、彼の頭と体全体が天使のように輝いているのを見て、顔を伏せた。また、彼が言うには、他の幾人かもこの賜物を与えられているということだった。

シモン

一 あるとき、長官が師父シモンに会いに来た。師父はこれを聞き、帯を締めて、しゅろを刈り込むために、その木に登った。到着した人々は叫んだ。「長老よ、隠修者はどこにいますか。」彼は答えた。「隠修者はここにはいない。」この言葉を聞いて、彼らは立ち去った。
二 またあるとき、別の長官が彼に会いに来た。聖職者たちはその前に長老のもとを訪れ、彼に言った。「師父よ、準備をしてください。あなたについて聞き及んだ人が、あなたから祝福を受けるためにやって来ます。」長老は言った。「分かった、自分で準備しよう。」そこで、彼は継ぎの当たった服を着、手にパンとチーズとを持って、入口のところへ行き、座って食事をした。長官は自分の従者たちとともにやって来て、彼を見、軽蔑して言った。「これが噂に聞いていた隠修者か。」そして、直ちに引き返して行った。

ソパトロス

ある人が師父ソパトロスに尋ねて言った。「師父よ、掟を与えてください。わたしはそれを守ります。」そこで彼は語った。「修屋に女を入れてはならない。外典を読んではならない。そして、人間における神の像について言挙げしてはならない。というのも、それは異端ではないが、二つの学派の無学で好戦的な説である。この問題は、どんな被造物によっても理解されることはない。」

サルマタス

一　師父サルマタスは語った。「罪を犯さず、自分は正義を行っていると思っている人よりも、罪を犯してそのことを認め、回心する人のほうを、わたしは好む。」

二　人々が師父サルマタスについて話していたところによると、彼は師父ポイメンの勧めによって、しばしば四〇日間の断食をしていた。こういう日数は、彼の前を何でもないことのように過ぎ去った。そこで、師父ポイメンが彼のところに来て、言った。「このような労苦を果たすことによって、何を見出したか、言ってみよ。」すると彼は答えた。「とくにありません。」師父ポイメンは言った。「そなたが答えない限り、わたしはそなたを放さない。」そこで、彼は答えた。「わたしはただ一つのことを見出しました。わたしが眠気に向かって去れというと、それは去り、来いというと、それは来ます。」

三　ある兄弟が師父サルマタスに尋ねた。「もろもろの想念がわたしにこう言います。『働かずに、食べ、飲み、眠れ』と。長老は彼に言った。「飢えたときには食べ、渇いたときには飲み、眠いときには眠れ。」そのとき、たまたま別の長老がその兄弟のところに来たので、兄弟は師父サルマタスが言ったことを話した。その長老は彼に言った。「師父サルマタスがそなたに語ったことはこうである。もはや耐えられないほど、大いに飢え渇いたならば、食べ、飲め。非常に長い間徹夜して、眠かったら、眠れ。これこそ長老があなたに言おうとしたことだ。」
四　同じ兄弟がさらに師父サルマタスに尋ねた。「わたしの想念がこう言います。外に出て、兄弟たちを訪れよ。」長老は語った。「それらの考えに、耳を傾けてはいけない。むしろこう言え。見よ、最初はおまえの言うことを聞いたが、いまからは聞くことはできないと。」

セラピオン

一　あるとき、師父セラピオンはエジプトの村を通りかかった。そこで彼は、ある娼婦が自分の小屋の中に立っているのを見た。長老は彼女に言った。「今晩わたしを待っていなさい。あなたのところに来て、今夜あなたのそばで過ごしたいから。」彼女は「いいでしょう、師父よ」と言った。彼女は支度をし、寝台に敷布を掛けた。さて、夜になって、長老は彼女のところへやって来て、小屋に入り、尋ねた。「寝床の準備をしたか。」彼女は「はい、師父よ」と答えた。彼は扉を閉めて言った。「われわれには規則がある。それが終わるまで、少し待て。」こうして、長老は時課祈禱を始めた。まず詩編を唱え始め、各詩編ごとに彼女のために祈った。彼女が回心して救われるように、神に願ったのだ。そして、神はそれを聞き入れられた。女は震えながら立っており、長老のそばで祈っていた。長老が全詩編を唱え終わったとき、女は地に倒れた。続いて長老は使徒の書を読み始め、その多くの部分を読み、そのようにして時課祈禱を終わった。

そこで、彼女は悔恨の情に打たれ、長老が彼女のところに来たのは、罪を犯すためではなく、彼女の魂を救うためであったことを悟り、彼の前にひれ伏して言った。「師父よ、どうか神の御旨に適うところまで、わたしを導いてください。」そこで、長老は彼女を乙女の修道院に導き、彼女を教母に預けて言った。「この姉妹を受け容れてください。彼女には、他の姉妹たちに対するような束縛や命令を与えず、欲しがるものを与え、したいことをすることを許してください。」すると、幾日か経って彼女は言った。「わたしは罪の女です。二日に一度だけ、食事をしたいのです。」さらに数日後、彼女は言った。「わたしには多くの罪があります。四日に一度食事をしたいのです。」さらに数日後、彼女は教母に言った。「わたしは自分の不正によって神を大変悲しませたので、どうかわたしを修屋に入れて閉じ込め、通気孔からわずかのパンと手仕事を与えてください。」教母はそのとおりにした。そして、彼女は生涯の残りの間、神の御旨に適う者となった*13。

二　ある兄弟が師父セラピオンに、「お言葉をください」と願った。長老は言った。「そなたに何が言えようか。そなたはやもめとみなしごの財産を取り上げ、それをこの窓のところに置いた。」事実、彼は窓にたくさんの本を見たのである。

三　師父サラピオンは語った。「皇帝の兵士たちは、皇帝の前に立っているときは、左右を眺めることができない。それと同じように、人もまた、神の御前に立ち、つねに畏れのうちに神の御顔を注視するならば、敵を恐れることはあり得ない。」
四　ある兄弟が師父セラピオンのもとを訪れた。長老は習慣に従って祈りをするように、彼を促した。しかし兄弟は、自分は罪人で修道服にふさわしくないからと言って、承知しなかった。さて、長老は彼の足を洗おうとしたが、やはり同じ言葉を言って、受けなかった。そこで、長老は彼に食事をさせ、自分も食べ始めた。そして彼に忠告して言った。「子よ、益を得たいと思うなら、自分の修屋に辛抱づよく留まり、自分自身と手仕事とに目を向けよ。事実、外に出ることは、修屋に留まることほどの益を与えないのだ。」これを聞いて、兄弟は痛いところを突かれ、長老が気づかずにおれないほど、顔色を変えた。そこで、師父セラピオンは彼に言った。「いままでそなたは、自分は罪人であると言い、生きるに値しないと自分を責めていた。ところが、わたしが愛をもって忠告すると、そなたはそれほど怒るのか。それゆえ、謙遜であろうと思うならば、他人からもたらされる教訓を気高く担い、怠惰な言葉が自分自身を支配しないようにせよ。」これを聞いて、兄弟は長老の前にひれ伏し、大いに益を受けて帰って行った。

セリノス

一　人々が師父セリノスについて話していたところによると、彼は大いに働き、日に二個のビスケットを食べていた。彼の仲間で、同じく大いなる苦行者だった師父ヨブが、彼のもとにやって来て、言った。「わたしは自分の修屋では、自分の実践を守ります。しかし、外に出ると、兄弟たちに合わせます。」そこで師父セリノスは語った。「偉大なる徳とは、自分の修屋で自分の規則を守ることではなく、自分の修屋から出たときに、いっそうそれを守ることである。」
二　師父セリノスは語った。「わたしは生涯を、刈り入れ、縫い物、編み物で過ごしたが、このようなすべてのことで、神の御手がわたしを養わなかったならば、わたしは決して自分を養うことはできなかっただろう。」

Σ　巻

スピュリドン

一　スピュリドンについて言うと、彼は人間の牧者となるに相応しいほどの、聖性を有する羊飼いであった。事実、彼はキュプロスのトリムチュスという町で、主教に選ばれた。しかし、彼は非常に謙遜であったので、主教でありながら、羊の番をもしていた。ところで、真夜中にこっそりと羊小屋に入って来た盗賊たちが、羊を盗み出そうとした。しかし、牧者を救う神は、羊をも救った。というのも、目に見えない力によって、盗賊たちは羊小屋の近くで縛られたからである。さて、夜明けになった。羊飼いの主教は、羊のところにやってきた。彼は後ろ手に縛られている盗賊たちを見て、起こったことを理解した。主教は祈りをしてから、盗賊たちを解いた。そして、不正に生きるより、義をもって労苦するよう、彼らに多くの忠告や勧告をし、一匹の雄羊を与えて送り帰した。彼は機知を働かせて、こう言った。「空しく眠れぬ夜を過ごした、と考えてはならない。」
二　さらに人々が話していたところによると、彼には乙女の娘がいたが、彼女は父親と同じく敬虔な者であり、名をエイレネーと言った。彼女の知り合いが、彼女に高価な装飾品を預けた。そこで、彼女は間違いがないように、預かり物を地中に隠した。しかし、間もなく彼女は死んでしまった。後に、彼女に装飾品を預けた人がやって来た。が、彼女がいないのに気づき、父親である師父スピュリドンを責め、また脅したり、哀願したりした。長老はこの人の被った損害を自分のものとみなし、娘の墓に行き、約束された復活が、前もって与えられるよう、神に願った。彼の希望は空しくはされなかった。というのも、乙女は命を取り戻し、父親に現れたからである。彼女は装飾品を隠した場所を彼に示し、再び墓に戻った。長老は預かり物を取って、それを返した。

サイオ

人々が師父サイオと師父ムエについて話していたところによると、彼らは一緒に生活していた。師父サイオは非常に従順な人であったが、また大変頑固な人でもあった。彼を試そうとして、長老が「行け、盗んで来い」と言うと、彼は従順によって兄弟のものを盗み、万事において主に感謝していた。しかし、長老はそれらを持って行って、ひそかに返していたのである。あるとき、彼らが道を歩いていると、サイオは疲れ果ててしまった。師父は彼を倒れたまま放っておき、兄弟たちのところに行って話した。「行ってサイオを運んで来い。彼は倒れているから。」彼らは行って、彼を運んできた。

サラ

一　人々が教母サラについて話していたところによると、彼女は一三年間、邪淫の悪霊に激しく闘いを挑まれてきたが、決して闘いが除かれるように祈ったことはなく、むしろこう言っていた。「神よ、わたしに力をお与えください。」
二　あるとき、同じ邪淫の霊がいっそう激しく彼女を襲い、世の虚栄を彼女に示した。しかし、彼女から神への畏れと苦行とが欠けることはなかった。ある日、祈るために小さな露台に上ると、邪淫の霊が体をもって現れ、彼女に言った。「サラよ、おまえはわたしに打ち勝った。」彼女は答えた。「打ち勝ったのはわたしではなく、わたしの主キリストです*14。」
三　人々が彼女について話していたところによると、彼女は六〇年の間、川のほとりで暮らしたが、川を見ようとして身を屈めることはなかった。
四　また別のとき、偉大な隠修者である二人の長老が、ペルシオンの地方から彼女のもとにやって来た。途中で彼らは互いに言った。「この老女を謙遜へと導こう。」そして、彼らは彼女に言った。「見よ、女である自分のところに隠修者がやって来ると言って、そなたの考えが思いあがらないように気をつけよ。」教母サラは言った。「わたしは、本性上は確かに女ですが、考えにおいてはそうではありません。」
五　教母サラは語った。「もしすべての人が、わたしに同意してくれるよう神に祈ったならば、わたしは各々の人の戸口にひれ伏すことになるでしょう。わたしはむしろ、わたしの心がすべての人に対して清らかであるように祈ります。」
六　彼女はさらに語った。「わたしは上るために梯子に足をかけますが、上る前に眼前に死を置きます。」
七　さらに彼女は語った。「人に施しをすることはよいことです。というのもそれは、人を満足させることによって、さらには神を満足させることにもなるからです。」
八　あるとき、スケーティスの人々が教母サラのもとを訪れた。彼女は彼らに、一籠の果物を贈った。しかし、彼らはよい果物を残して、傷んだのを食べた。そこで、彼女は言った。「あなたがたはまさしくスケーティスの人です。」

シュンクレティケ

一　教母シュンクレティケは語った。「神に近づく人々にとっては、初めは多くの闘いと労苦がありますが、やがて言葉に言い表せぬほどの喜びが生じます。事実、火を灯そうとする人々が、初めは燻されて涙を流し、それから求めていたものに達するように、わたしたちも涙と苦しみとともに、神的な火を自らのうちに灯さなければなりません。というのも、『神はわれわれを焼き尽くす火である』（ヘブライ一二・二九）と言われているからです。」
二 彼女はさらに語った。「修道者としての身分を受けたわたしたちは、完全な節制を守らなければなりません。事実、在俗の信徒においても節制は実行されますが、そこには、あらゆる他の感覚によって罪を犯させる無節制が混じっているように思われます。実際、彼らは不適切にものを見、だらしなく笑います。」
三 彼女はさらに語った。「薬のひどい苦さが有毒な虫を追い出すように、断食を伴う祈りは、みだらな考えを追い払います。」
四 彼女はさらに語った。「空しい快楽を求めるあまり、何か役立つところがあるかのように、世間的な富の贅沢さによって騙されてはなりません。世間の人々は料理のわざを尊重しますが、あなたは断食と粗末な食物とでやっていきなさい。事実、こう言われています。『満腹している魂は、蜂の巣をもあざける。』パンに満腹してはいけません。そうすれば、ぶどう酒も欲しくなくなるでしょう。」
五 人が至福なるシュンクレティケに、何も所有しないことは完全な善であるか、と尋ねた。すると彼女は語った。「それができる人々にとっては、それは完全な善です。なぜなら、それを耐え忍ぶ人々は、確かに肉体において苦しみますが（一コリント七・二八）、魂においては安息を得るからです。事実、人が粗い上衣を足で踏んだり強く絞ったりして洗濯するのと同じで、強い魂は自発的な貧しさによって、さらに強くなるものです。」
六　彼女はさらに語った。「あなたが共住修道院にいるならば、場所を変えてはなりません。それは大きな害となるからです。事実、自分の卵から離れる鳥が、それを腐らせて駄目にしてしまうように、修道者や乙女が場所を転々とするならば、彼らは信仰に冷えて、死ぬことになるでしょう。」
七　彼女はさらに語った。「悪魔のわなは沢山あります[*15]。彼は貧しさによって人の魂を動揺させなかったとすると、そのときは、富を餌としてもたらします。暴力と侮辱によって力を振るうことができなかったとすると、そのときは、称讃と名誉とを与えます。健康によって打ち負かされると、体を病気にさせます。快楽によって欺くことができなかったら、意に反した苦しみによって、迷わせようと試みます。事実、悪魔は人々を落胆させて、神に対する彼らの愛を乱すために、神の許しによって重病を与えます。彼は非常な高熱によって体をぼろぼろにし、耐えがたい渇きによって体を苦しめます。罪人としてこれらすべてを被るならば、来世の苦罰、永遠の業火、審判の責苦を思い起こしなさい。そうすれば、今生じていることに対して絶望しないでしょう。
神が訪れてくださることを喜び、次の明るい言葉を口にしなさい。『主はわたしを厳しく鍛えたが、死には渡さなかった』（詩編一一七・一八）。あなたは鉄であり、火によって錆を落とします。義人であるあなたが、もし病気になるならば、大なるものからより大なるものへと前進するでしょう。あなたは黄金ですが、火によってさらに洗練されるでしょう。あなたの体に悪魔の使いが与えられたのですか（二コリント一二・七）。それなら喜んで、あなたが似るようになったお方を見なさい（二コリント三・一八）。というのも、あなたはパウロの運命に与るにふさわしい者とされたからです。あなたは熱によって試され、寒さによって鍛えられるのですか。むしろ聖書はこう述べています。『われわれは火や水の中を通ったが、あなたは後に、われわれを憩いの場所に導いた』（詩編六五・一二）。第一のものがあなたに来たら、第二のものを予期しなさい。徳を行いながら聖なる言葉を叫びなさい。事実、このように言われています。『わたしは物乞いであり、苦しんでいる』（詩編六八・三〇）。あなたはこの二重の苦しみによって、完全なるものとなるでしょう。なぜなら、次のように述べられているからです。『悩みのときに、あなたはわたしを押し広げた』（詩編四・二）。これらの試練において、わたしたちは自分の魂を鍛えなければなりません。わたしたちの目の前には、敵がいるからです。」
八　彼女はさらに語った。「病気がわたしたちを苦しめるとき、病気と体の苦痛のために、声に出して詩編を唱えることができなくても、悲しまないようにしましょう。というのも、これらすべては、諸々の欲望を浄める効果があるからです。事実、断食し、固い寝床に寝ることは、快楽に抗するため、わたしたちに命じられているのです。だから、病がそれらを鈍くするならば、その命令の言葉は無駄になります。偉大な苦行とは、病にあって持ちこたえ、神に感謝の賛歌を捧げることだからです。」
九　彼女はさらに語った。「断食をしながら、病気のことを言ってはいけません。というのも、断食しない人も、しばしば病気になるからです。あなたは何か善を行い始めたのですか。敵が道を断つとしても、退いてはいけません。敵はあなたの忍耐によって、力を失うからです。航海に乗り出す人々は、まず順風に会います。彼らは帆を広げますが、ついで逆風に遭っても、水夫は逆風のために船を見捨てることはありません。彼らはしばらくの間静かにし、あるいは大波と戦って、さらに航海を続けます。われわれも同様で、逆風に遭うときは、帆の代わりに十字架を掲げましょう。そうすれば、無事に航海を終えるでしょう。」
一〇　彼女はさらに語った。「海の苦難と危険を冒して、感覚的な富を集める人々は、多くのものを手に入れても、さらに手に入れようと望みます。彼らは自分の今所有している宝を無と考え、まだ所有していないものへと手を伸ばします。しかし、自分の求めているものをまったく所有していないわたしたちは、神への畏れゆえに、何ものをも獲得しようとは思いません。」
一一　彼女はさらに語った。「ファリサイ派の者とともに罰されないために、徴税人に倣いなさい（ルカ一八・一〇—一四）。また、あなたの心の険しさを水の泉に変えるために、モーセの優しさを選びなさい（詩編一一三・八）。」
一二　彼女はさらに語った。「実践的な生活によって養成されなかった人が、人に教えることは危険です。事実、腐った家を持ち、そこに客を迎える者がいたとすると、建物の崩壊によって彼らを傷付けるでしょう。同様に、まず自分自身が形成されなかった者は、彼らのもとにやって来る人々を破滅させます。彼らは言葉によって人々を救いへと招いたのですが、自分の行いの悪によって、むしろ闘士たちに不正を為すのです。」
一三　彼女はさらに語った。「怒らないことは良いことです。しかし、怒りが生じたら、この感情に対して、一日の猶予もあってはなりません。使徒は、『日が沈むまで怒りを保つな（エフェソ四・二六）』と述べているからです。ところが、あなたは全生涯が終わるまで怒りを保っています。なぜあなたは、自分を悲しませた人を憎むのですか。不正を行うのは彼ではなくて、悪魔です。病気を憎みなさい。しかし、病人を憎んではなりません。」
一四　彼女はさらに語った。「闘士たちは進歩するほど、より強い敵に立ち向かうことになります。」
一五　彼女はさらに語った。「苦行は、敵から出てくるものもあって、事実、これを行う者は敵の弟子です。それでは、どのようにしてわたしたちは、神的で高貴な苦行を、暴君的で悪魔的な苦行と区別すべきでしょうか。それは、適切な程度か否かによって、明らかにされます。一度だけの断食の規則に、つねに従いなさい。四日も五日も断食してはなりません。そんなことをすると、次の日食事をたくさん取ってしまい、この断食を駄目にしてしまいます。事実、過度はつねに破滅をもたらします。若くて健康なときに断食をしなさい。なぜなら、病弱とともに老年がやってくるからです。それゆえ、できるときに、食べ物の宝を積みなさい。できなくなるときに平安を見出すためです。」

一六　彼女はさらに語った。「共住修道院にいるときは、苦行よりもむしろ従順を選びましょう。というのも、苦行は傲りを、従順は謙遜を教えるからです。」
一七　彼女はさらに語った。「わたしたちは自分の魂を、分別でもって導かねばなりません。共住修道院にいるときには、自分の利益を求めず（一コリント一三・五）、自分の判断で仕えず、信仰に基づいて師父に従いなさい。」
一八　彼女はさらに語った。「聖書にはこう書かれています。『蛇のように聡く、鳩のように素直であれ（マタイ一〇・一六）。』蛇のようであるということは、悪魔の攻撃と姦計を忘れないことを意味します。というのも、似たものはすぐに似たものを認めるからです。他方、鳩の素直さとは、行いの清さを示しています。」

T《タウ》巻

ティトエス

一 人々が師父ティトエスについて話していたところによると、彼は祈るために立っているとき、すぐに腕を下げることなく、彼の思考は上に上げられていた。が、兄弟たちとともに祈る際には、自分の思考が捉えられないように、また、いつまでもそうしないように、急いで腕を下げた。
二 師父ティトエスは語った。「異邦人であるとは、人が自分の口によって支配されるということだ。」
三 ある兄弟が師父ティトエスに尋ねた。「どのようにしてわたしの心を見張ればよいでしょうか。」長老は語った。「われわれは、自分の口と腹とを開けたままにしておいて、どうして自分の心を見張ることができようか。」
四 師父マトエスは師父ティトエスについてこう語った。「何事においてであれ、誰も彼のことを悪く言うことはできない。師父ティトエスは、あたかも純金が秤の上にあるような人である。」

五　師父ティトエスはかつてクリュスマに住んでいたが、そこで彼は、考えを巡らせて弟子に言った。「子よ、しゅろに水をまけ。」弟子は答えた。「師父よ、われわれはクリュスマにいるのですよ。」長老は言った。「クリュスマで何ができよう。わたしをもう一度、山地へ連れて行ってくれ。」
六　あるとき、師父ティトエスは座っていたが、彼のそばに一人の兄弟がいた。長老はそれと気付かずにため息をついた。そして、兄弟がそばにいるとは思わなかった。というのも、彼は脱魂状態にあったからである。そこで、長老は兄弟にひれ伏して言った。「兄弟よ、赦してほしい。わたしはまだ修道者になっていない。あなたの前でため息をついたからだ。」
七　ある兄弟が師父ティトエスに尋ねて言った。「謙遜へ通じる道とはどのようなものでしょうか。」長老は語った。「謙遜への道とは、自らをよく律し、祈り、自分がすべての被造物の下にあると考えることだ。」

テモテ

司祭である師父テモテは、師父ポイメンに尋ねて言った。「自分の身を売って、その報酬で施しをしている女が、エジプトにいます。」すると、師父ポイメンは言った。「彼女は邪淫の中に留まらないだろう。彼女の中に信仰の実りが見られるからだ。」ところで、たまたま司祭テモテの母が、彼のもとにやって来た。彼は母に尋ねた。「あの女はやはり邪淫のうちに留まっていますか。」母は答えた。

「ええ、彼女には数名の情夫がいますが、また施しもしています。」そこで、師父テモテはこのことを師父ポイメンに告げた。すると、師父ポイメンは言った。「彼女は邪淫のうちに留まらないだろう。」さて、師父テモテの母が、またテモテのところにやって来て、言った。「あなたに祈ってもらうために、かの娼婦がわたしと一緒に来たがっていたことを知っていますか。」これを聞いて、彼はそのことを師父ポイメンに告げた。すると、師父ポイメンは言った。「むしろ自分で出かけ、彼女に会うがよい。」そこで、師父テモテは出かけて、彼女に会った。彼女は彼を見、彼から神の言葉を聞いて、悔恨の情に打たれ、嘆きながら言った。「わたしは今日から神にしっかりと寄りすがり、もはや売春に身を任せません。」そして、直ちに修道院に入り、神の御旨に適う者となった*1。

Υ《ユプシロン》巻

ヒュペレキオス

一 師父ヒュペレキオスは言った。「獅子がろばにとって恐ろしいものであるように（シラ一三・一九）、試練を経た修道者は、諸々の貪欲な想念にとって恐ろしいものだ。」
二 彼はさらに語った。「断食は修道者にとって、罪に対する歯止めである。これを投げ捨てる者は、盛りのついた馬のようなものになる（エレミア五・八）。」
三 彼はさらに語った。「怒ったとき、自分の舌を制しない者は、情念をも制しない。」
四 彼はさらに語った。「兄弟たちを中傷して肉を食べないより、肉を食べ、ぶどう酒を飲むほうがよい。」
五 彼はさらに語った。「蛇はささやくことで、エヴァを楽園から追い出した（創世記三・一―三）。それゆえ、隣人を中傷する者は、蛇に似ている。彼はその言葉を聞く者の魂を滅ぼし、自分の魂をも守らないからだ。」
六　彼はさらに語った。「自発的な清貧は修道者の宝である。兄弟よ、天に宝を積め[1]。それは、あなたの安息のときに無限となるからだ。」
七　彼はさらに語った。「あなたの思慮はつねに天の王国になければならない[2]。そうすれば、速やかにそれを遺産として受けることになろう。」
八　彼はさらに語った。「従順は修道者の高貴な飾りである。従順を持つ者は、神に聞き入れられ、十字架につけられた方のもとに、親しみをもって立つ。というのも、十字架につけられた主は、死に至るまで従順であったからだ（フィリピ二・八）。」

Φ《ファイ》巻

フォーカス

一　師父フォーカスは、エルサレムの師父、院長テオグニトスの共住修道院にいたが、次のように語った。「わたしがスケーティスに住んでいたとき、ヤコブという若い師父がケリアの人々の中にいたが、彼は肉的な父を、霊的な父ともしていた。ところで、ケリアには二つの教会があった。一つは彼が属していた正統教会であり、もう一つは離教者の教会であった。師父ヤコブは謙遜の恵みを持っていたので、正統教会の者からも、離教者からも、すべての者から愛されていた。そこで、正統教会の者が言った。『師父ヤコブよ、離教者たちがあなたを迷わせたり、彼らの交わりに引き込んだりしないように注意してほしい。』また、同様に離教者たちも言った。『師父ヤコブよ、キリストの神人両性論者たち*1と交わると、あなたの魂を滅ぼしてしまうことを知りなさい。彼らはネストリオス派であり、真理を中傷しているからである。』純粋な師父ヤコブは、両派から来る言葉に苦しみ、途方に暮れて神に嘆願した。彼は死に赴くかのように、埋葬衣を着て、集落の外の静寂な修屋に身を隠した。事実、エジプトの師父たちは、聖なる修道服着衣のときに与えられる小修道服と頭巾とを、死ぬまで守る習慣がある。彼らはこれらを身に着けて埋葬されるのだが、主の日の聖なる交わりのときのみ、それを身に着け、後ですぐにしまうのである。さて、彼はその修屋を立ち去り、神に願い、断食のために弱りきって地に倒れ、そのまま横たわっていた。彼はこのような日々、とくに思いにおいて悪魔から苦しめられたという。四〇日後に、一人の少年がうれしそうに彼のそばにやって来るのを見たが、少年は言った。『師父ヤコブよ、ここで何をしているのか。』ヤコブは直ちに光に照らされ、彼の姿を見て、力を取り戻して言った。『主よ、あなたはわたしがどうしているのかをご存じです。ある人々はわたしに、教会を捨ててはならない、と言い、他の人々は両性論者たちはあなたを迷わせている、と言います。それで、わたしは途方に暮れ、どうしたらよいかわからず、そういうわけでここに来たのです。』主は彼に答えた。『おまえが今いるところでよい。』この言葉を聞くと、彼は直ちに、カルケドン公会議（四五一年）を支持する聖なる正統教会の門前に戻った。」
二　師父フォーカスはさらに語った。「あるとき、スケーティスを通ると、師父ヤコブは邪淫の悪霊と激しく争っていた。危機に瀕した彼は、わたしのところに来て、自らのことについて言った。『二日の後、わたしはどこかの洞窟に隠修します。ですから、主によってお願いします。このことを誰にも、わたしの父にも話さないでください。しかし、四〇日数えて、その日が過ぎたならば、どうかわたしに聖体を持ってきてください。わたしが死んでいるのを見つけたら、埋葬してください。生きていたら、聖体を授けてください。』この言葉を聞いて、四〇日経ったとき、わたしは聖体と新鮮なパンと少しのぶどう酒とを持って、彼のところに行った。洞窟に着くやいなや、彼の口から出るひどい悪臭を感じて、わたしは自分に言った。『この至福なる者は、生きることをやめたのだ。』しかし、彼に近づくと、彼が半死半生でいるのを見出した。彼はわたしを見ると、やっとわずかに右手を動かした。この手のしぐさで、彼は聖体を受けたいという合図をしたのである。わたしは彼に、『持っている』と言った。そして、彼の口を開けようとしたが、口は固く閉ざされていた。わたしはどうしてよいかわからず、砂漠に出て、茂みから小枝を見つけて来た。大変苦労して、やっと少し彼の口を開けることができた。そこで、尊い御血と、できるだけ小さく裂いた聖体の小片を入れた。彼は聖体を拝領して、力を取り戻した。しばらくして、わたしは普通のパンの小片を濡らして与えた。それからまた、しばらくして、彼が食べられるだけを与えた。このようにして、神の恵みにより、一日経つとわたしとともに戻った。彼は神によって邪淫の有害な情念から解放されて、自分の修屋に入ったのである。」

フィリクス

ある兄弟たちが、自分たちと一緒に数人の在俗信徒を連れて、師父フィリクスに会いに来た。そして、彼に「お言葉をください」と願ったが、長老は沈黙を守っていた。しかし、彼らが長いこと願ったので、兄弟たちに言った。「言葉が聞きたいというのか。」彼らが「はい、師父よ」と言うと、彼は語った。「今はもう、一つの言葉もない。かつて兄弟たちが長老に尋ね、語られたことを彼らが実行していたときには、神は話す方法を与えておられた。しかし今では、人は尋ねても、聞いていることを実行しないから、神は長老たちから言葉の賜物を奪った。そして、彼らはもはや話すべきことを見出さない。それを実行する者がいないからである。」この言葉を聞いて、兄弟たちはため息をつき、言った。「師父よ、われわれのために祈ってください。」

フィラグリオス

聖人の一人でフィラグリオスという者がいたが、彼はエルサレムの砂漠に住み、自分のパンを得るために、労苦して働いていた。彼が自分の手仕事で作った物を売るために、市場に立っていると、ある人が金のぎっしり入った財布を落とした。長老はこれを見つけ、その場に留まって言った。「財布をなくした人が来るはずである。」すると、見よ、泣きながらやって来る人がいた。長老は彼をわきへ連れて行き、財布を渡した。すると、彼は長老を捉えて離さず、金の一部を渡そうとした。しかし、長老はそれを望まなかった。そこで、彼は大声で叫んだ。「神の人を、彼が行ったことを、来て見よ。」しかし、長老は密かに逃げ、褒められることがないよう、町から出て行った。

フォルタス

師父フォルタスは語った。「もし神がわたしを生かそうとお望みなら、神はいかにわたしを扱うかを知っておられるだろう。しかし、望まれないなら、わたしの生命が何になろう。」事実、彼は病床にあって、誰からも物を受け取らなかった。彼はこう言っていた。「人が何かをわたしのところに持って来たとき、それが神のためではなかったら、わたしは彼に与える物を持たないし、その人は神から報いを受けることもない。というのも、彼は神のために物を持って来るのではないからだ。そこで、与え主は裏切られる。事実、神により頼み、神のみを見つめる人々は、たとい数限りなく不正なことを蒙っても、まったくこれを不当としないほど、確固としていなくてはならない。」

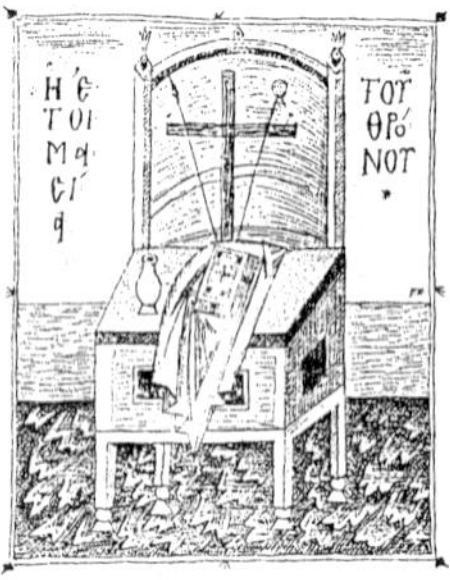

X《カイ》巻

コーマイ

師父コーマイについて人々が話していたところによると、彼は死に臨んで、息子たちにこう語った。

「異端者たちと一緒に暮らしてはならない。身分の高い人々と知り合いになるな。おまえたちの手は物を集めるために広げられてはならず、むしろ物を与えるために広げられなければならない。」

カイレモン

人々がスケーティスの師父カイレモンについて話していたところによると、彼の洞窟は教会から四〇ミリア、沼地と水場から一二ミリア離れたところにあった。そして彼は、手仕事を自分の洞窟に持ち込むときは、二つの容器を別々に運び、それから座して、静寂さを保ったのである。

Ψ《プサイ》巻

プセンタイシオス

師父プセンタイシオスと師父スーロス、そしてプソイオスは次のように語った。「われわれの父、師父パコミオスの諸々の言葉を聞いたとき、われわれはそこから大きな益を得、善い行いに対する熱意を喚起された。また彼が黙していたときにも、行いとしての言葉を見て、われわれは感嘆し、互いに言うのであった。『すべての聖人は母の胎内にいたときから、神によって聖にして不動の者に造られており、自らの自由によるものではない、とわれわれは考えていた。また、罪人たちは敬虔に生きることができないが、それは神がそのように彼を造ったからだ、と考えていた。しかし、今やわれわれは、われわれのこの父に現れた神の憐れみを見る。彼はギリシア人の両親から生まれながら、かくも信心深く、神のすべての掟を身に纏う者となったからだ*1。だから、われわれは皆、彼自身が聖人たちに従ったように、彼に従うことができる。』実に、こう書かれている。『労苦する人、重荷を負う人は、皆わたしのもとに来るがよい。わたしはあなたたちを休ませよう』（マタイ一一・二八）。それゆえ、われわれはこの人とともに死に、また生きよう。彼はわれわれを真っ直ぐに神へと導くからである。」

Ω《オメガ》巻

オール

一　人々が師父オールと師父テオドロスについて話していたところによると、彼らは修屋を造るために粘土をこねていたとき、互いに話し合った。「もし今、神がわれわれのもとに視察に訪れたら、どうしようか。」そこで、彼らは泣きながら粘土をそこに置いて、おのおの自分の修屋に帰っていった。
二　人々が師父オールについて話していたところによると、彼はどんなときでも嘘をつかず、誓わず、人を侮辱せず、必要なとき以外は話さなかった。
三　師父オールは弟子の師父パウロに語っていた。「この修屋に余計な言葉を決して持ち込まないよう、注意せよ。」
四　あるとき、師父オールの弟子である師父パウロが、しゅろの枝を買いに出かけた。たまたま他の人々が先に来ていて、内金を払っていた。師父オールはどんなときでも、決して内金を払ったことはなく、物を買うと同時に、代金を払っていた。そこで、弟子は枝を求めて別のところに行った。すると庭の主人は言った。「ある人が内金を払ったが、まだやって来ない。だから、あなたはこの枝を持っていくがいい。」彼は枝を持って長老のところに戻り、そのことを告げた。すると、それを聞いて長老は手を叩き、言った。「オールは今年は働かない。」そして、枝を中に入れさせず、もとの場所に返すまでは許さなかった。

五　師父オールは語った。「わたしが誰かに反対する考えを持っているのを見たら、彼もわたしに対してそれを持っていると知れ。」

六　師父オールの村の近所に、ロンギノスという名の人がいて、大いに施しを行っていた。さて、師父の一人がロンギノスのところに来たとき、彼は自分を師父オールのところに連れて行ってくれるように願った。そこで、この修道者は長老のところに行って、その村人を褒めて言った。「彼は良い人で、たくさんの施しをしています。」長老は考えつつ言った。「そうだ、彼は良い人だ。」そこで初めて兄弟は願って言った。「師父よ、彼があなたに会いに来ることをお許しください。」長老は答えた。「実際、彼はわたしを見るために、この谷を渡ろうとはしないだろう。」

七　師父シソエスは師父オールに、お言葉をくださいと願った。彼は言った。「そなたはわたしを信頼しているか。」師父シソエスは「はい」と答えた。そこで、長老は言った。「行って、わたしが行っていることを行え。」彼は言った。「父よ、わたしはあなたの中に何を見るのでしょうか。」長老は語った。「わたしの考えはすべての人よりも劣っている、ということだ。」
八 人々が師父オールと師父テオドロスについて話していたところによると、彼らはよい仕方で物事を始め、絶えず神に感謝していた。
九 師父オールは語った。「修道者の冠は謙遜である。」
一〇 彼はさらに語った。「値打ち以上に評価され称賛されるような者は、大いに害を被る。他方、人々に全く評価されない者は、天で栄光を受ける。」
一一 彼はさらに語った。「高ぶりや傲慢な考えが心に入り込むたびに、そなたがすべての掟を守ったか、敵を愛しているか（マタイ五・四四）、彼らの失敗を悲しんでいるか、自分が役に立たない下僕であり（ルカ一七・一〇）、すべての人の中で最大の罪人であると考えているかどうかを見るために、そなたの良心を調べよ*1。さらに、すべて成功するかのように、大きな意図を抱いてはならない。そのような考えはすべてを破壊すると知れ。」
一二 彼はさらに語った。「あらゆる試練において、『これがわたしの身に起こるのは、わたしの罪のためである』と言って、そなた以外の誰をも咎めてはならない。」
一三 彼はさらに語った。「自分は人より醒めており、人よりも苦行をする者だなどと考えて、心の中で兄弟を裁いてはならない。傲慢の霊に落ちて労苦を無駄にしないように、清貧と真心からの愛の霊をもって、キリストの恩恵に服するがよい。事実、こう書かれている。『立っていると自ら思う人は、倒れぬように心せよ』（一コリント一〇・一二）。それゆえ主において自らを整えよ。」
一四　彼はさらに語った。「人々を避けに避けるか、何か多くのことをなしても、愚かさを装って世と人々とを無視せよ。」
一五　彼はさらに語った。「もし兄弟を中傷し、良心が咎めるなら、行って彼の前に身を投げ出し、あなたを中傷しましたと告げよ。そしてもはや悪く言わないように、自らを保持せよ。中傷は魂の死だからである。」

（了）

訳　註

A　アルファ巻

1　諸々のわざは祈りへと向けられ、祈りはまたわざへと結実する。だが、それはまた、無限なる神への祈りへと開かれている。なお、身体的なわざないし苦行と祈り（内面の見張り）との関わりについては、本書のアガトン・八を参照。
2　直訳では「神を持つがよい。」それは、いたずらに神の像を形成することではなく、自らの全体を神へと委ねることであろう。
3　試練を受けるということは、人間（人間の自然・本性）が本質的な変容可能性を有していることを、逆に証ししている。
4　これはむろん、言葉による悪口、妬み、裁きなどを慎み、貪欲を制すること。
5　謙遜ないし謙虚さは、師父たちの説く道の中心的位相に関わる。この点とくに、ダニエル・三、テオドラ・六、ヨハネ・コロボス・二二、教母シュンクレティケ・一六、オール・九など参照。
6　他者との関わりの姿は、神との関わりを映すしるしである。そして人は、神的働きを受容し顕現させる器ないし場となるべく呼びかけられている。
7　人との真の交わりのためには、直接の愛着を離れた静寂と祈りが不可欠の媒介となる。
8　ろばは多くの場合、従順の象徴、あるいはギリシア神話では愚かさや無知の象徴とされる。
9　人間の意志的努力と神の働きとはいわば協働して、よき実りがもたらされる。
10　「知識は人を高ぶらせるが、愛は造り上げる。自分は何か知っていると思う人がいれば、その人は知るべきことを未だ知らない。しかし、人が神を愛するならば、その人は神に知られている」（一コリント八・一―三）とある。
11　ナイル川下流、下エジプトのニトリア砂漠の南方七〇キロにある砂漠地帯で、四、五世紀の隠修型修道制の中心地の一つ。三三〇年頃、マカリオス（三〇〇頃―三九〇頃）によって創設された。
12　ここでの犬や鳥は、悪口や妬みなどのしるしと考えられる。およそ、神への根本的な聴従と祈りがなければ、さまざまな欲望、執着が生じて、魂を引き裂いてしまう。
13　悪霊とはその本質としては、神からの意志的な背反、傲慢そのものと解される。この点とくに、ポイメン・六七が注目されよう。
14　共住型修道制は、一定の規則・戒律のもとに集団で生活する形態で、パコミオス（二九二―三四六）によって、はじめて組織化された。
15　無限なる神からの背反、傲りという、いわば「自由の闇」が意味されていよう。
16　同様に、「聖なるかな、聖なるかな、聖なるかな、かつて在り、今在り、後に来たりたもう主なる全能の神」（黙示録四・八）とある。
17　神に心貫かれた師父たちは、いわば神的な狂気（真の健やかさ）を生きているが、己に閉ざされた人々（自分では狂っていないと思っている人々）には理解されず、迫害を受ける。
18　周知のように、モーセに対する神（ヤハウェ）の顕現のくだりで、「神は柴の間から声をかけられ、モーセよ、モーセよ、と言われた」（出エジプト三・四）とある。
19　徳（アレテー）ある人において神が在ます。すなわち、神的な霊を宿すことによってよく形成された人の姿こそ、神の現前してきた姿であろう。
20　たとえば、ヨブに対する人々の仕打ち、嘲笑のくだりが想起される。「ところが今は、わたしが嘲りの言葉を浴びる身になった。……わたしは泥の中に投げ込まれ、塵芥に等しくなってしまった」（ヨブ三〇・

21 九、一九）。
22 大帝と称せられるローマ皇帝（在位三〇六―三三七）で、「ミラノ勅令」を配布しキリスト教を公認し、さらに「ニカイア公会議」（三二五年）を主催した。
23 アレクサンドリア（地中海に面した大都市）の南東六〇キロにあり、アントニオスの弟子たちが造った隠修型修道制の中心地の一つ。
24 午後三時頃のこと。なお九時課とは、聖務日課の一つで、主キリストの十字架上における死の時刻、午後三時に主を想起して為される。
25 字義通りに受け取ってよいが、象徴的には、神に対して自制を伴った聴従が、猛々しい情念や欲望を従わせ得ることと解されよう。
26 なぜなら、自分には善いと思われたことについては長老に従い、そうでないと思われたことについては従わないというのであれば、善悪の相のもとに自分を欺くことになるからである。
27 アルセニオスはかつてローマ宮廷の高官であったが（アルセニオス・四二参照）、三九四年頃、隠修士の生活に身を投じた。なお、本書のP巻「ローマ人の師父」とはこのアルセニオスのことである。
28 とりわけ謙遜の徳のこと。学識も苦行も、それが傲りを生むときには、ほとんど無に等しい。教母シュンクレティケ・一六参照。
29 神への愛（アガペー）、そして徳（アレテー）というかたちにおいて、神は現成する。「わたしの父はその人を愛し、父とわたしとはその人のところに行って、ともに住む」（ヨハネ一四・二三）。
30 人はこの地上では異郷をさすらう者、仮住まいの者である（ヘブライ一一・一三）。だが、「彼らはさらに勝ったところ、すなわち天の故郷を熱望していた」（同、一一、一六）。なお、二コリント五・一、コロサイ三・一―二など参照。
人間は自由を有するので、より善きものにも、より悪しきものにも開かれており、さまざまな執着による迷える意志を抱えている。
31 聖務日課の一つ。正午頃、つまり主の昇天の時刻を想起して為される。
32 四三四年頃、アルセニオスはスケーティスを去って、メンフィスのトロエに赴いて修道生活を続ける。それは西ローマ帝国の滅亡（四七六年）をすぐ後に控えた時代であった。
33 火はしばしば神の働き・活動のしるし。「全身火のように」とは、聖霊の働きを一杯に宿した姿であろう。
34 これは、人との直接の関わりを断ち、いわば世界と人間との根拠に立ち帰ることによって、人との真の交わりに生きようとする姿を示す。
35 「キリスト・イエスにおいて、わたしがあなたがたに対して持つ誇りにかけて言えば、わたしは日々死んでいる」（一コリント一五・三一）とある。そしてさらに、「もしわれわれがキリストとともに死んだならば、またキリストともに生きることを、われわれは信じる」（ローマ六・八）と言われている。
36 地中海に面し、往時はローマに次いでローマ帝国第二の都市。あらゆる文化、宗教のるつぼで、ヘレニズム文化の中心地であった。旧約聖書のギリシア語訳たる『七十人訳（セプチュアギンタ）』も、紀元前二世紀にアレクサンドリアで完成した。
37 「心の貧しい人々は幸いである。天の国（神の国）はその人たちのものである」（マタイ五・三）。また、「神の国は見える形では来ない。ここにある、あそこにあるなどと言えるものでもない。実に、神の国はあなたたちのうちにあるのだ」（ルカ一七・二〇）と言われている。
38 外なる行為の限定されたかたちは多様であり、ときに正反対のように見える場合もあるが、それらは本来すべて、無限なる神へと開かれ、かつ定位されている。
39 「わたしの時はまだ来ていない」（ヨハネ二・四、七・六）と語るイエスの言がある。
40 受難に向かう前、イエスは弟子たちに、「あなたたちは泣いて悲嘆に暮れ、世は喜ぶであろう。あなたたちは悲しむが、その悲しみは喜びに変わるであろう」（ヨハネ一六・二二）と告げる。

41 ローマ皇帝（在位三七九―三九五）で、アレイオス主義を排し、正統的なキリスト教国家の礎を築いた。
42 「親密さ」と訳したギリシア語（パレーシア）は、「自由な打ち解けた語らい、そしてそうした関わり」を意味する。ただ、この文脈では、特定の人への過度の親密さがやがては執着となり、神への心の抜きを妨げるものとなることが戒められている。
43 「異端」（ハイレシス）と訳された言葉は、「適する、企てる、択ぶ」（ハイレオー）という語に由来する。つまり、自由な意志が、その本来択ぶべきでない方向（端）に傾き、人間を全体として生かす道から離反するとき、そこに異端の意味が生じるのである。
44 身体的なわざ・苦行はそれ自体が目的ではなく、心の見張り（徳）のためにある。が、心の見張りはまた、よきわざを結実させてゆかねばならない。とすれば、ここにはある種のよき循環が認められよう。
45 人の本来の道行きは、あるとき完成して停止してしまうということはあり得ず、つねに途上にあり、また絶えざる生成・誕生という性格を有する。そして聖人とは、試練や闘いのない平安のうちに単に安らっている人のことではなく、むしろ、己の罪を深く見つめ、罪に対して最も鮮烈に闘い抜いた人のことであろう。
46 「すべてのものは神から生じる」（一コリント一一・一二）とある。またちなみに、次のように言われる。「あなたの持っているもので、〔神から〕受け取らなかったものがあるだろうか。もし受け取ったのなら、なぜ受け取らなかったかのように誇るのか」（同、四・七）。
47 試練や闘いのないところには、人としての道も救いもないことについては、アントニオス・五、ポイメン・二四参照。
48 愛餐（アガペー）とは、兄弟愛の実践のために催した会食のこと。ここでは、さまざまな行いがすべて愛餐の意味を持ち、愛（アガペー）のわざという一点に収斂してゆくべきことが示されていよう。
49 「神が裁く前に他人を裁かぬように心せよ」（テーベのイサク・一）とも言われる。裁きについては他に、

50 エウプレピオス・五、エジプトのマカリオス・二八、モーセ・一四、オール・一二など参照。
「人がその友のために自分の生命（魂）を捨てること、これより大きな愛はない」（ヨハネ一五・一三）。「生命」と訳した原語は「プシュケー」（魂）である。この一文の意味するところは、単に生命を落とすということだけを強調しているのではなく、それをも辞さないほどに己れをなみし己れ（魂）を捧げゆくことこそが愛である、ということに存しよう。
51 ちなみに、「その日、その時は誰も知らない。……それゆえ、あなたたちは用意しているがよい。人の子は思いがけぬ時に来るからである」（マタイ二四・三六、四四）と言われている。
52 逆に、「われわれはキリストを試みないようにしよう。キリストを試みた者たちは、諸々の蛇によって滅びた」（一コリント一〇・九）とある。
53 それは、「神よ、罪人なるわたしを憐れみたまえ」（ルカ一八・一三）という言葉であるが、絶えず自分を責め、罪を嘆くべきことについては、さらにディオスコロス・二、テオフィロス・一、シソエス・三六など参照。
54 「人は神に近づけば近づくほど、いっそう自分が罪人であることが分かる」（マトエス・二）という。そして、「何事においても人を裁かないために、人に対して死人にならねばならない」（モーセ・一四）と諭される。同様にまた、ポイメン・一四八、テーベのイサク・一など参照。
55 「イスラエルの家では、それをマナと名付けた」（出エジプト一六・三一）。これは、かつて出エジプトの際、降りた露が蒸発した後に残った霜のような小さな丸い食物のことで、天からの賜とされた。
56 このことは、人の罪を身代わりとなって担った受苦のしるしであろう。
57 ケリアは比較的開けた低地、他方ニトリアは険しい砂漠で、隠修士たちの住んだ場所。
58 一オルグイアは両腕を広げたくらいの長さのこと。
59 罪は真の存在たる神から人を引き離す。それゆえ罪とは、神と人との間の暗闇であり、人と人との間の暗闇であり、さらには、人を己れ自身から隔てる暗闇でもあろう。なお、イエスの言として次のように記されている。「わたしは光として世に来た。それは、わたしを信じる者が暗闇の中に留まらないためである」（ヨハネ一二・四六）。
60 穀物を量るエジプトの単位一コイニケスは一日分の糧食、一アルタべは二四―四二コイニケス。
61 このように言われるのは、長老たちが、聖書の全体として志向するところを体現して、具体的に説き明かしているからであろう。
62 「あなたたちはなぜ眠っているのか。立って、誘惑に陥らないように祈るがよい」（ルカ二二・四六）とある。
63 何人も自分が完全な域、全き悟りに達したなどと言うことはできず、本来は、絶えざる試練と闘いのうちにある。それゆえ、「闘う者には、最後の息を引き取るまで祈りが必要だ」（アガトン・九）とされる。
64 「主の救いを黙して待てば、幸いを得る。若いときにくびきを負った人は、幸いを得る」（エレミア哀歌三・二六―二七）。くびきについてはまた、次のように告げられている。「わたしは柔和で謙遜な者なので、わたしのくびきを負って、わたしに学ぶがよい。そうすればあなたたちの魂に安らぎを得るであろう」（マタイ一一・二九）。
65 これはむろん、他者・隣人をいたずらに無視しているのではなくて、世界と人間との根拠に立ち帰り、神の眼差しの前に身を晒して己れを凝視することが、まずは必要だ、というのであろう。
66 呼応する言葉として、「自分の十字架を取ってわたしに従わない人は、わたしにふさわしくない。……自分の魂を得ようとする者は、それを失い、わたしのために魂を失う者は、かえってそれを得るであろう」（マタイ一〇・三八―三九）。
67 アブラハムが三人の客人を手厚くもてなしたことを指すと思われる（創世記一八・一―八）。なお、その三人の客人は、教父たちにあって、父と子と聖霊の象徴とも解せられることになる。

Β　ベータ巻

1　教会の聖体拝領台より内部、祭壇の周囲一帯を指す。旧約では、幕屋または神殿の聖所（聖の聖なる所）をいう。
2　出エジプトの旅の途上、荒野のマラ（苦いの意）でのこと、「モーセが主に向かって叫ぶと、主は彼に一本の木を示された。その木を水に投げ込むと、水は甘くなった」（出エジプト一五・二五）。なお、ここに木とは伝統的に、死と罪という苦さから人間を救い出すキリストの十字架の象徴であった。
3　四〇という数は、四（一日の四区分のすべて、そして春夏秋冬など）と一〇（完全数）の掛け合わせで、「十全に、徹底して」という象徴的な意味を有する。
4　ケルビムは天使の九階級のうちの最上位で智天使と訳され、神の侍者として現れる。セラフィムはケルビムと対をなし、熾天使と訳される。それは六つの翼をもって現れる（イザヤ六・二など）。

Γ　ガンマ巻

1　ちなみに、次のようにも言われている。「この一事を忘れては成らない。主のもとでは、一日は千年のようで、千年は一日のようである」（二ペトロ三・八）。
2　シメオン（三九〇頃―四五九）は柱頭行者として、アンティオキア近くで長年、苦行のため高い柱の上に生活し、聖者の誉れが高かった。
3　ディオスコロス（四五四没）はキュリロス（三七〇／八〇―四四四）の後継者としてアレクサンドリアの総主教となったが、キリスト単性説（キリストの人性は神性に飲み込まれたとするもの）を支持し、カルケドン公会議（四五一年）で断罪された。
4　ネストリオス（三八一頃―四八一以降）はコンスタンティノポリス総主教。聖母マリアの呼称を、キリストの神性を強調する「神の母」（テオトコス）ではなく、「キリストの母」とすべきだとして、キュリロスと論争して、排斥される。ちなみにネストリオス派はペルシアに迎えられ、イスラームの神秘主義スーフィズムと交流した。中国では景教と呼ばれる。
5　ユベナリオス（四五八没）はキュリロスに与してディオスコロスを断罪し、エルサレムの司教となる。

Δ　デルタ巻

1　謙遜とは修道の中心的位相に関わるものであって、人の自我の砦が打ち砕かれ、自分が神的霊の働きを受容する器とも場ともなった姿であろう。謙遜については既述のように、エウプレピオス・五、テオドラ・六、ヨハネ・コロボス・二二、マカリオス・一一、ポイメン・一四八、オール・九など参照。
2　「神秘」（ミュステーリオン）とは、元来「耳目を閉じる」（ミュオー）に由来する言葉。それは、人が自らの言語的知性的な力によっては把握し得ぬ現実にまみえたとき、その出会いと驚きのうちに現前している何らか超越的な事態を指す。
3　メルキセデクについては、「キリストは神からメルキセデクと同じような大祭司と呼ばれた」（ヘブライ五・一〇）とある。なお創世記一四・一八、詩編一一〇・四参照。
4　「静寂さ」（ヘーシュキア）は師父たちにおいてとくに大切にされ、後にヘシュカズム（静寂主義）の霊性運動に発展してゆく。それは、「イエスの御名の祈り」を絶えず唱え、神との一致へと向かおうとする修行である。

Ε　イプシロン巻

1　ユリアノス（在位三六一―三六三）はコンスタンティノス大帝の甥で、ローマ伝来の異教の復興を奨励し、キリスト教徒の活動を抑圧した。そのため「背教者」と呼ばれる。
2　ぶどうは旧約ではイスラエルのしるしでもあった（イザヤ五・七、詩編八〇・八、ホセア九・一〇など）。

新約では、「わたしはまことのぶどうの樹……あなたたちはその枝である」（ヨハネ一五・一、五）と言われる。
3 クリュソストモス（三四七頃―四〇七）は、透徹した説教と聖書註解にちなんで、六世紀以降「クリュソス（黄金）」の「トモス（口）」と称せられた。バシレイオス、クリュソストモスという両者の名を冠する典礼は、東方教会にあって今に至るまで代表的なものである。
4 神は人のよき働き・わざのうちに、そのいわば超越的な根拠として現前してくるであろう。とすれば、人は己れをなみし、己れを越えゆくような愛の経験においてこそ、神の働きの現存が信じられることになる。そして「奇跡」（タウマ）という語は、そうした「驚き」（タウマ）の経験を意味するのである。
5 ユダヤ教における三大祭の一つで、イスラエル民族がエジプトでの隷属を脱してエジプト脱出を敢行した歴史を想起するもの。それは新約において、イエスの弟子たちによる聖餐（エウカリスティア）ないし聖体拝領へと受け継がれる。
6 試練というものが人間の変容や救いの可能性を逆説的に証ししていること、最後まで試練を覚悟すべきことについて、アントニオス・四、五、ポイメン・一二四、一二五、オール・一一など参照。

Z　ゼータ巻

1 この少年は主の使い。そして、「起きて食べよ」の引用箇所の後に、こう語られている。「エリアはその食べ物に力づけられ、四十日四十夜歩き続け、ついに神の山ホレブに着いた」（列王記上一九・八）。
2 「あなたたちがわたしの名によって何かを父に求めるならば、父はお与えになるであろう」（ヨハネ一六・二三）とある。
3 「聖霊があなたたちの上に降るとき、あなたたちは力を受ける」（使徒行録一・八）。
4 「わたし（主）は高く聖なるところに住み、打ち砕かれ、魂の謙った人とともにある。謙った人の魂を生かし、打ち砕かれた人の心を生かすためである」（イザヤ五七・一五）とされている。
5　「この後、わたしは見ていると、見よ、開かれた門が天にあった。そして、ラッパのような声が聞こえた。……ここに登れ。この後起こるべきことをあなたに示そう」（黙示録四・一）とある。

H　エータ巻

1　「それぞれの人は、自分の働きに応じてその報酬を受けることになる。われわれは神とともに働く者であり、あなたたちは神の畑、神の建物である」（一コリント三・八―九）とされる。
2　足を洗うことは謙遜と兄弟愛のしるしであり、イエスもその範を示している。「イエスはたらいに水を汲んで、弟子たちの足を洗い、腰にまとった手ぬぐいで拭き始めた」（ヨハネ一三・五）。
3　「思うに、今の時の苦しみは、われわれの上に顕れんとする栄光には比べるに足りない」（ローマ八・一八）。「キリストの苦しみに与れば与るほど、喜ぶがよい。それは、キリストの栄光が顕れるときに、喜びに満ちあふれるためである」（一ペトロ四・一三）など。

Θ　テータ巻

1　人が悪霊の口から逃れること、そして罪の姿を脱して新しく生まれることとは、いわゆる創造にも比すべき驚き（奇跡）であり、第二の創造とも呼ぶべき事態であろう。
2　蛇は誘惑や欺き、さらには神からの背反のしるし。むろん、「女（エバ）は答えた。蛇がだましたので、（木の果実を）食べてしまった」（創世記三・一三）のくだりが、根本にある。
3　次のように言われている。「あなたは獅子と毒蛇を踏みにじり、獅子の子と大蛇とを踏んでゆく」（詩編九一・一三）。
4　ちなみに、かのエジプト脱出に際して、「主は彼らに先立って進み、昼は雲の柱をもって導き、夜は火の柱をもって彼らをてらした」（出エジプト一三・二一）とある。
5 祈りと謙遜は、神的な霊を一杯に受容することによって、それ自身が悪霊に打ち勝つ力となり得る。
6 自分を責め、自分の罪を嘆くことが道行きの根本にあるべきだということについて、ディオスコロス・二、ポイメン・九八、一四八、シソエス・三六など参照。
7 クロノス（時）が日常的な対象化された時を示すのに対して、カイロスは好機、出会いの瞬間など、いっそう主体に貫かれた時を示す。
8 「もしあなたたちがキリストのものならば、あなたたちはまさにアブラハムの子孫であり、約束による相続人である」（ガラテア三・二九）という。
9 マニ教はグノーシス主義の一形態で、三世紀に成立した善悪二元論的な密儀宗教。肉体を悪とし、人間の救いは「魂＝神的なもの」が肉体から脱することにあると説く。
10 肉体ないし身体が悪なのではなくて、肉体へのいたずらな執着、我欲が悪なのである。それゆえ、人間の身体性とは、人間が神を受容し神に与り得るという、その変容可能性を担う質料・素材と言うべきであろう。
11 謙遜が修道のわざの中心的位相に属することがよく語り出されている。

I イオタ巻

1 「聖霊があなたたちの上に降るとき、あなたたちは力を受ける」（使徒言行録一・八）。そして、「まどわしの欲望により滅びに向かっている古い人を脱ぎ捨て、心の霊によって新しい人を身に着けなければならない」（エフェソ四・二二—二四）とされる。
2 同様の言い方としてこう言われる。「主は天を傾けて降り、密雲を足もとに従え……風の翼に乗って行かれる」（詩編一八・一〇—一一）。

3　魂（人間）は、はじめから神的なものとして完成しているのではなくて、己れの情念や執着を無化してゆくことを介して、神性に与り神性と結合してゆくべきものとしてある。
4　燭台は教会（全一的な交わり、エクレシア）のたとえでもある。「七つの燭台は七つの教会である」（黙示録一・二〇）とある。
5　「あなたたちのうちで逃れた者は、捕囚として連れ去られる先の国々でわたし（主）を思い起こす」（エゼキエル六・九）とある。なお、主の記念・想起ということに関する一コリント一一・二四をも参照。
6　ちなみに、旧約のサムソンに対して、町の人々はこう言う。「蜂蜜より甘いものは何か、獅子より強いものは何か」（士師記一四・一八）。
7　「心を尽くし、精神を尽くし、思いを尽くし、力を尽くして、あなたの神である主を愛せよ。……そして隣人を自分のように愛せよ」（マルコ一二・三〇―三一）という二つの同根源的な掟のこと。なお、レビ一九・一八参照。
8　「天の国は、美しい真珠を探している商人のようである。価の高い真珠を一つ見出すと、行って持ち物を全部売り、それを買う」（マタイ一三・四五―四六）とある。
9　「主はすべての悪しきわざから救い出し、その天の国に救い入れたもう」（二テモテ四・一八）。そして、「わたしたちの国籍は天にある」（ピリピ三・二〇）と言われている。ちなみに、砂（小石）で枕を作ったくだりについて、「ヤコブは石を取って枕とし、そこに横たわった。すると夢を見た」（創世記二八・一二）とあるが、それは「天に達するはしごを神の使いが昇り降りしている」というものであった。
10　悔改めは、真の謙遜と同様、己れの全体を、神的な働き（霊）に対して、それを受容する器とすることであろう。なお、悔改めについては、エリア・三、ケリアのヨハネ、ポイメン・一二、セラピオン・一など参照。
11　人間が塵ないし灰にたとえられた表現として、創世記一八・二七、ヨブ三〇・一九、詩編三〇・一〇、一一九・二五など。
12 魂・人間の救い（健やかさ、全き完成）は、悲しみと受苦を介してあり得るということについて、「神の御旨に適った悲しみは、確かな救いに通じる悔改めを生じさせ、世の悲しみは死をもたらす」（二コリント七・一〇）と言われる。ほかに、ローマ一三・一一、ピリピ三・一〇、ヘブライ二・一〇など参照。
13 魂（人間）のより善き変容・形成のかたちたる徳（アレテー）は、神の働きが如実に現前してきた姿でもある。それはまた、この移りゆく世界にあって、つまり、すべてのものが「在り、かつ在らぬ」という両義的な性格を免れることのない世界にあって、「存在（在りて在る神）の現成してきたかたち」とも考えられよう。
14 悪徳や罪は、「在りて在る存在」たる神（ヤハウェ）（出エジプト三・一四）に背反するもの、つまり神からの意志的背反であり、非存在・無へと陥った姿である。それゆえ、悪徳はいわば自己自身の欠如、本来の自己からの分離であって、そのことからして、同時にまた、自己を神から、また他者から分離させるものとなるのである。
15 「神と富とに兼ね仕えることはできない」（マタイ六・二四）という。
16 ちなみに、かのエジプト脱出の際、ファラオ（エジプトの王）などの初子の死が引き起こされたという記述は（出エジプト一一・五）、教父の伝統にあっては、悪ないし悪しき欲望（ファラオはその象徴）が、その初めの段階で芽がつみ取られるべきことと解されている。
17 沈黙して聴従することは、謙遜の如実な現れであり、そこに聖性の道が生じてくる。ここに聖性とは、必ずしも特別な能力を持つ人々だけのものではなくて、およそ人間の自然・本性（ピュシス）が開花してきた姿であろう。
18 「あなたの持っているもので、〔神から〕受け取らなかったものがあろうか。もし受け取ったのならば、なぜ受け取らなかったかのように誇るのか」（一コリント四・七）と言われる。

19　「わたしは糧を食べるように灰を食べ、飲み物には涙を交えた」（詩編一〇二・一〇）とある。
20　「あなたは祈るとき、自分の部屋に入り、戸を閉じて、隠れているところに在ます父に祈れ。そうすれば、隠れているところで見ているあなたの父は、あなたに報いたもうであろう」（マタイ六・六）。
21　「人間とは何者だろうか。なぜあなたはこれを大いなるものとして、これに御心を留め、朝ごとにみそなわし、絶えず試みたもうのか」（ヨブ八・一七―一八）。「あなたが御心を留めたもうとは、人間はいかなる者なのか」（詩編八・五）などとある。
22　「試練に耐え忍ぶ人は幸いである。その人はふさわしい者と認められ、神を愛する人々に約束された生命の冠を受けるからである」（ヤコブ一・一二）。
23　「（復活の希望のゆえに）わたし（パウロ）は神に対しても人に対しても、責められることのない良心をつねに持つように努めている」（使徒言行録二四・一六）。
24　従順ないし聴従の範型は、神の子の受肉と受難とを語る次の周知の一文に示されている。「キリストは神のかたち（形相、身分）においてありながら、神と等しい者であることに固執しようとは思わず、かえって自分を無にして（無化させて）、しもべのかたちとなり、人間と同じ者になった。すなわち人間の姿で現れ、自ら謙って、死に至るまで、しかも十字架の死に至るまで従順であった。それゆえ、神はキリストを高く上げて、あらゆる名にまさる名を与えた」（ピリピ二・六―九）。また、ローマ一・五、五・一九、ニコリント二・九、ヘブライ五・八など参照。
25　火は聖霊の働きのしるし。「キリストは聖霊と火によって、あなたたちに洗礼を施す」（マタイ三・一一）。「見よ、わたしはわたしの言葉を、あなたの口に授ける。それは火となり、この民を薪とし、それを焼き尽くす」（エレミア五・一四）と言われる。
26　なぜならば、「樹はその実によって知られる」（ルカ六・四四）からである。そして、「わたしにあって実を結ばない枝はすべて、父がこれを取り除き、実を結ぶものは、ますます実を結ばせるために、これを浄める」（ヨハネ一五・二）とされている。
27 肉の欲望については、ローマ一三・一四、ガラテア五・一六、エフェソ二・三、ヤコブ一・一五、一ペトロ二・一一など参照。
28 人が神の働きを宿す器となるべきことについて、「もし人が諸々の悪から自分を浄めるならば、貴いことに用いられる器となり、聖められたもの、主人に役立つもの、そしてあらゆる善いわざに備えられたものとなるであろう」（二テモテ二・二一）。なお、イザヤ五二・一一、ローマ九・二一―二四など。
29 「謙遜以外に悪霊に勝つものはない」（テオドラ・六）、「謙遜と神への畏れこそ、あらゆる徳にまさる」（ヨハネ・コロボス・二二）とされていたように、諸々の修業・わざも、権力、財はもとより、学識、身分、名声なども、そこに傲慢が混入するならば、神の眼差しの前ではほとんど無に等しい。
30 既述のように、足を洗うのは謙遜と兄弟愛のしるし。ヨハネ一三・五、一テモテ五・一〇など。
31 「天上のエルサレムは、自由なる者であって、われわれの母である」（ガラテア四・二六）。なお、黙示録二一・一〇参照。
32 アブラハムは三人の客人（天の使いのしるし）をもてなした（創世記一八・一―八）。
33 回心した盗賊にイエスは、「今日あなたはわたしとともに楽園にいるだろう」（ルカ二三・四三）と告げた。
34 裁きについての他の表現については、訳註A49参照。
35 さまざまな関心や執着によって心が塞がれて、神的な霊の働きを受け容れることができなくなるからである。
36 「わたしは彼に明けの星を与えよう」（黙示録二・二八）とある。
37 「わたしはもう一人の力強い天使が、雲を身にまとい、天から降ってくるのを見た。頭には蛇をいただき、顔は太陽のようで、足は火の柱のようであった」（黙示録一〇・一）。なお、出エジプト一三・二一、民数記一二・五参照。

K　カッパ巻

1　「あなたたちがわたしの兄弟たちのうちで最も小さい一人に為したことは、わたしに為したことなのである」（マタイ二五・四〇）。人間とは、神の働きが働く場・器であり、人を通して神は勝義に働く。とすれば、人が有限な他者に対していかに関わり、いかに為したかということは、無限な神に対する関わり（心の披き、信の姿）がいかなるものであったかを、如実に映し出し具体化してくるのである。
2　次のような記述が想起されよう。「わたし（主）の選ぶ者（アロン）の杖は芽を吹くであろう」（民数記一七・二〇）。「エッサイの株から一つの芽が萌え出で、その根から一つの若枝が育ち、その上に主の霊が留まる」（イザヤ一一・一―二）。また、ローマ一五・一二参照。
3　謙遜な魂に神の霊が宿ることは、聖母マリアが、神の子を孕んだことを指し示す（ルカ一・三五）。そのことは、およそ人間の完成の姿としての「神性の受容」、あるいは「人性の神性との結合」を意味しよう。
4　信仰の始め・根拠であり終極・目的であるイエスという表現は、次のように捉えられよう。すなわち、イエスは完全な信によって神性を全き仕方で受容し、神性と結合した。従って、そうした信の始め・範型は、われわれの信の成り立つ根拠として、われわれの魂の根底に働きかけるとともに、われわれの信の目指してゆくべき終極の目的（つまり神性と人性との結合の姿）でもあろう。
5　これと多少とも共通するつぶやき、不満、非難の例として、出エジプト一六・二、民数記一六・四一、ルカ五・三〇、ヨハネ六・四三など参照。

Λ　ラムダ巻

1　一ヌミアはローマ帝国の通貨単位で、四分の一デナリオン。また一デナリオンは青銅貨アスの一〇枚に相当し、自由労働者の一日の労賃（マタイ二〇・二）、ローマ兵卒のほぼ一日の給与に当たる額。

2 ちなみに、「絶えず折れ」という戒めは、「主イエス・キリスト、神の子、罪人なる我を憐れみたまえ」という「イエスの祈り」として、東方の修道制の初期から実践されていた。そしてそれは、とりわけアトス山でのヘシュカズム（静寂主義）において中心の役割を果たすようになり、その後永く東方教会の霊性の伝統となってゆくのである。
3 オリゲネス（一八四／五―二五三／四）は膨大な聖書註解の著作を残した教父であるが、魂の先在や万物更新（アポカタスタシス）などの教説のため、後に異端とされた。しかしそのアレクサンドリアの学統は、カッパドキアの教父たちを始め、東方教会の神学や霊性に対して大きな影響を与えた。
4 「あなたの信仰があなたを救った。安心して行くがよい」（マルコ五・三四、ルカ七・五〇、八・四八）とある。
5 「汚れた霊よ、この人から出てゆけ」（マルコ五・八）というイエスの言葉によって、悪霊は追い出された。

M ミュー巻

1 悪魔のわなは沢山あり、貧しさ、富、暴力、侮辱、称讃、病、快楽、苦しみなどを、相手に応じて誘惑の餌として与え、神への人の愛を乱そうとするという（シュンクレティケ・七）。そして、悪魔とはいわば転倒した意志（傲慢そのもの）であり、謙遜と神への畏れとによってしか、人は悪魔に打ち勝つことができない（テオドラ・六、マカリオス・一一）。
2 テオペンプトスとは、「神に遣わされた者」を意味する。
3 「上にあるものを思い、地にあるものを思うな。なぜなら、あなたたちは死んだ者であって、その生命はキリストとともに神のうちに隠されているからである」（コロサイ三・二）。
4 「もしあなたたちがわたしの名において何かを願い求めることは、わたしがそれをかなえよう」（ヨハネ一四・一四）と言われている。

5　自我の頑なな砦が明け渡されたような謙遜な魂は、神的な霊をゆたかに受容し、悪魔に打ち勝つ力がそこに漲る。
6　口を制すべきことについては、たとえば次を参照。「口の言葉が結ぶ実によって、人は良いものを享受する。欺く者の欲望は不法に向かう。自分の口を警戒する者は、その生命を守る」（箴言一三・二―三）。「口から出る者は心から出てくるのであって、それこそが人を汚す」（マタイ一五・一八）。
7　たとえば、「主よ、助けたまえ。……女よ、あなたの信仰は大いなるかな。あなたの願う通りに成るように」（マタイ一五・二五、二八）、「わたしは恵みの時に、あなたに耳傾け、救いの日にあなたを助けた」（二コリント六・二）などと語られている。
8　自分を責め、その罪を嘆くべきことについては、ディオスコロス・二、大主教テオフィロス・一、ポイメン・九八、セラピオン・一など参照。
9　「人を裁いてはならない。自分も裁かれないようにするためである。なぜなら、あなたたちは自分の裁く裁きによって裁かれ、自分の測る測りによって測られるからである」（マタイ七・一―二）。
10　「一対のケルビムは顔を贖いの座に向けて向かい合い、翼を広げてそれを覆う」（出エジプト二五・二〇）、「主は羽をもってあなたを覆い、翼の下にかばってくださる」（詩編九一・四）とある。また、「愛は多くの罪を覆う」（一ペトロ四・八）という。
11　「主は神に従う人のためには光を、心のまっすぐな人のためには喜びを種播いてくださる」（詩編九七・一一）。
12　ちなみに、「主なる神は人（アダム）追放し、エデンの園の東にケルビムときらめく炎の剣を置いて、生命の樹の道を守った」（創世記三・二四）と記されている。
13　たとえば、「死も陰府も火の池に投げ込まれた。この火の池は第二の死である。すべて生命の書に記されていない者は、火の池に投げ込まれた」（黙示録二〇・一五）とある。

14 「それから、彼はわたしを東の方に向いている門に導いた。見よ、イスラエルの神の栄光が、東の方から到来しつつあった」（エゼキエル四三・一）。
15 「わたしは歌おう、わたしの愛する者のために、そのぶどう畑の愛の歌を」（イザヤ五・一）、「荒れ野でぶどうを見出すように、わたしはイスラエルを見出した」（ホセア九・一〇）など。そして、「わたしはまことのぶどうの樹、あなたたちは枝である。もし人がわたしのうちにあり、わたしがかれのうちにあるならば、その人は多くの実を結ぶ」（ヨハネ一五・五）という周知の言が発せられる。
16 「神はこの世の知恵を愚かなものとしたのではないのか」（一コリント一・二〇）、「われわれはキリストのゆえに愚かな者となった」（同、四・一〇）とある。
17 「死に至るまで忠実であれ。そうすればあなたに生命の冠を与えよう」（黙示録二・一〇）、「彼の目は炎のようで、その頭には多くの冠があった」（同、一九・一二）など。また、ニテモテ四・八、ヤコブ一・一二、黙示録四・四など参照。
18 「今より後、主にあって死ぬ死人は幸いである」（黙示録一四・一三）。また、ローマ六・八―一〇、一コリント一五・三一など。
19 三日ということの象徴的意味について、「ヨナは三日三晩、魚の腹の中にあった」（ヨナ一・一七）、「このときよりイエス、苦しみを受けて殺され、三日目に復活すべきことを示し始めた」（マタイ一六・二一）と記されている。ほかに出エジプト一〇・二三、ホセア六・二など参照。
20 「このようにあなたたちも、キリストの体によって律法に対して死んだ者となっている」（ローマ七・四）と言われる。
21 「わたしを砦と頼む者は、わたしと和らぎを結ぶがよい」（イザヤ二七・五）、「われわれは信仰によって義とされているので、主イエス・キリストを通して神に対して平和を得ている」（ローマ五・一）などとある。

22 「わたしの言葉を聞いて、わたしを遣わした方を信ずる者は、永遠の生命を持ち、また裁きに至ることなく、死から生命へと移っている」(ヨハネ五・二四)。
23 人が無限なる神に心披いて、神に与りゆけばゆくほど、有限な自分との絶対の隔たりが自覚され、自分が未だ神的働きを受容し宿す器・場に成り切っていないことが分かる。
24 悪魔(傲慢そのもの)がもたらす誘惑のわな、その執拗な仕組みについては、すでに触れたように、シュンクレティケ・七に詳しい。
25 「あなたたちの言葉は然り、然り、否、否であれ。それ以上のことは悪から生じる」(マタイ五・三七)。
26 「然りと言うことは、キリスト・イエスにおいて成り立ったのである」(二コリント一・一九)。
「この預言の言葉を読む者と、これを聞いて、その中に記されたことを守る人々は幸いである。時は近づいているからである」(黙示録一・三)。「それゆえ、あなたたちも備えていなければならない。人の子は思いがけない時に来るからである」(マタイ二四・四四)、なお、マタイ二六・八、マルコ一・一五、ヨハネ七・六など参照。
27 一ミリオンはローマ・マイルで一四八〇メートルに相当する。
28 人が天に昇ること、つまり人間としての完成ないし救いは、他者との真の愛と交わりとによる全一的な姿としてあるであろう。
29 「肉に従う者は肉のことを思い、霊に従う者は霊のことを思う」(ローマ八・五)。

N　ニュー巻

1 ちなみに、パウロは自らの道行きについてこう言う。「こうしてわたしは、自分が空しく走り空しく労苦したのではないことを、キリストの日に誇ることができよう」(フィリピ二・一六)。
2 「その大きな竜、すなわち悪魔ともサタンとも呼ばれる全世界を惑わす古い蛇は落とされた」(黙示録一二・九)。
3 それぞれの善きわざ・行いは、限定されたかたちとしてはむろん異なりを有するが、無限なる神の働きを何らか受容し、かつそれを志向するという一点においては、同じなのである。
4 この青銅の蛇は、教父の伝統では、人の罪を担う受難と十字架との象徴と解釈されている。
5 ここに、ろばは柔和、従順のしるし。なお、「シオンの娘よ、あなたの王は柔和であって、ろばに乗る」(ゼカリア九・九)、「イエスはろばの子を見つけて、それに乗った」(ヨハネ一二・一四)と記されている。

Ξ　クシー巻

1 ちなみに、「多くの日を重ねて三年目のこと、主の言葉がエリアに臨んだ。行ってアハブの前に姿を現せ。『わたしはこの地に雨を降らせる』」(列王記上一八・一)とある。

Ο　オミクロン巻

1 「神は真実な方であって、あなたたちを耐え忍ぶことができないほどの試練に会わせることはなくて、試練とともに、それに耐えられるよう、逃れるべき道をも備えたもう」(一コリント一〇・一三)
2 聖霊(神の働き)に対して魂・人間が自分を閉ざし、「真実には在らぬもの」(権力、快楽、名声、財等々)にいたずらに執着してしまうならば、魂はもはや聖霊をよりよく受容し得ず、本来与えられていたよき可能性、つまり「神の似姿」へと開花してゆく可能性が閉ざされ、冷たい非存在の闇へと陥ってしまう。

Π　パイ巻

1 この点、「われわれの古き人がキリストとともに十字架につけられたのは、罪の体が滅んで、われわれがもはや罪に仕えることのないためである」(ローマ六・六)と言われている。また、「もし人がキリストにおいてあるならば、新たに創られた者である。古きは過ぎ去り、みよ、新しきものが生じた」(二コリント五・一七)とある。
2 四〇日は、イエスが荒野で悪魔に誘惑を受ける際に断食した数(マタイ四・二)、三日は甦り・復活の数。
3 身体(肉体)や身体的なものが、それ自体として悪なのではなくて、それらに執着する心と意志が悪(善の欠如たる姿)の原因となる。
4 自然に消滅するというよりは、神への祈りと忍耐によって魂に神的な霊の働きが注ぎ込まれることによる。
5 「神の慈愛は人を悔改めに導く」(ローマ二・四)という。
6 試練については、アントニオス・四、五、ポイメン・一二五、オール・一一など参照。
7 それゆえ、神的な働き、恵みにしても、それを心披いて受容する人間的意志の働きがあってこそ、十全に働く。そこにはいわば、両者の協働という性格が存する。
8 それぞれの行いのかたちは違っても、相互に尊ばれ、愛をもって為されるとき、全体として一なるわざ、一なる交わり(エクレシア)が顕現している。
9 有限なもの相互の比較という場を突破して、万物の根拠たる超越的なものへと徹底して心披くとき、すべての被造的存在は、それぞれの分に応じて神的生命を宿し、かつそれを証示するものとして感知されてくる。
10 諸々の徳は相互に浸透し支え合っている。そして、魂・人間のより善き形成(徳)への道は、すこしずつ己れを無みしてゆく絶えざる否定、絶えざる生成の道としてある。
11 「神はわれわれの避けどころ、われわれの砦。苦難のとき、そこにあって助けたもう」(詩編四六・一)。また、「主は自ら試練を受けて苦しんだがゆえに、試練を受けている人々を助けることができる」(ヘブライ二・一八)とされる。
12 悪魔や悪霊はしばしば特定の存在者であるかのように、物語風に語られているが、既述のようにそれらの本質は、「神からの背反」、「傲慢そのもの」ということに存しよう。そして人間は、「自らの意志が悪霊になる」（ポイメン・六七）と言われるほどに、己れのうちにいわば自由の闇を抱え込んでいる。が、そのことは、人間が自らの限定（種）を超えて、無限なる存在（＝神）に与り、真に神の似像に成りゆくという変容可能性を、逆説的に証ししていると考えられよう。
13　この点、罪とは、自然・本性（ピュシス）に反してものや人に関わることであり、自然・本性に反する意志的働きと解される。その中心に潜んでいるのが、傲りや自己愛なのである。
14　神を畏れ、謙遜を保持することによって、人間は魂と身体相俟って、神の霊を受容し宿す器とも場ともなる。そのように己れを無みしつつ神性を受容した姿こそ、勝義の人間（人間としての完成）であろうが、われわれはすべてそこに向かって開かれているのである。
15　師父たちは己れに厳しく、また傲るものには容赦しないが（アントニオス・一五、二一、ヨハネ・コロボス・二、テーベのイサク・一など）、弱さのゆえに過ちに陥った者に対しては驚くほど寛容である。
16　「神は各々の人にそれぞれ聖霊の賜を分かち与えた」（ローマ一二・三）とある。そしてここでは、さまざまな器の優劣ではなく、それらが相俟ってはじめて、神的生命の全一的な姿が顕現し得ることが示されている。
17　長老に対して何ごとによらず聴従することなく、自由に振舞うというとき、人はものごとについての自分の判断を規準とし、善悪の相のもとに自分を欺くことになるからである。
18　「魂」（プシュケー）と訳したが、それは師父たちにあってはむろん、身体から分離した実体ではなくて、本性的につねに身体と結合しているので、「生命」（ふつうはゾーエーの訳）と訳してもよい。この点、魂という語で人間の全体（魂と身体の結合体）を示す。
19　いわゆる生物学的な生死の把握は突破され、罪こそが死性だということになる。「すべての人は罪を犯したので、罪がすべての人に及んだ」（ローマ五・一二）、「死の刺は罪である」（一コリント一五・五六）

と言われている。
20 「今日あなたたちがわたしの声を聞くなら、心を頑なにしてはならない」（ヘブライ四・七、詩編九五・七―八）。「主が今日あなたたちのために為すところの救いを見よ」（出エジプト一四・一三）とある。
21 自分自身を嘆き非難すること、謙遜、そして神への畏れ以外の他の徳は、ややもすれば傲りを生みやすいからである。そして傲りの支配するところ、他の一見善きものも（この世での価値あるわざも学問も名声もすべて）、所詮は神的生命から切り離された空しいものに過ぎない。
22 「すべて労苦して重荷を負っている人々は、わたしのもとに来たるがよい。わたしはあなたたちを休息させよう」（マタイ一一・二八）とある。
23 「生も死も隣人から来る。兄弟を獲得するならば、神を獲得する」（アントニオス・九）とあった。人間としての完成ないし救いは、個人の内面に閉ざされたものではなくて、他者との真の交わり、その全一的な顕現のうちに存するであろう。
24 「ほかの種は茨の地に落ち、茨が育ってそれを塞いでしまった」（マタイ一三・七）。この茨とは、「世の思い煩いや富の誘惑だ」（同・一三・二二）とされている。
25 「あなたに背いたことをわたしは知っており、わたしの罪はつねにわたしの前に置かれている」（詩編五一・五）。
26 「もし食物のことがわたしの兄弟を躓かせるのならば、わたしはいつまでも決して肉を口にすまい」（一コリント八・一三）とパウロも言う。
27 古き人を脱ぎ捨て、新しき人を着るべきことについては、すでに述べたように、ローマ六・六、エフェソ四・二四、コロサイ三・九参照。
28 獅子については、「彼は獅子のようにわたしの魂をかき破り」（詩編七・二）、とある。ほかにエレミア哀歌三・一〇、黙示録四・七など。
29 「神の言葉は生命があり、働きに満ち、両刃の剣よりも鋭く」（ヘブライ四・一二）とある。

30 「もしわたしが自分に栄光を与えるのならば、わたしの栄光は空しい。わたしに栄光を与えるのは、わたしの父である」（ヨハネ八・五四）。なお、ローマ四・二〇参照。
31 このように聴従ないし従順を至上のものとするとき、己れを無化し、十字架の死に至るまで神に従順であったキリスト・イエスの姿が、範型としてある（フィリピ二・五―八）。
32 「あなたたちは神の宮であって、神の霊があなたたちのうちに住むということを知らないのか」（一コリント三・一六）。ここに、絶えず神と語ることは、己れ自身を聖なる霊の宿るべき場として明け渡すことにもとづく。
33 アダムの栄光の像とは、人間が神の似像（似姿）に即して、またそれに向けて創られたこと（創世記一・二六、五・一）をいう。
34 「モーセがシナイ山から下ったとき、自分が神と語っている間に、自分の顔の肌が光を放っているのを知らなかった」（出エジプト三四・二九、二コリント三・七）。なお、「イエスの姿が彼らの前で変容し、その顔は太陽のように輝き、衣は光のように白くなった」（マタイ一七・二）という。このことは伝統的に、人間本性（人性）が神的な働き（エネルゲイア）を受容して神性と結合し、神性の高みにまで変容したことと解される。
35 「親しみ」（パレーシア）は、原語の意味合いとしては「自由な語らい」ということ。すなわち、憐れみの心を持つことは、神に対して心披かれた晴朗な姿に通じる。
36 ちなみに、「聖書は、神が異邦人を信仰によって義とすることを知って、あらかじめ福音をアブラハムに伝えて言う、『あなたによってすべての異邦人（民族）は祝福される』（創世記一二・三）と」（ガラテア三・八）、「そしてその落度によって、救いが異邦人にもたらされた」（ローマ一一・一一）などとある。
37 「植える者も水そそぐ者も帰することころは一つであるが、各々の者はそれぞれの労苦に応じて自分の報酬を受け取る」（一コリント三・八）という。また、ルカ一〇・二、ヨハネ四・三六、一テモテ五・一八など参照。
38 「この人々は、いと高き神のしもべで、あなたたちに救いの道を宣べ伝えている」（使徒言行録一六・一七）とある。
39 「神に適った悲しみは、確固たる救いに通じる悔改めを生じさせ、世の悲しみは死をもたらす」（二コリント七・一〇）。なお、ローマ八・二二、九・二参照。
40 「最も小さい者も千人となり、最も弱い者も強大な国となる。主なるわたしは、時が来れば速やかに行う」（イザヤ六〇・二二）。「わたし（パウロ）は使徒の中でも最も小さな者であり、使徒と呼ばれるに値しない」（一コリント一五・九）。なお、マタイ二五・四〇、ルカ七・二八参照。
41 「鋭い両刀の剣を持ったものがこう言う、『わたしはあなたの住んでいるところを知っている。そこには悪魔の玉座がある』」（黙示録二・一二）とある。
42 「見よ、わたしはあなたたちに、蛇やサソリを踏みつけ、適のあらゆる力に打ち勝つ権威を授けた」（ルカ一〇・一九）。
43 たとえば、「わたし（ヨブ）は泥の中に投げ込まれ、塵芥に等しくなってしまった」（ヨブ三〇・一九）とある。
44 「憐れみ」と訳した言葉は、直訳で「善性」（アガトテース）である。それは無限な存在たる神が自らの働き（愛）の充溢によって、万物を創り、支え、導くという意味合いを有しよう。
45 アタナシオスによるアントニオス伝（三五七年頃）のこと。

P　ロー巻

1 これは、既出の師父アルセニオスと同一人物である。
2 先見者についてはサムエル記下二四・一一、イザヤ二九・一〇、アモス七・一二、ミカ三・七など参照。

Σ　シグマ巻

1　「主は言われる、復讐はわたしの為すべきことであり、わたしが報いを与えよう」(ローマ一二・一九)。
2　「口には呪いと偽りとしいたげが満ち、舌には災いとよこしまがある」(詩編一〇・七)、「死も生も舌の力にあり、舌を愛する者はその実りを食らう」(箴言一八・二一) とある。また箴言二一・二三、一ペトロ三・一〇参照。
3　「神はわれわれをこのことに適う者とし、その保証として聖霊を与えてくださった」(二コリント五・五)。
4　アブラハムが神からの試練により、息子イサクを燔祭に捧げようとして制止されたくだりが思い起こされよう (創世記二二・一―一八)。なお、ローマ四・三、一三参照。
5　「もし人がこれら悪しきものから自分を清めるならば、貴いことに用いられる器となる」(二テモテ二・二一)。
6　「稲妻が天の端から端へとひらめくように、人の子もその日に現れるであろう」(ルカ一七・二四)。顔が太陽のように変容したことについては、既述のマタイ一七・二、芳香については、創世記八・二一、雅歌一・一二、ヨハネ一二・二など参照。
7　「正統信仰の父」と称されるアタナシオスには、『言(ロゴス)の受肉』、『アレイオス派駁論』などの著作がある。
8　「神は愛である。愛のうちに留まる者は神のうちに留まり、神もまたその者のうちに留まる」(一ヨハネ四・一六)。「神は霊であり、神を礼拝する者は霊と真理とをもって礼拝しなければならない」(ヨハネ四・二四)。
9　メリティオス (三二五頃没) は、ナイル河中流リュコポリスの主教。分派を造り、アタナシオスに抗した。
10　「その人 (パウロ) は一四年前、第三の天にまで引き上げられた」(二コリント一二・二) とある。
11　この話ではふつう、マリアは観想 (テオーリア) や祈りを、マルタは実践 (プラクシス) ないしわざを象徴しているとされる。そして確かに、祈りなきわざは根拠を欠いた生命なきものであろうが、よきわざに結実しない祈りは、己に閉ざされた名ばかりのものであろう。
12　創造の「はじめ」、万物の根拠（アルケー）をも意味しよう（創世記一・一）。また、「ことは成就した。わたしはアルファであり、オメガである。はじめ（根拠）であり、終り（終極、目的である）」（黙示録二一・六）と言われる。
13　「この女の多くの罪は赦された。その愛すること、大であったからである。赦されることの少ない者は、愛することも少ない」（ルカ七・四七）と言われている。
14　ちなみにパウロは、「もはやわたしが生きているのではなくて、キリストがわたしのうちで生きているのである」（ガラテヤ二・二〇）と語る。そしてキリストの言葉に、「あなたたちには世の苦難がある。しかし勇気を出すがよい。わたしはすでに世に勝った」（ヨハネ一六・三三）とある。
15　「傲慢な者がわたしにわなを仕掛け、綱や網を張りめぐらし、わたしの行く道に穴を掘っている」（詩編一四〇・六）。

T　タウ巻

1　「神自ら人とともに在って、その神となり、彼らの目の涙をことごとく拭い去りたもう。今より後、死もなく、悲嘆も叫びも労苦もないであろう。前のものは過ぎ去ったからである」（黙示録二一・三—四）。

Υ　ユプシロン巻

1　「天に宝を積め。……あなたの宝のあるところに、あなたの心もあるだろう」（マタイ六・二一）
2　「もしキリストとともに復活させられたのであれば、上にあるものを求めよ。……上にあるものを思い、地にあるものを思うな」（コロサイ三・一—二）。

Φ　ファイ巻

1　イエス・キリストにおいて神性と人性とは全き仕方で、いわば「ヒュポスタシス的に結合している」とする正統信仰の人々のこと。

Ψ　プサイ巻

1　人ははじめから完全な「魂（＝神的なもの）」を保持しているわけではなくて、自ら悪霊にもなり得るほどの（ポイメン・六七）自由の闇を抱えつつ、己を無みすることによって神を受容し、真に神の似姿（エイコーン）へと開花・成就してゆくという、変容可能性を有している。この意味で、聖人とは己を凝視し、最も雄々しく罪と闘っていった人のことなのであった。

Ω　オメガ巻

1　古来、師父たちは、自分こそが最も罪深いと自覚し、自らが万人に対して有責であると語る。それは、神的な霊の働きを受容し、かつそれを顕現させるべき器・場としての己を、ことのほか厳しく見つめてのことであったであろう。

砂漠の師父・略伝

Ａ　巻

アントニオス（二五一―三五六）　キリスト教修道制の祖。エジプトの富裕な農家に生まれたが、早くに両親と死別。二七一年頃、隠修生活に身を投じた。さまざまな試練（悪霊の誘惑）を受けたが、それらを退け、隠修生活を全うし、また多くの弟子たちを育てた。アタナシオスによる『アントニオスの生涯』は、初期の修道生活をよく伝える伝記で、その後の聖人伝の嚆矢ともなった。
アルセニオス（三五五―四五〇）　教皇ダマススの推薦によって、皇帝テオドシオスの息子たちの後見人となる。テオドシオスの死後、スケーティスの砂漠に入り、ヨハネ・コロボスのもとで修業。四三四年のスケーティスの第二荒廃後、トロエに住む。アントニオスとその直接の後継者とに続く後の世代にあって、指導的役割を果たし、しばしば大アルセニオスと呼ばれた。
アガトン　はじめテーベでポイメンの弟子となり、若くして師父と呼ばれた。後にアルセニオスに師事。アレクサンドロスやゾイロスとともにスケーティスに住む。
アンモナス　ピスピルでのアントニオスの弟子で、後継者となった。アントニオスの勧めで、後に主教となる。
アキラス　アントニオス後の第三世代。スケーティスで修業し、アンモエスを驚かすほどの厳格な修業で知られた。
アンモエス　ケリアの修道者。アキラスの教えを受ける。ヨハネ・コロボスは彼に一二年間師事した。

ニトリアのアンモス(二九五―三五三) 結婚生活後、三三〇年、ニトリアの砂漠での最初の修道者となる。アントニオスの指導で修屋の集落を設立。
アヌーブ ポイメンの七人兄弟の一人。四〇七年、マジク族によるスケーティスの荒廃後、テレヌティスで共住修道生活を始める。
アブラハム スケーティスの修道者だが、ほかにエレウテロポリスのテオドロスと交渉のあったイベリアのアブラハムもいる。
アレス 同じくスケーティス修道者で、アブラハムと交渉があった。
アロニオス ポイメンとともに生活したスケーティスの修道者。
アップフ 後にオクシュリンコスの主教となった。
アポロ 残虐な殺人の後に回心。アブラハムに学ぶ。
アンドレイアス 不詳。
アイオ テーベの修道者。
アンモナタス ペルシオンの修道者。

B 巻

大バシレイオス(三三〇頃―三七九) 「カッパドキアの三つの光」と称せられた教父たちの一人。三七〇年、カイサリアの主教。はじめエジプト、メソポタミアの地で初期修道制に学び、後には共住型修道制の確立に努めた。大小の「修道士規定」を著し、ベネディクトゥスの西方修道制にも影響が大きい。
ビザリオン スケーティスの修道者で、弟子ドゥラスの手になる言行録が残る。
ベンヤミン ケリアとスケーティスで修行。
ビアロス 不詳。

Γ　巻

神学者グレゴリオス（三三〇―三九〇）　使徒ヨハネ、新神学者シメオン（九四九頃―一〇二二）と並んで、「神学者」と称される。「カッパドキアの三つの光」の一人で、『神学講話』を残し、三位一体論の確立に寄与した。珠玉の詩文も多い。
ゲラシオス　エジプトでの修道生活の後、パレスティナのニコポリスの主教となる。「カルケドン信経」（四五一年）を熱心に支持。
ゲロンティオス　ペトラの修道者。

Δ　巻

ダニエル　シナイのファラン出身。パヌフティオスの弟子で、若くして司祭となる。後継と目されたが、早くに死去。また、同郷のアレクサンドロスやゾイロスと同じくアルセニオスに学び、その遺品を受けている。
ディオスコロス　ニトリアの修道者で、兄弟にアンモニオス、エウテュミオス、エウセビオスがいる（長身四兄弟）。後にヘルモポリスの主教となったが、オリゲネス説に組したとされ、カルケドン公会議で排斥される。
ドゥラス　ビザリオンの弟子。

Ε　巻

キュポロスの主教聖エピファニオス（三一五頃―四〇三）　パレスティナの生まれ。エルサレム近郊のエレウテロポリスに修道院を建てる。後、三六七年にキュプロス島サラミスの主教となる。反オリゲネス主義者で、聖画像（イコン）崇敬にも反対した。
聖エフライム（三〇六頃―三七三頃）　恐らくメソポタミアのニシビスの生まれ。しばらくエジプトで隠修生活を送った。シリア語で著作し、多数の美しい聖歌を作成。「聖霊の竪琴」と称される。
信徒エウカリストス　在俗のすぐれた修道者の例として記憶される。
司祭エウロギオス　ヨハネス・クリュソストモス（金の石）の弟子。パネフォの師父ヨハネを訪ね、教えを受ける。
エウプレピオス　多くの書に学んだ後、修道者となったという。
エラディオス　アレクサンドリア出身のケリアの修道者。
エヴァグリオス（三四五／六―三九九）　小アジアのポントスの生まれ。ナジアンゾスの神学者グレゴリオスによって輔祭に叙階されるが、後にニトリア、ケリアで修業。オリゲネス主義者と看做されたものの、修道的霊性の著作で影響大であった。
エウダイモン　パヌフティオスの弟子で、四世紀末よりスケーティスの修道者となる。

Ｚ　巻

ゼノン（四五一年没）　シルアノスの弟子として、スケーティス、シナイ、そしてパレスティナにて師事。晩年、ガザ近くに隠棲。
ザカリア　父親のカリオンとともにスケーティスで修道生活を始めた。少年のとき、硝酸の池に浸って、身の証を立てようとした。幻視の賜物にすぐれたという。

Ｈ　巻

イザヤ（四九一年没）　スケーティスの修道者で、アンモエスの弟子。後にパレスティナに移り、ガザの近くに隠棲した。
エリア　四世紀のエジプトには数名のエリアがいた。捧仕者のエリア、太陽を止めたビザリオンを知っていたエリア、そして静寂主義の（ヘシュカズム）のエリアは、いずれも別人であろう。
ヘラクレイオス　アガトンとともにスケーティスで修業した。

Θ　巻

フェルメのテオドロス　スケーティスの修道者で、四〇七年の蛮族侵入による荒廃後はフェルメで生活。輔祭に任ぜられたが承諾しなかった。また、人間的な名声を憎しみ訪問者を避けた。
エンナトンのテオドロス　オールの同行者で、ニトリアのアンモスの弟子。三〇八年アレクサンドリアの西方のエンナトン（五世紀の修道者の中心地）に行く。ルキオス、ロンギノス、ロトもそこで修業した。
スケーティスのテオドロス　恐らくフェルメのテオドロスと同一人物。
エレウテロポリスのテオドロス　エレウテロポリスは聖エピファニオスの生地で、エルサレムとガザの中間にある修道生活の中心地。
テオドトス　不詳。
テオナス　スケーティスの修道者で、フェルメのテオロスとポイメンは、テオナスの言葉に言及している。
大主教テオフィロス（在位三八五―四一二）　アタナシオスの後継者。アレクサンドリアのキュリロスの叔父。オリゲネス主義に反対し、それをケリア、ニトリアから追放した。
テオドラ　五世紀初めの教母で、大主教テオフィロスと親交があった。

Ι　巻

ヨハネ・コロボス（三三九頃―四〇九）　一八歳の頃スケーティスに行って、一二年間アンモエスに師事。司祭になるが、四〇七年の荒廃後は、スエズのアントニオスの山地に赴く。アントニオス後の第三世代にあって中心となった師父の一人。

共住修道者ヨハネ　どの修道院かは不明。
イシドロス　スケーティスの修道者で、マカリオスの同行者。
ペルシオンのイシドロス（四五〇年没）　アレクサンドリア生まれ。ナイル河三角州の東方ペルシオンの修道者で、司祭ともなる。ネストリオス派やエウテュケス派と闘い、多数の書簡を残した。
ケリアの長老イサク　若いときニトリアでクロニオスに学び、後にフェルメのテオドロスの弟子となる。三九五年、クロニオスの後継者となるが、大主教テオフィロスによって、長身四兄弟（アンモニオス、ディオスコロス、エウテュミオス、エウセビオス）とともに、オリゲネス主義者と看做されて追放された。
パネフォのヨセフ　パネフォの良家の出身。ロトやポイメンも彼を訪れ、教えを請うている。
ヤコブ　数名のヤコブが登場する。捧仕者のヤコブ、ケリアの数人のヤコブなど。
ヒエラクス　ニトリア、スケーティス、テーベの、いずれの修道者であったかは不明。
宦官ヨハネ　テオドロスによって言及されているのは別人であろう。
ケリアのヨハネ　ケリア、テーベの二人のヨハネが現れるが、不詳。
テーベのヨハネ　不詳。
司祭イシドロス　アントニオス後の第二世代において中心となった一人。このイシドロスのものとされるのは、一、七のみで、ほかはペルシオンのイシドロスのものとされる。弟子のカシアノス、そしてパラディオスが、この師父の霊性を伝えている。
ペルシアのヨハネ　エジプトのアラビアに住んだとされるペルシア人の師父。
テーベのヨハネ　アンモエスの忠実な弟子。
パウロの弟子ヨハネ　師父パウロの命令に従ってハイエナを捕らえた。
テーベのイサク　テーベのアポロの弟子。
テーベのヨセフ　不詳。

ヒラリオン（二九一―三七一）　パレスティナ南部のタバタに生まれ、若くしてアントニオスに師事。帰国後、ガザの近くにて修道生活を送る。行く先々で、多くの奇跡を起こしたという。
イスキュウリオン　第二世代の人で、偉大なる師父と称される。ルフィヌスが三七五年頃の生存を伝えるが、生涯の詳細は不明。

K　巻

カシアノス（三六〇―四三五）　スキティアの生まれという。若くしてベツレヘムの修道院に入り、三八五年頃エジプトでエヴァグリオスの弟子となる。後、コンスタンティノポリスでヨハネ・クリュソストモスに師事。さらに四一五年、マルセイユ近郊に修道院を建てる。彼の「修道士規則」は西方修道制の基礎となる。
クロニオス（二八五―三八六）　はじめ共住修道院にいたが、後にアントニオスに従い、そのギリシア語通訳者となる。ニトリアで隠修生活を送り、また司祭に任ぜられた。
カリオン　スケーティスの修道者で、天使的な少年ザカリアはその息子。親子でともに修道の道をゆく。
コプリス　スケーティスの修道者で、ポイメンも言及している。
キュロス　アレクサンドリアの主教キュリロスと同一人物。

Λ　巻

ルキオス　キリキアのロンギノスの友人。シリアで修道者になり、エンナトンのテオドロスとともに生活。祈祷専念派（エウキタイ、あるいはメッサリア派）は、四世紀にメソポタミアで起こった敬虔主義的分派。教会的組織や秘蹟を否定し、エフェソス公会議（四三一年）で異端とされたが、七世紀まで存続した。
ロト　アルセニオスに従い、パネフォのヨセフとも関わる。なお、ピオニストのペトロは彼の弟子。
ロンギノス　キリキアの出身で、ルキオスの弟子。後にエンナトンの修道院長となり、「カルケドン公会議」

に反対した。

Ｍ　巻

エジプトのマカリオス（三〇〇頃―三九〇頃）　上エジプトの出身。若い頃、硝石を運搬するらくだ曳きであったが、早くから修道に志してアントニオスに師事し、三三〇年頃、スケーティスの創始者となる。大マカリオスと称せられ、『霊的講話集』をはじめ、彼の名に帰せられる霊性の文書が多く残されている。
モーセ　アントニオス後の第三世代で、スケーティスの偉大な長老の一人。もと奴隷で、エチオピア人（黒人）と呼ばれていた。晩年に修道者となり、イシドロスに師事。また　マカリオスの言に従って、ペトラに隠棲した。四〇七年のマジク族の侵入に際して、ほかの七人とともに殺された。
マトエス　ライトウに住んだ後、ナイル河の東マグドロス地方に旅したとき、司祭に任ぜられる。後のモティオスと同一人物であろう。
シルアノスの弟子マルコ　シルアノスの一二人の弟子の一人。写字者マルコとも言われ、師への従順が際立つ。彼らがシリアに移る直前に没した。
ミレシオス　恐らくエジプトでの修道生活の後、弟子とともにペルシアの国境に住む。
モティオス　マトエスと同一人物という。モティオスはヘラクレアで、マトエスはその近くのマグドロスで生活した。マトエスとその弟子は司祭に、モティオスと弟子イサクはキュリロスによって二人とも主教に叙階されている。（司祭と主教との混同とも考えられる。）
メゲティオス　二人のメゲティオスについて語られている。第二のメレティオスはエジプト人から教育を受け、シソエスやポイメンと親交があり、後にシナイで生活した。
ミオス　テーベのベレオス出身。彼の語っているスケーティスの師父は、もと奴隷のオリュンピオスのことであろう。

エジプト人マルコ　アレクサンドリアのマカリオス（三九四年没）の聖体祭儀に与る若い苦行者マルコ（パラディオスの『修道者史』に言及される）と同一人物であろう。
都会人マカリオス（二九六―三九三）アレクサンドリアの出身で、三〇歳頃受洗。ニトリアで修道者となり、またスケーティス、ケリアの砂漠に住んだ。司祭となり、厳しい苦行を行った。

Ｎ 巻

ネイルス（四三〇年頃）　クリュソストモスの弟子で、テオドシウス大帝治下、コンスタンティノポリスの長官であった。後に息子テオドルスとともにシナイに隠棲した。東方教会の伝統で重視される「イエスの祈り」を明記した一人。
ニステロオス　アントニオスの友人で、大ニステロオスと呼ばれる。
共住修道者ニステロオス　ポイメンの友人。どこの共住修道院かは不明。
ニコン　シナイ山の修道者。
ネトラス　シルアノスの弟子で、シナイのファランの主教となる。
ネケタス　不詳。

Ξ 巻

クソイオス　はじめのクソイオスは、スケーティスのシソエスと同一人物だという。第二のクソイオスはテーベの人。
クサンティアス　スケーティスの修道者。

Ｏ　巻

オリュンピオス　はじめのオリュンピオスは、「ミオス・二」で語られている長老のことだという。第二の師父はケリアの修道者。
オルシシオス（三八〇年頃没）　共住型修道制の創始者パコミオスの第二代目の後継者として、エジプトのタベンネシ修道院長となる。

Π　巻

ポイメン（四五〇年没）　アルセニオスと同様、アントニオス第三世代に続く時期の中心的師父。兄弟たちとともにスケーティスで修道者となる。四〇七年のマジク族による荒廃後は、テレヌティスの異教神殿跡に修道院を設立した。聖性の誉れ高く、ポイメン（牧者の意）の名に帰せられる逸話は数多い。それゆえ、複数の牧者が想定されよう。
パンボ（三九〇年頃没）　アントニオスの弟子で、ニトリアの修道院の創設者の一人。アタナシオス、ルフィヌス、メラニアなどをも指導した人である。
ピストス　クリュスマのシソエスから教えを受ける。
ピオール　アントニオスに師事し、はじめニトリアで、後にスケーティスで隠修生活を送る。
ピチュリオン　ナイル河中流の東岸、ピスヒルの修道者で、アンモナスの後継者。
ピスタモン　シソエスの知友であろう。
ピオニトスのペトロ　ケリアの修道者だがスケーティスのロトの弟子だとされる。
パフヌティオス（三五〇年没）　アントニオスのもとで修道者となる。マカリオスの弟子。そして司祭イシドロスに学ぶ。はじめ共住修道院に生活し、後に隠修者となった。「長上者」と称せられる。
パウロ　本書にはパウロと呼ばれる人が多く現れるが、ここのパウロはエジプト低地の出身で、テーベの修道者。
理髪師パウロ　パウロとその弟子テモテは、スケーティスで理髪師であった。
大パウロ　ガラテア出身で、大パウロと呼ばれた。
純朴者パウロ　アントニオスの弟子。彼の召命はパラディオスの『エジプト修道史』に詳しい。
ディオスのペテロ　不詳。ディオスはナイル河西岸の町。

Ρ　巻

ローマ人の師父　かつてローマの高官であったアルセニオスのこと。
ルフォス　不詳。
ロマノス　不詳。

Σ　巻

シソエス（四二九年没）　エジプト出身で、若くしてスケーティスの修道者となる。第一世代の重要な師父。ティトエスと同一人物であろう。アントニオスを範と仰ぎ、エジプトのマカリオス、オールに師事。病のためしばらく紅海の近くのクリュスマに住んだが、復帰して七二年間もアントニオスの山地で生活した。三五七年のサラセン侵入後、ピスピルの修道者から援助を受けた。
シルアノス（四一四年没）　パレスティナの生まれ、スケーティスの一二人の弟子の共同体の指導者。三八〇年、弟子のマルコとともにシナイに移り、後にガザ近くに住む。その死後、ザカリアが後継者となる。
シモン　若い頃にアントニオスを訪ね、感化を受ける。ポイメンもシモンの教訓を伝えている。
ソパトロス　四世紀末の下エジプトで論争された神人同形説のことが示されている。
サルマタス　アントニオスの弟子の一人。三五七年のサラセン侵入時に殺されたとされる。

セラピオン（三七〇年没） アレクサンドリア教理学校の長であったが、隠修者となり、アントニオスを友とした。その後、アレイオス派やマニ教と闘ったが、コンスタンティノス二世によってアタナシオスとともに追放され、客死した。
セリノス ポイメンと知友であった。イサクはその弟子。
スピュリドン 四世紀前半、キュプロスのトリムチュスの主教となる。
サイオ 不詳。
サラ 六〇年間ナイル河畔で修道の生活を送った。パヌフティオスと同時代の教母。
シュンクレティケ（三一六―四〇〇） マケドニアの富裕な家柄の出身で、アレクサンドリアに生まれた。両親の死後、遺産を貧しい人々に捧げ、エジプトで隠修者となる。その聖性と知恵のゆえに、近隣の女性たちに大きな霊的感化を与えた。

Τ 巻

ティトエス シソエスと同一人物とされる。
テモテ スケーティスの理髪師パウロの兄弟だという。ポイメン・七〇に出てくるテモテとは別人であろう。

Υ 巻

ヒュペレキオス 五世紀の金言作家。

Φ 巻

フォーカス 五世紀後半、スケーティスおよびエルサレムのテオグニトス修道院で生活した。

フィリクス　不詳。
フィラグリオス　五世紀にエルサレム近くの砂漠にある隠修所で生活する。
フォルタス　不詳。

Χ　巻

コーマイ　不詳。
カイレモン　ニトリアの初期の修道者。かつてはスケーティス、そしてパネファの砂漠に隠棲。

Ψ　巻

プセンタイオス　パコミオスの弟子の一人。

Ω　巻

オール（三九〇年没）　第一世代の、よく言及される師父の一人。初めスケーティスに住むが、蛮族の侵入のためシソエスとともにそこを去り、ニトリアで修道生活を送った。三七四年、メラニアが訪れている。

解説

砂漠の師父たちの生と、その指し示すところ

ここに訳出したのは、『ミーニュ・ギリシア教父全集』第六五巻に収められている Apophtegmata Patrum, J. P. Migne (ed.), Patrologia Graeca, t.65 (pp.71-440), Patris, 1857. である。書名は、直訳すれば単に「師父たちの言葉」であるが、意を汲んで「砂漠の師父の言葉」とした。

本書は、極めて素朴な語り口のうちに深い知恵を湛えた珠玉の作品であり、たとえて言えば、山奥の泉のような趣を有した、知る人ぞ知る古典の一つである。それゆえこの書は、単にこうした分野の専門家や知識人にとってだけではなく、何らか心の渇きや苦しみを抱いて道を求めるすべての人々にとって、真に魂の糧となり得るものであろう。同様の著作で、徳や悪徳のテーマ別に並べられた版(これはラテン語版、そして一部シリア語版で残る)もあるが、今回は、より根源に位置する右のギリシア語版に拠った。(邦訳としては、古谷功訳『砂漠の師父の言葉』あかし書房、一九八六年、があるが、すでに絶版となっている。)

さて、この著作に集められているのは、キリスト教古代、三世紀末から四、五世紀に生きた最初期の修道者たちの言葉である。そこには極く簡潔な文章でもって、霊性の師父とも言うべき往昔の修道者たち(大部分は隠修士)の厳しい修行、透徹した祈り、そしておよそ人間の生に対する深い洞察が語り出されている。事実、本書は、キリスト教的霊性の伝統にあってつねに大きな源泉となり、その後の歴史に対して隠然たる影響を及ぼしてきたのである。

もとより、われわれの生きる現代は、由々しく困難な問題がいわば地球的な規模で山積している時代である。しかし、そうであればこそ、今日われわれは折に触れて、あるいはむしろ一日のほんのわずかな時間なりとも、古の師父たちの厳しくも慈愛あふれる言葉に耳傾け、人間とはそもそも何なのか、何であり得るのかということを、虚心に己が裡に凝視してゆくことが必要なのではなかろうか。というのも、そうした中心の事柄に関われば関わるほど、人の真に問うべき問いは、時と処との一見大きな隔りを越えて、恐らくは二千年前も今もほとんど異ならないと考えられるからである。

本書に登場する師父たちは、世を捨てて砂漠に隠棲し、類稀な禁欲的修行を遂行していった。しかし、それは決して、いたずらに過酷な、修行のための修行ではなかったであろう。確かに、彼らの禁欲、修行の徹底した形態は、大方のわれわれの全く及ぶべくもないものであり、その点、自ら顧みて、忸怩たる思いに捉われもする。だが、彼らはそうした生活のかたちを通してしも、恐らくはやはり、最も人間らしい生を、つまり、すべての人に等しく与えられている人間本性の可能性を、最も豊かに開花させ成就させていったと思われるのである。

ところでこの場合、「砂漠（エレーモス）」という言葉には、象徴的な意味が存した。すなわち、彼らが自ら世俗のあらゆる生活様式を捨てて砂漠に向かったとき、それはいわば、キリストに倣うことの一つの究極のかたちとして択ばれたであろう。その際、砂漠（荒野）にて悪魔による三つの誘惑を受け、それらをことごとく退けたイエスの姿が、およそ人の為すべきわざの典型として受けとめられたのである（マタイ四・一―一一参照）。

この箇所は余りに有名なくだりであるが、そこからも窺われるように、砂漠とは、権力、欲望、虚栄などとの闘いが最も如実に生起する場所の象徴なのであった。またちなみに、三つの誘惑については、ドストエフスキイの『カラマーゾフの兄弟』「大審問官」中の叙述が鮮烈に問題の真相を語り出しており、やはり特筆すべきものであろう。

それはともあれ、砂漠においては、その極めて厳しい自然条件のゆえに、ほとんどすべての存在のかたちは風化し消失する。従って、そこでは生を営むに必要なぎりぎりの境が現れてくるとともに、そこに生きる人の生そのものが一体何であるのかが、つまり真に何を拠り所とし何を目的としているのかが、容赦なく暴き出され、根底から試されてくるであろう。そのことに耐え、己れを凝視してゆくほかない限りで、砂漠はまた、究極の根拠としての神が最も如実に現前してくる場ともなり得たのではなかろうか。この意味では、かつて砂漠の奥深くに営まれた隠修士としての生ですら、単に世界から孤立した自閉的な生であったのではなくて、いわば世界と自己存在との根源に立ち帰ることを介した神的交わり・愛の生であったと考えられよう。

そこで、つぎにまずは、そうした師父たちを巡る歴史的な事柄について概観し、その後で、彼らの生の本質的なかたちとその究極に志向するところとを、いささか明らかにしてゆきたいと思う。

一　砂漠の師父たちを巡っての歴史的概観

アントニオスの登場

本書に言行録が残されているような最初の隠修士の登場、そしてキリスト教的修道制の起源は、三世紀後半にまで遡る。それは象徴的な出来事としては、かのアントニオス（二五一―三五六）が突如として召命を受け、二七一年、下エジプトにて砂漠の隠修士（モナコス）となったときのことである。もとより、使徒とそれに続く時代においても、清貧と貞潔を旨とする生活を遵守した人々は数多く存し、彼らも広義の修道者と呼ばれてよいであろうが、明確な修道制の起源としては、三世紀後半の下エジプトにあるのである。

よく知られているように、エジプト（コプト）人の農夫の子であったアントニオスは、教会で一司祭の読む次のような言葉を聞いた。

「もし完全な者になりたいのなら、行って自分の持物を売り払い、貧しい人々に施せ。そうすれば、天に宝を得ることになろう。そしてわたしに従うがよい。」（マタイ一九・二一）

イエスのこの言に心貫かれたアントニオスは、直ちにその命令を遂行しようとして、下エジプトの砂漠に隠棲したと伝えられている。そして祈りと手仕事を中心とした修道の生活に己れを捧げ、生涯それを全うしたのである。その途上、アントニオスはしばしば悪霊からの誘惑を受けたが、己れをありのままに神に委ね、神的な霊に聴従することによって、誘惑をことごとく退けることができたという。

ちなみに、『ニカイア信経』（三二五年）という正統の教理の確立に大きく寄与したアタナシオス（二九五―三七三）は、かつてこのアントニオスに師事し、『アントニオスの生涯』という伝記を著した。その作品は、その後のあらゆる聖者伝の先駆けともなる。すなわち、アタナシオスの手になるアントニオス伝は、三八八年頃、アンティオキアのエヴァグリオス（三九三年没）によってラテン語に訳され、西欧ラテン世界にも広く知られるようになったのである。その影響は東方・ギリシア語の文化圏を超えて広範囲に及ぶが、たとえば、「西欧の父」と称せられるアウグスティヌス（三五四―四三〇）も『告白』の中で、アントニオスの修道の姿が自らの回心の一つの契機ともなった事情について述べている。またずっと下って、一九世紀フランスの文人フローベル（一八二一―一八〇）なども、『聖アントワーヌの誘惑』なる作品の執筆、その何回もの書き直しに、ほとんど終生を費やしている。

隠修士をめぐる歴史的要因と具体的生活

三世紀末頃から、エジプトをはじめとして、パレスティナ、シリアなどの地に、アントニオスのような師父に倣って、隠修士としての生活に身を投じた人々が多数現れるようになった。そのことはむろん、それぞれの人が自らの出会いと内的召命に呼応していった結果であろう。が、そこには他方、その時代特有の社会的歴史的要因も存したのである。

すなわち、キリスト教とその使徒的交わり（教会）は、その成立のはじめ、異教世界からの迫害を受け、そうした険しい過程において自らの信を鍛えられていった。恐らくは殉教者の血が、キリストの信の真実を証しし、その霊的な交わり、共同体に栄光を与えるものともなっていったのである。だが、三世紀の半ばともなると、大勢として迫害の脅威はやや遠くなっていた。もっとも、ローマ帝国のデキウス帝（在位二四九―五一）とディオクレティアヌス帝（在位二八四―三〇五）のもとでの迫害は激しいものであったが、時代の趨勢を覆すものとはならなかった。そして周知のごとく、コンスタンティヌス帝（在位三〇六―三三七）の改宗とキリスト教公認（三一三年、ミラノでのキリスト教徒保護令）、さらには「ニカイア公会議」（三二五年）の開催によるアレイオス派の追放と続く。そうした大きな転換により、かつてはその真実性が迫害の受容と殉教の血とによって試されたキリスト教会は、国家によって保護されて、社会的に恵まれた集団へと変化してゆくことになる。

しかし、そのことは他面、多くの人々にあって、ややもすれば社会的な特権に安住し奢侈に流れるといった、弛緩した状況をも生み出してゆく。かかる風潮の中で、自ら進んでそれに抗して、福音の本来の精神に立ち帰ろうとした人々は、神的な霊の働きとその召命に与らんとして、あえて険しい狭き門を択んでいった。そして先のアントニオスは、そうした隠修士たちの元祖であり典型であったのである。

ところで、本書の叙述からもよく窺えるように、隠修士たちは荒野の洞窟や庵などに、単独ないし数人で生活した。日々の生活は、祈りや詩編朗唱、労働、読書などに費やされ、また厳しい苦行や断食などを実践するというものであった。ふつう彼らは野菜畑や小さな田野を耕し、しゅろの枝や葉で訪問者たちに売る籠を作ったり、生活に最小限必要なものを買うために物売りにも出ている。が、彼らのそうした姿は全体として、すべてが相俟って絶えざる祈りとしての生へと定位されていたのである。そのことのより善き実現のために、彼らはさらに、折々その道の長老、霊的師父に教えを仰ぎ、与えられた言葉に何によらず聴従してゆく。それは、およそ人間のうちに何重にも深く、また頑強に潜んでいる自我への執着、傲りが、少しずつなりとも打ち砕かれんがためであった。
また、彼らの生活した地域について一言しておこう。アントニオスの弟子たちは、ナイル川下流の谷にあるピスピルに最初の中心地を建設した。同様のものは、アレクサンドリアの南東六〇キロ、ニトリア砂漠の中にも作られた。そして三三〇年頃、エジプトのマカリオス（三〇〇頃—三九〇頃）は、ニトリアからさらに南方七〇キロのスケーティス砂漠の中に、隠修士の集落を創設したが、その地はコプト的修道生活の中心地となってゆく。他方、ニトリアの方は比較的開けた地で、ギリシアの影響を受けやすく幾分か学究的な修道生活の中心地の一つとなったのである。

訪れた人々

東方の修道制を学ぶためにエジプト、パレスティナ、シリアなどの地を訪れた人々の中で、歴史的に重要なのは、カイサリアの大バシレイオス（三三〇頃—三七九）、ルフィヌス（三四五頃—四一〇）、エヴァグリオス・ポンティコス（三四五頃—三九九）、メラニア（三八三—四三九）、ヒエロニュムス（三四〇頃—四二〇）、パラディオス（三六五頃—四三一以前）、マルセイユのカッシアヌス（三六〇頃—四三〇頃）といった人々である。

彼らについては、関連する事柄のみ極く簡単に記しておこう。大バシレイオスは「カッパドキアの三つの光」と称えられる三教父の一人で（ほかにナジアンゾスのグレゴリオスとニュッサのグレゴリオス）、エジプト、シリア、パレスティナなどでアントニオス風の独住型修道制とパコミオス（後述）による共住型修道制に学び、とくに後者を発展させて、いっそう体系化された共住型修道制の確立に努めた。それゆえ大バシレイオスは、「東方修道制の父」と目されるのである。そしてルフィヌスは、多大な聖書註解書を著したオリゲネス（一八五頃―二五四頃、ただしギリシア語原文の大部分は散佚）の弟子で、師の著作のラテン語訳者として知られるが、『砂漠の師父の言葉』に続く古典的資料である『エジプト修道者の歴史』Historia Monachorum in Aegypto（同じく著者不詳）をもラテン語に訳した。他方、エヴァグリオスは、エジプトのニトリアの山中やケリアにて十数年間修行した後、オリゲネスを受け継ぐ霊的著作を記している。

またメラニアはローマ元老院議員の娘で、夫と二人の子の死後、自ら修道に志し、父の遺産を提供してエジプト、シリア、パレスティナなどの地で修道院創設のために尽力した。ヒエロニュムスはウルガタ訳・ラテン語聖書で名高いが、ローマで迫害を受けた後、彼を信奉する有力な協力者たる寡婦パウラ（三四七―四〇四）やその娘エウストキウム（四一九没）らとともにベツレヘムに落ちのびて、修道院や学校を建設している。そして歴史家パラディオスは、かつてエヴァグリオスに師事し、宮廷の侍従ラウソスに宛てた『ラウソス修道者史』Historia Lausiaca を著した。それは、エヴァグリオスの霊的著作を一つの範としつつ、エジプトその他の地の師父たちの言行を描き出したものである。他方、カッシアヌスはラテン語での『問答集』などの著作を通して、西方修道制の伝播と形成に小さからぬ影響をおよぼした。

共住型修道制への移行

『砂漠の師父の言葉』に名前の上がった人々の大部分は、右に見てきたような隠修士に属した。彼らの独住型ないしそれに近い修道の形態は、後々にまでよく保持されてゆくのだが、他方、一定の規則・戒律のもとに集団で生活するという共住型修道制も登場し、大きな発展を遂げることになる。それはパコミオス（二九二―三四六）によって、三二〇年頃からはじめて組織化された。それははじめ、上エジプトのテーベに据えられ、タベンネシがその中心地となる。

パコミオスは組織者、管理者としての資質に恵まれた修道者であり、増大する修道者の生活を安定したものにするために、耕作をはじめとする労働に一種の合理性を取り入れ、修道院長のもとでの規律ある共同生活を組織したのである。それゆえ、そこにあっては清貧や貞潔に加えて、上長への服従ということがつねに守るべき徳として尊ばれた。ただ、すでに触れたように、隠修士たちの間でも霊的師父に対する聴従の姿勢は、至上のものですらあったのだが、共住型修道制にあっては、それが外的な制度としても取り入れられたことになる。また日常の生活形態としては、一般に共住修道院の制度は、隠修士の厳しい禁欲的修行に比して、比較的穏健であった。

実際、その共住修道院にあっては過酷な苦行よりもむしろ従順が尊ばれ、酒、肉、油は禁じられたが、パン、魚、チーズ、果物などは許された。詩編朗唱を日課とする共同の祭儀も、現代の観想修道院の聖務以上に著しく長くはなかったという。それぞれの修道院は千人ないし二千人からなる小さな町を形作っており、彼らは三〇ないし四〇の宿舎に分かれて生活していた。そして各修道院は、一人の総会長のもとに修道会として存在したのである。もっとも、すべてがそうした共住型修道院に取って代わられたのではなくて、東方においては、隠修士の独住型修道院も、依然として各地で発展し続けたのである。

それはともあれ、パコミオスの創始した新たな修道形態は、とりわけ四世紀後半のカッパドキアにおいて、大バシレイオスの主導により、修道と学とが渾然と融合したようないわば学究的修道院制へと展開していった。そこにあっては、隠修型はもはや採用されず、また元来のパコミオス型そのままでもなくて、古代ギリシア的な伝統における教養（パイデイア）と哲学（ピロソピア）が、より積極的かつ批判的に摂取され、ある拮抗のもとに超克されて、一へと統合されているのだ。また、それとともに、修道院は教会（エクレシア、全一的な交わり）へと改めて結びつけられ、修道士たちのうちで司牧と教育に携わる人々が数多く出てくるのである。因みにそうした傾向は、後にベネディクトゥス（四八〇頃―五四七頃）によって受容され、いわゆるベネディクトゥス会則のもと、その後の西方の規範となる定住修道院制へと結実してゆくことになる。

バシレイオスの規則は比較的穏やかなもので、九世紀、コンスタンティノポリスのテオドロス（七五九―八二六）のストゥディオス修道院の組織化のために用いられた。それは、そこからさらに、ギリシアの北方、聖山アトスの諸修道院に伝えられ、後にはまた、キエフとロシアの修道院に継承されてゆくのである。

ただし、重要な一点を付け加えるなら、そうした東方の修道制は全体として、共住型修道制そのものの中にあっても、依然として隠修型への傾向と親近性を持ち続けたのだ。それはいわば、修道の理念の中心に存するもの、霊的賜物への心披かれた姿勢であった。そしてこの意味で、かの砂漠の師父たちは、右にわずかに見定めたすべての修道制の源に位置し、ひいてはまた、すべて労苦して道を求める人々にとって、時と処との隔たりを遙かに超えて、まさに生の道行きの一つの源泉とも範ともなり得ると考えられよう。

二　師父たちの生のかたちと、その指し示すところ

道行きの端緒

さて、砂漠の師父たちの修道の生とは、いかなる内実を有するものであったか、そして、そこに志向されていた究極の目的とは何であったか。このことについて以下、改めて師父たち自身の言葉に拠りつつ、その基本線を少しく見定めておこう。

彼らの具体的な生活形態は、今日、大方のわれわれにとって余りに特異で苛酷なものに見える。しかし彼らは決して、ある種の自己満足のために殊更に奇異な生活に飛び込んだのではなくて、恐らくは人間の自然・本性（ピュシス）に与えられた可能性を凝視し、それをしも豊かに開花させようとしたのだ。すなわち、旧・新約聖書の伝統に即して言うならば、人間は「神の似像（エイコーン）」、あるいは「キリストの花嫁」という姿に向けて創られたという。それゆえにまた、人間は、「神（＝存在）を受容するもの」、「神に似たもの」と成りゆくべく創られたということになろう。師父たちはそうした本源の招きにあるとき心打たれ、その呼びかけに対して能う限り忠実に応答していったのだと思われる。そして、そのために彼らの取った道が、砂漠での険しい隠修の生であった。

しかしそれにしても、なぜ彼らにとって、現に取るべき道は、そのような厳しい生活様式でなければならなかったのだろうか。それに答えるためには、彼らの択んだ具体的な生活とそこに秘められた究極の目的との連関が明らかにされなければなるまい。が、そのことの機微は、まずは彼らの道行きの端緒・発動そのもののうちに窺われるであろう。なぜなら、真実の端緒、出会いにおいては、その終極ないし目的がすでにして何らか現前していると考えられるからである。では、そうした道行きの端緒とは

何であったか。

それは、すでに言及したアントニオスの召命に見られるように、あるとき神的な言葉に心貫かれたということに存しよう。ただし、聖書の特定の言葉だけがそうした働きを為すというのではなくて、きっかけとなる具体的な言葉、経験は、ある意味で何であってもよいであろう。だがそこには、他のすべての言葉、すべてのものがいわば収斂し、浸透してくるのだ。すなわち、人が何かある言葉、ある経験に心貫かれて、真に道行きの端緒に立たしめられたとき、そこには、それまでの自分の来し方、経験のすべてがひとたび収斂し、かつ突破されて、いわば自らの魂が超越的な働きを宿す場とも器ともなるであろう。そしてそのようなとき、世界はそれまでとは全く違った相貌を示すことになる。つまり、従来自分のさ迷う心を占めていた諸々の像・かたちはほとんど無化され、それゆえ、世と人との関わりのかたちも、原理的にはひとたび根底から突破されてしまうのである。

ところで、道行きの真の端緒がこのようなものであるとすれば、そこには一方で、心貫かれたという確かさ（確実性）があるとともに、他方、自己はある不可知で超越的なものの働く器・場となっているので、ある意味で自己自身が謎かけられているのだ。というのもその際、「自己とは何か」と問うことは、取りも直さず、「自己を貫いてきた超越的なるものとは何か」と問うことでもあり、その問いは本来、無限性へとどこまでも披かれ、決して完結・停止したり解消されたりし得ぬものだからである。

言い換えれば、根源的な道行きが真に発動するとき、自己はもはや同一性が確保された実体（ウーシア）なのではなく、かえってその固定した境域を突破されて、自らを貫いてきた何らか超越的なるものへの愛に促されるであろう。そしてここに、その不可知なるもの・超越的なるものを指し示すしるしとして、神（テオス）なり神性なりの名が発語されることになる。（逆に、人間的知の限界内に捉えられ対象化された限りでの神は、実は神の名に値せず、人の造り出した偶像に過ぎない）。

この点、たとえばアントニオスは人に答えて、端的に次のように言っている。
「どこに行こうとも、そなたの眼の前につねに神を思い浮かべるがよい。」（アントニオス・三）
「眼の前につねに神への畏れを持て。」（同・三三）
これは、道行きの端緒に現前しているものをつねに持ち堪え、神への愛に己れを差し向けてゆくようにとの言でもあろう。
だが、こうした訓戒が第一に与えられるのは、「真実には在らぬもの」（神ならぬもの）――つまり、権力、快楽、財、名声等々はほとんどすべてその中に入るであろうが――にわれわれが陰に陽に執着し、そうした有限なかたちに捉われることが余りに多いからにほかなるまい。そして、それらを巡って生じるさまざまな情念（パトス）に自ら進んで抵抗せず、それらに服してしまうときには、人間的な自然・本性（ピュシス）に与えられた種子的な可能性は塞がれ、その内的生命が枯渇してしまうであろう（ルカ伝八章）。
であればこそ、師父たちが修道の道として択んだ具体的な生活は、罪の悔改めと厳しい禁欲的修行というかたちを取ることになる。が、それはむろん、単に修行のための修行に閉じられたものではなくて、およそ魂・人間の内的生命が、つまり神性を受容し宿すべき可能性が、真に豊かに開花してゆくためのものであったと考えられよう。
「人は神を畏れることによって、神の霊を自分の中に住まわせた」（ポイメン・七五）
と言われるゆえんである。

絶えざる試練と悔改め

右のような道行きの端緒とは、人があるとき神性の働きに心貫かれた姿であり、勝義の「信」という

「魂のかたち」であろう。従って、それはまた、人間が真に人間と成りゆくための、いわば「第二の誕生」のはじめでもある。
しかし、そこでの種子的な姿が真に開花し成就してゆくためには、険しい試練を経てゆかねばならない。なぜなら、人間的自然・本性が開花してゆく道行きは、一方的な必然の道ではなくて、自由な意志による応答によって、より善きもの（開花）にも、より悪しきもの（枯渇）にも成り得るからである。この意味では、さまざまな試練がわれわれに降りかかってくるのは、人間に与えられた根源的な可能性を、いわば逆説的に証するものであろう。すなわち人間は、単に動物のように自らの種的形相（限定）を世代を通じて保持してゆくだけではなくて、より積極的に無限なるもの、真に「在りて在るもの」（＝神）に与り得る可能性を担っているのである。それゆえ、次のように語られている。
「人間の偉大なわざとは、神の前で自分の過ちを凝視し、最後の息を引き取るまで試練を覚悟していることである。」（アントニオス・四）
「試練を取り除いてみよ。そうすれば何人も救われることはないであろう。」（同・五）
「試練は善いものである。というのも、それは人間を鍛えることを教えるからだ。」（ポイメン・一二四）
右の言葉にはっきりと示されているように、およそ修道の道、人間が真に人間となりゆく道においては、何人も完全に目的に達したなどということはあり得ない。一見どれほどの高みであれ、そこに安住し停止することは、本来の内的生命が枯渇し死んでゆくに等しいのだ。とすれば逆に、さまざまな試練と苦しみがあるということ自体、とくにそれが正しく受けとめられて、然るべき格闘が存する場合には、魂のより善き形成の可能性を証示するものと考えられよう。
かくして、師父たちの道は、その都度己れ自身を越え出てゆくような絶えざる伸展・超出の道となる。だが、それは決して一方的必然的な上昇の道ではなくて、日夜己れを凝視し、その罪を悔い改めつつ、さまざまな欲望と執着とを能う限り浄めてゆく否定の道なのであった。この点、枚挙にいとまがないのだが、たとえば次のように言われている。
「自分自身に注意せよ。わたしに関して言うならば、諸々の罪がわたしと神との間の暗い闇となっている。」（アンモエス・四）
「父よ、この道において何か、より優れたものを見出されましたか。……それは、絶えず自分自身を責め、非難することです。」（大主教テオフィロス・一）
「彼女の一時間の悔改めは、……他の多くの人々の長い悔改めよりも、遙かに神に受け入れられる。」（ヨハネ・コロボス・四〇）
「自らを無とせよ。自らの意志を後ろに投げ捨てよ。そうすれば平安を得るであろう。」（シソエス・四三）
右に少しく窺ったように、師父たちの歩んだ修道の道は、その基本的動向としては、「道行きの端緒（根源の出会い）」、「神への愛（超越的な神性へと己れを越えゆくこと）」、そして「絶えざる試練と悔改め」といった三つの契機を有している。だがそれらは、恐らくは一つのこととして、しかもほとんど同時的に成立してくると考えられよう。
ただそれにしても、それらは単に心のうちなる働きに閉ざされたものではあり得ず、本来は、個々の禁欲・修行のわざ、そして人とのさまざまな関わりを通して、この世とこの身に、その都度具体化されてくるものであった。そしてそこに、人間の身体性の機微が潜んでいるのである。ともあれ、次に、師父たちの個々の禁欲的なわざと訓戒の意味するところを見てゆくことにしよう。

禁欲的なわざの諸相——厳しさと寛容

砂漠の師父たちの禁欲的修行は、余りにも凄まじく、また透徹したものであり、その生は全体として、さまざまな悪しき情念や我欲との絶えざる闘いであったであろう。が、それはまずは、世を捨てて砂漠に入り、粗末な庵の中で孤独に沈潜することに始まる。
この点たとえば、ある師父が主に向かって、「どうすれば救われるでしょうか」と祈ったとき、次のような声が聞こえてきたという。
「人を避けよ、沈黙せよ、静寂を守れ。これらこそが罪を犯さぬ元である。」（アルセニオス・二）
あるいはまた、修道者にとって大切なものは「清貧、柔和、節制であり」（エリア・八）、「清貧、苦行、そして人を避けることだ」（テオドロス・五）とも言われる。なぜならば、「魚が乾いたところに長い間いると死んでしまうように、修道者も修屋の外をうろついたり、世の人々と無為な時を過ごしていると、静寂の緊張をゆるめてしまう」（アントニオス・一〇）からである。
彼らはまた、夜を徹しての詩編朗唱や断食等々の苦行を行う。そして、自らよく実践しつつ、次のような訓戒を与えるのである。
「自分の正しさを過信せず、過ぎ去ったことをいたずらに悔やまず、自らの舌と腹とを制するがよい。」（アントニオス・六）
「清貧、苦悩、厳格さ、断食こそ、隠修生活の道具である。」（ポイメン・六〇）
そうした訓戒が与えられるのは、魂・人間が有限なものの移りゆく像に満たされ、そこからさまざまな想念によって、かき回されることのないために、であった。ただ、その傾き、習いは、本来の自然・本性には反することであるにもかかわらず、現実にはわれわれの魂の奥深くに附着し、何重もの曇りを作っている。であればこそ、舌と腹とを制することが殊のほか尊ばれるのだ。そして、その理由は次のような見事な比喩で説き明かされている。

「箱を満たし、捨てておかれる衣服は、時が経てば朽ちてしまう。想念とて同じことだ。それらは体で実行しなければ、時とともに消えてしまうか、あるいは朽ちてしまうだろう。」（ポイメン・二〇）
「蛇とさそりとを容器に入れ、閉じこめておくと、時とともに完全に死ぬ。それと同様に、悪霊によって生じる淫らな想念も、忍耐によって消えてしまうものなのだ。」（同・二一）
ところで、さまざまな禁欲的な修行は、決してそれ自体が目的なのではなかった。それらはひとえに、自己の全体（魂と身体との結合体）が、心砕かれた謙遜の裡に神的な霊を宿し、そのような仕方で人間としての可能性を開花させることへと向けられていた。それゆえ、真の目的のために必須のものたる謙遜が欠けているときには、禁欲のわざそのものもほとんど意味を失うのである。
従って師父たちは、弱さゆえに諸々の罪に陥ってしまった者に対してよりも、むしろかなりの修行を為す中で傲りに捉われている者に対して、いっそう厳しい言葉を浴びせかける。たとえば、人から称讃を受けた修道者が小さな侮辱にも耐えられぬのを見て、アントニオスは言う。
「そなたはちょうど、正面は立派に飾り立てられているが、裏側は盗賊に荒らされている村のようだ。」（アントニオス・一五）
また別の例では、誘惑に陥ったある修道士が追放され、アントニオスのもとに身を寄せた。しばらく経ってアントニオスは、彼をもとの共住修道院に送り帰したのだが、人々は彼を受け入れようとしなかった。そこで、次のように諭される。
「船が海で難破し、積荷をすっかり駄目にして、ほうほうの体で陸地に辿り着いた。それなのに、そなたたちは陸地に着いて救われた者を、再び海に投げ込もうとしているのだ。」（同・二一）
あるいはまた、天使のように何の煩いもなく生きたいと言って、一種の高ぶりから砂漠へと迷った者が、一週間後に戻ってきて戸を叩いたとき、こう言われる。「彼は天使になり、人間の間にはいない」と。

そして、困惑のまま放置された後、最後に戸が開かれ、「食べるためには、また働かなければならない」（ヨハネ・コロボス・二）と告げられるのである。
だが他方、師父たちは己に対しては厳しいが、他者に対しては、ときに驚くほど寛容で慈愛あふれる態度を見せる。たとえば、兄弟が祈りの時間に居眠りをしているのを見たらどうすべきか、と尋ねられて、ポイメンは言う。
「わたしならば、兄弟が居眠りをしているのを見たら、彼の頭を膝の上に置いて休ませる。」（ポイメン・九二）
そしてさらには、「兄弟が罪を犯しているのを見たら、彼を叱らずに通り過ぎる」（同・一一三）とさえ言われている。が、もとよりこうした言葉は、罪をいたずらに容認するものではなくて、むしろ、苦行ないし修行がしばしば傲りを生み（シュンクレティケ・一六）、そこに人を裁く心が忍び込んでくることを戒めるものと解されよう。

裁きを神に委ねること

「人を裁いてはならない」という訓戒は、師父たちの言に数多く見られる。それはある意味では、身体的な苦行よりもむずかしく、また魂の深みに関わってくる事柄として捉えられていた。というのも、われわれは多くの場合、自分の一方的な規準や思惑で人のことを判断して、批判がましい言葉を口にしたり、あるいは口にしないまでも、心の中で人を断罪したりすることがあろうが、そのような仕方で、実は自分の魂に不義のかたちを刻み込んでいるからである。
この点について師父たちは、以下のような透徹した言葉を発している。たとえば、修屋に逃げ込んできた殺人者を役人が探しにきた状況を想定して、次のように言われる。

「もしそなたが嘘をつかなければ、その男を死に引き渡すことになる。つかまえずに、神の御前に彼を委ねよ。というのも、神はすべてをご存じだからだ。」（アロニオス・四）
あるいは、罪を犯した兄弟が司祭によって教会から追い出されたとき、ビザリオンという師父は立ち上がり、「わたしもまた、罪人である」と言いながら、彼とともに出ていったと伝えられている（ビザリオン・七）。
またさらに、以下のような言葉は、人への裁きと罪がいかに人を神から遠ざけるかということを、そして逆に、人の救い（つまり魂の健やかさ、完成）というものがどこに存するかということを、鮮やかに洞察している。
「人が謙遜で貧しく、また他人を裁かないならば、神への畏れが生ずる。」（エウプレピオス・五）
「人が自分に眼を向けて、自分を非難するとき、その兄弟は彼のそばで価値ある者に見える。しかし、自分がよいと思ってしまうと、その兄弟は彼のそばで悪しき者に見える。」（ポイメン・一四八）
「誰にも悪を為さず、誰をも裁いてはならない。これを守れ。そうすれば救われよう。」（エジプトのマカリオス・二八）
「何事においても人を裁かないために、人に対して死人にならねばならない。」（モーセ・一四）
「われわれが兄弟の過ちを隠すときには、神もわれわれの過ちを隠してくださる。しかし、われわれが兄弟の過ちを暴くときには、神もわれわれの過ちを暴く。」（ポイメン・六四）
「立て、神はおまえをお赦しになった。だが、これからは、神が裁く前に他人を裁かぬように心せよ。」（テーベのイサク・一）
このように師父たちは、口を極めて人への裁きを戒めている。人を裁かないということは外なるわざであるとともに、うちなるわざであり内面の見張りであろう。そして、諸々の外的な禁欲のわざとは、まさにそこへと向けられ、それを目的として為さるべきものであった。すなわち、「身体的な苦行と内面の見張りとは、どちらがより優れているか」と問われて、アガトンはこう答えている。
「人間とは樹木のようなものであって、身体的な苦行は葉であり、内面の見張りは実りである。……すべての熱心さは実りのために、つまり理性の見張りのためにある。しかし他方、葉による保護と飾りも必要であり、それがすなわち身体的な苦行のことなのだ。」（アガトン・八）
ただし、ここには内面の見張りが苦行の目指すべき実りだと言われているが、その内面の見張りは、さらに人間としての真の実りたるわざに開かれているのである。

身体性の意味

そこで、人間が否応なく抱えている身体性の意味について、わずかばかり言及しておこう。

右のような師父たちの言葉からも窺えるように、彼らにあって魂とは本来、身体ないし肉体から分離した自存的なものとして捉えられてはいない。すなわち、一方で魂が、神性・善性をすでにして完成した永遠なる仕方で保持し、他方そうした魂が、身体という低位の悪しきもののうちに（そしてこの世に）落下して、そこに閉じこめられているといった、ある種の善悪二元論的な把握（いわゆるグノーシス主義やマニ教など）は、はっきりと退けられている。その際彼らは、魂と身体との全体としての人間が神性を受容する可能性を望見しつつ、他方、自らの意志による背反によって頽落してしまう弱さを凝視しているのである。

それゆえ、心ないし魂さえしっかりしていれば、外なるわざ・行いがどうあろうと構わないとか、真の我は影響されずに保持できるなどとは、誰も言えないのだ。そして、内的かつ外的な修行・わざは、確かにそれ自体が目的ではないのだが、またそれなくしては、魂・人間の真の実りもないことになろう。

この点、簡明に、

「求められているのはわざであって、実を結ばぬ言葉ではない」（ヤコブ・四）

とある通りである。つまり魂は神的なものとして、はじめから完成したかたちで自存しているのではなくて、魂・人間の全体としての開花は、目に見えるわざと見えざるわざとにおいて実現してゆくというところに存しよう。

してみれば、ここに身体とは、もはや人間の単に外的な部分なのではなくて、むしろ、魂・人間の全体が神（＝存在）を受容してゆくという、その変容可能性を担う何ものかだと考えられよう。それは、身体の通俗的な意味合いを越えており、とくに身体性と呼び得るものである。

ここに至れば諸々の禁欲的なわざ・修行はもとより、内面の見張り、祈り、観想などもまた、魂と身体との相俟ったわざだと言ってよい。そしてそれらは、魂と身体との全体たる人間がより善く形成され、本来の可能性が開花してゆくための道行きの姿なのである。

謙遜への収斂

さて、さまざまの禁欲的なわざ・修行は、内的なものも含めてすべて、謙遜ないし謙虚さという一点に収斂してゆくべきものとして捉えられていた。これについては、先の「人を裁いてはならない」という訓戒と同様、師父たちは一致して、謙遜を至上のものとして称えている。すなわち、ある隠修者が悪霊に対して、「何によっておまえたちは追い出されるのか、断食か、徹夜か隠修生活か」と尋ねたとき、悪霊は、「謙遜以外にわれわれに勝つものはない」と言ったという。それゆえ、続いて次のように語られる。

「わたしたちを救うのは、苦行でも徹夜でも、どのような労苦でもなく、ひとえに真の謙遜です。」（テオドラ・六）

同じく、それぞれの具体的な物語の後に、次のように言われている。
「キリストの掟が指し示すところの謙虚さによって、悪霊の傲慢はいつも破られる。」（ダニエル・三）
「謙遜と神への畏れとは、あらゆる徳にまさる。」（ヨハネ・コロボス・二二）
かくして、謙遜とは悪魔の最も恐れるところであり、悪魔に打ち勝つ最上の力だとされる。それは、人が神的な霊の働きに対して己れを全体として委ね、その神的な働きを受容する器とも道具ともなった姿であった。それゆえ、謙遜の姿においてこそ、神性とその栄光が最も豊かに宿りきたり、発現することになろう。この意味で、まさに次のように言われるのだ。
「修道士の冠は謙遜である。」（オール・九）
ちなみに、砂漠の師父たちの話には、人を罪へと誘惑し、非存在の淵に陥らせる何ものかとして、しばしば悪霊ないし悪魔が登場する。では、そうした悪霊の正体は何なのか。この点ポイメンは、悪霊の攻撃について尋ねられて、驚くほど簡明に、こう喝破している。
「悪霊どもがそなたを攻撃すると言うのか。われわれが自分の意志を行う以上、彼らがわれわれを攻撃するのではない。事実、われわれの意志が悪霊になるのである。つまり、意志を実現するためにわれわれを悩ますものは、われわれ自身の意志なのだ。」（ポイメン・六七）
悪霊や悪魔などというと、ふつう悪の権化、悪の実体化されたものと看做しがちであるが、右の一文では、そうした対象化された語り口が突き抜けられて、「われわれの意志が悪霊になる」と言われている。もとよりそれは、悪霊の険しく執拗な、また何らか実在的な力をいたずらに軽視する言葉ではあるまい。それはむしろ、己れ自身の自由の深淵、意志的背反の闇をしも凝視しての言葉であろう。すなわち、人間の意志と自由は、ときにそれが悪霊となって敵対し攻撃してくると見えるほどに、不可思議な闇を抱え込んでいるのである。

ところで、そうした「悪霊」＝「自由の深淵」との闘いに際して、師父たちにあって殊のほか尊ばれていたのは、長老への従順ないし聴従という姿勢であった。それは謙遜ということの端的な現れでもある。
「修道者は、できれば、自分の進んだ段階や修屋で飲むひと滴の水についてすらも、自分がもしや躓いているのではないかと、進んで長老に告白せねばならない。」（アントニオス・三八）
もとより、自分が納得し善いと思ったことについては従い、納得しなければ従わないというのであれば――それは通常のわれわれの姿であろうが――、師父たちの言う従順にはほど遠い。そのようなときには、いわば善悪の相のもとに自分を欺いていることになろう。この点、本書には長老に対する驚くべき従順の例が記されており、その姿はまさに徹底したものであった。では、なぜ従順ということがそれほど重視されるのかと言えば、その目的はひとえに、謙遜と神への畏れが体現されることに存したのである。実際、次のように語られている。
「共住修道院にいるときは、苦行よりもむしろ従順を選びましょう。というのも、苦行は傲りを、従順は謙遜を教えるからです。」（教母シュンクレイティケ・一六）
そしてすでに述べたように、謙遜とは、人が心砕かれつつ神的霊の働きに対して、それを能う限り受容する器・場とも道具ともなった姿なのであった。そのようなとき、まさにこう言われ得るのである。
「彼は神を畏れることによって、神の霊を自分の中に住まわせた。」（ポイメン・七五）

絶えざる道行き

しかし、究極の方向がそのように示されるとしても、悪霊との闘い、つまり自らの自由の闇との闘いは、師父たちにとって最後まで持ち堪えられるべきものであった。従って、彼らの生とは、絶えざる自己凝視、己の罪との闘いという道行きそのものであったと考えられよう。すなわち、人は「つねにさまよいながら道を全うしなければならず」、さらには、
「神に近づけば近づくほど、自分が罪人であることが分かる。」（マトエス・二）
してみれば聖人とは、決して、ある一つの悟りに到達してそこに止まっている人のことではなくて、およそ人間の闘うべき闘いを最も如実にかつ鮮烈に担っていった人のことであろう。逆に、人がもし神を直視したとか、絶対無の境地に達したとか言って、もはやそれ以上変容・伸展する動きがないのならば、それは傲りであり、真の修道からの逸脱となろう。
それゆえ、たとえば、「修道の道にあって、より大きな努力を要する徳は何でしょうか」と尋ねられて、ある師父はこう述懐している。
「赦してほしい。実は、神に祈るより労苦を要するものはないと思う。……（敵と）闘う者には、最後の息を引き取るまで、祈りが必要である。」（アガトン・九）
なぜならば、「悪魔のわなは沢山あり」、貧しさによって人の魂を動揺させられなければ富を餌として与え、暴力と侮辱によって倒すことができなければ、称讃と名誉をもたらし、それでうまくゆかなければ、快楽ないし苦しみ等々、あらゆる手段によって人を欺き、神への愛を乱そうとするからである（シュンクレティケ・七）。であればこそ、師父たちの道行きは、最後まで試練との絶えざる闘いであり、己れをなみしてゆく道行きであった。そして、それは同時に、心砕かれた謙遜の裡に、そうした否定を介して神的な霊を受容し宿しゆく道を証ししているのである。

他者との全一的な交わり

師父たちの生とは確かに、世を捨て、人との交わりを努めて避けた、孤独な沈潜を旨とするものであ

った。しかしそれは、決していたずらに自らの内面に閉ざされたものでも、自己と神との一対一の関わりに留まるものでもなかった。実際、険しい隠修の生を実践した彼らは、不思議と兄弟に対して心披かれた態度を保持している。そしてそこには、およそ人との真の交わりとは何なのか、いかにして成り立つのかということに対する、ある根本的な洞察が含まれているのだ。それはたとえば、次のような言葉からも窺うことができよう。
「生も死も隣人から来る。というのも、われわれが兄弟を獲得するならば、神を獲得し、兄弟を躓かせるならば、キリストに対して罪を犯すことになるからである。」（アントニオス・九）
「三人の者が集まって、一人はよく静寂を守り、一人は病気でありながら感謝し、今一人は清い考えで奉仕しているとしよう。そのとき三人はまさに一つのわざを為しているのだ。」（ポイメン・二九）
また、アルセニオスのもとに貴族の娘がローマから遙々会いにきて、執り成しの祈りを請うた。が、彼は「わたしはそなたの思い出をわたしの心から拭い去ってくれるよう、神に祈ろう」と言って、彼女を突き返した。しかし、悲しみのあまり高熱を出して伏している彼女に、人はこう告げたという。
「そなたは自分が女であり、かの敵が女性を通して聖人に闘いを挑むことを知らないのか。そのために長老はあのように言われたのだ。事実、彼はそなたの魂のために絶えず祈っておられる。」（アルセニオス・七）
ここに見られるように、師父たちにあっては、特定の誰かに対して直接の愛着を持つことははっきりと退けられている。しかし、そうした否定を通して、その実、彼らは、すべての人に対する執り成しの祈りと愛とに生きようとするのだ。それは恐らく、人間の人間としての根拠に遡行することによる、真の交わりへの参与と言えようか。なぜならば、彼らにあっては、既述のごとく、自我の頑なな執着、傲りが能う限り突破され、自らの全体がいわば神性の働きの器とも道具ともなっていると考えられるからである。そしておよそ、そのような自己否定と神的霊への委ねなくしては、われわれにあって他者との真実の交わりも愛も結局は成立し得ないであろう。

ところで、「生も死も隣人から来る」とあったが、他者との関わりの姿は、取りも直さず、神と自分との関わりがいかなるものであるかを如実に映し出すしるし・表現であろう。それゆえ、自分が未だ完全には神性が働くための器・場となり切っていないと感知される限りで、古来、聖人たちは「自分こそ最も罪深い」と自覚し、万人に対する有責を語るのである。

根拠の現前の場に

以上、砂漠の師父たち自身の言葉に拠りながら少しく見定めてきたように、彼らはその修道の道のはじめ、神の言葉（ロゴス）の働きに心貫かれ、一つの根源的な出会いと驚きにまみえた。そのようなときにこそ、彼らは、恐らく己れの生の全体を賭けて愛しゆくべきものに出会ったと考えられよう。

では、そこに出会われたものは何であったか。それは教理的な観点からは、受肉した神の子、神人性たるキリストだとも言われよう。しかし、本書に登場する師父たちは意外なほど、ほとんどキリストの名を語らない。それはむろん、彼らがその名を避けたからではないであろうが、彼らのように、自らの意志・自由の闇（悪霊）との闘いの中、己れ自身を凝視し、その罪の姿を神的眼差しの前に委ねる人々にとって、神や神人性そのもの（神性の受肉）を、自らの知の限界内での客対的な対象として語ることは、忍びなかったのであろう。

そしてここに、神とは、人をある根源の愛に促した何ものかであるとともに、人が他のすべてを措いてどこまでも志向し愛しゆくべき何ものかであろう。が、その確かな経験、つまり信の発動の裡に現前している根拠は、不可知なる超越そのものとしてあると言わざるを得ない。すなわち、神の本質ないし実体（ウーシア）は決して知られ得ず、人はただその働き（エネルゲイア）を受容し、それに呼応してゆくことができるだけなのだ。この意味では、神という名すら、実体・本質の名なのではなくて、むしろ人間の根源的な愛の「根拠＝目的」なる不可知なるものを遙かに指し示すしるしなのである。言い換えれば、己れを貫いてきた愛の経験の直中からはじめて、己れを越えゆくような愛の究極の目的たる神の名を（あるいはむしろ神人性の名を）語り出すことができようか。この点、砂漠の師父たちは、「不可知なる神性がつねに現存していること」と、「それがあるとき、ある人において宿りきたること」という二つのことを、まさに身をもって証示していると考えられよう。

ともあれ、師父たちの修道の道行きは、絶えざる自己凝視と自己否定とのわざを介して、すべての人に与えられている本来的可能性を、ある意味で最も豊かに開花させ成就させてゆこうとするものであった。彼らはまた、つねに他者のために執り成しの祈りを為しているが、そうした道をいわばすべての人に代わって徹底して生き抜いた限りで、彼らの生と祈りは、それに真に心披く人々にとって今なお現前してくるであろう。

確かに、彼我の時空の隔たりは余りに大きいと見える。しかし、人がひそやかに沈潜し、謙って心の耳を傾けるなら、恐らく己れの脚下に何らか同時性の場が開かれ、師父たちの言葉が響いてこよう。とまれ、古の師父たちは、およそ人を支え生かしめている根拠の現前の場に、声なき声でもってわれわれを招き、そこにそれぞれの分に応じた仕方で参与してゆくべく、今もわれわれに語りかけていると思われるのである。

参考文献

原典とその翻訳、および砂漠の師父に直接関係する文献を若干挙げておく。


Apophtegmata Patrum, PG65, pp.71–440, Paris,1857. The Sayings of the Desert Fathers, tr. By B. Ward, Mowbray, 1975.『砂漠の師父の言葉』（ミーニュ・ギリシア教父全集第六五巻）古谷功訳、あかし書房、一九八六年。

Ls Apophtegmes des Peres, Collection Systematique, Sources Chretiennes, No.387, Les Editionas du Cerf, 1993.

Le parole dei padri del deserto, acura di P. G. Vannucci, Libreria Editrice Fiorentina, 1979.『荒野の師父らの言葉』

G・ヴァンヌッチ編、須賀敦子訳、中央出版社、一九六二年。

Athanasius, Vita S. Antonii, PG26, pp.835–976. Athanase d'Alexandrie, Vie Antoine, Sources Chretiennes, No.400, Paris, 1944.『アントニオス伝』小高毅訳、『中世思想原典集成一』初期ギリシア教父、平凡社、一九九五年。

今野国雄『修道院』近藤出版社、一九七一年。

D・ノウルズ『修道院』朝倉文市訳、平凡社、一九七二年。

山形孝夫『砂漠の修道院』新潮社、一九八七年。

L・ブイエ『キリスト教神秘思想史Ⅰ、教父と東方の霊性』大森正樹他訳、平凡社、一九九六年。

K・S・フランク『修道院の歴史』戸田聡訳、教文館、二〇〇二年。
J. Quasten, Patrology, vol. III, Spectrum Publishers, 1960.
D. Chitty, The Desert a City, Oxford, 1966.

The Lives of the Desert Fathers (Historia Monachorum in Aegypto), tr. by N. Russel, Cistercian Publications, USA, 1980.
J. J. Delaney, Dictionary of Saint, Doubleday & Company, INC, 1980.
C. W. Griggs, Early Egyptian Christianity, E. J. Brill, 1993.

あとがき

本書は、先の「解説」にも述べたように、古の修道者・師父たちの極めて素朴な、しかし透徹した洞察を秘めた言行録である。この書に対しては筆者も、はじめはその抜萃集を通じてではあったが、昔からある種の郷愁のようなものを覚えて今日に至っている。それは恐らく、この書が、時代、民族、風土などすべての異なりを越えて、ただひとえに人間としての真実を身をもって生き抜いた人々の姿を、よく後世に伝えるものだからであろう。

はや三〇年以上も前のことになるが、東京は四谷のとある書店であったか、ふと『荒野の師父らのことば』（須賀敦子訳）という小冊子を目にした。それは、古の隠修士たちの声が聞こえてくるような趣のある本で、以来、心に疲れを覚えたときなどに読み返しては、厳しい言葉の中にも何かほっとするものを与えられてきた。その本はイタリア語訳抜萃集をもとにしたものであったが、その後、ラテン語版やギリシア語版の原書の方も、折にふれてあちこち繙くようになったのである。ただ後にまで、自分でその全体を訳そうとは思っておらず、むしろ、専門とする教父の研究のかたわら、ひそやかに心の糧とするに留めておこうというところであった。

だが数年前、大学でやや一般向けの演習を持つ機会があり、西洋思想の源流に位置するものとして取り上げた古典の一つが、本書である。そんなことを一つの機縁として——また、古谷功訳『砂漠の師父の言葉』がすでに絶版で、かねがね惜しいと思っていたこともあり——、しばらくの準備期間を経て、新たに翻訳に取りかかることにしたのである。それは具体的には、毎月相応の分量を岩倉がまず訳出し、筆者が能う限りそれを吟味して、朱を入れるという仕方で続けられ、昨年の夏頃、訳了に至ったものである。（なお、原文は簡潔な文体のものであるとはいえ、情熱をもって連綿と訳業に当たられた共訳者に、この場を借りて改めて謝意を表したいと思う。）

ともあれ、既述のごとく、本書は単に特定の専門家のためだけのものではなく、心に何らかの渇きや苦しみを抱いて道を求めるすべての人々のためのものである。そこに登場する師父たちの多くはいわゆる西洋人ではなく、その生と言葉は洋の東西を越え、またキリスト教や仏教等々の通常の枠組・了解をもはるかに超えて、ただ最も素朴に人間のあるべき姿、その真の成立の位相を指し示していると思われる。もとよりそれに対して、いたずらに冷めた批判的な目をもってすれば、得るところは少ないかもしれないが、謙って虚心に彼らの言に耳傾けるならば、それらは、現代がややもすれば見失いがちのもの、すなわち人としての可能性の本来的なかたちを想起させ、必ずや何らか道の灯となり、指標ともなるであろう。

ちなみに、筆者の「解説」、そしてとくに「訳註」は、少しでも読者の参考になればと思って記したもので、こうした著作の場合は多様な受けとめ方があって当然である。それゆえ、読者の方々はそれぞれに、「ここはこう思う」とか、聖書に限らず、東西のさまざまな言葉に照らし合わせて、「あの言葉や話しと通じるものがある」とか考えながら、自由に、またどの断章からでも気楽に読んでゆかれればよいであろう。

なお、最後になったが、本書の出版に際しては、旧知の小山光夫氏からあらゆる面で多大の御配慮を賜った。およそ出版に対する氏のすぐれた見識と古典に対する深い洞察とがなければ、このような埋もれた宝とも言うべき書は、容易に日の目を見ることはなかったであろう。ここに記して深甚の感謝を申し上げる次第である。

二〇〇四年如月

谷　隆一郎

谷 隆一郎（たに・りゅういちろう）
1945年，岡山県生まれ，神戸に育つ。1969年，東京大学工学部卒業，1976年，東京大学大学院人文科学研究科博士課程修了。九州大学教授を経て，現在，九州大学名誉教授。博士（文学）。
〔業績〕『アウグスティヌスの哲学――「神の似像」の探究』（創文社，1994年），『東方教父における超越と自己――ニュッサのグレゴリオスを中心として』（創文社，2000年），『人間と宇宙的神化――証聖者マクシモスにおける自然・本性のダイナミズムをめぐって』（知泉書館，2009年），『アウグスティヌスと東方教父――キリスト教思想の源流に学ぶ』（九州大学出版会，2011年），ニュッサのグレゴリオス『雅歌講話』（共訳，新世社，1991年），同『モーセの生涯』（『キリスト教神秘主義著作集』1，教文館，1992年），アウグスティヌス『詩編注解（2）』（『アウグスティヌス著作集』18-Ⅱ，共訳，教文館，2006年），『フィロカリア』Ⅲ（新世社，2006年），『フィロカリア』Ⅳ（共訳，新世社，2010年），『キリスト者の生のかたち――東方教父の古典に学ぶ』（編訳，知泉書館，2014年），『証聖者マクシモス　難問集――東方教父の伝統の精華』（訳，知泉書館，2015年）など。

鈴木（岩倉）さやか（すずき（いわくら）・さやか）
静岡県立大学国際関係学部講師。九州大学大学院人文科学府博士後期課程修了。日本学術振興会特別研究員を経て，2006年より現職。中世能楽論・謡曲論，近世俳論など。
〔業績〕『俳諧のこころ――支考「虚実」論を読む』（岩倉さやか，2003年，ぺりかん社），『羽衣』（山階彌右衛門監修，鈴木さやか文，なかおまき絵，2015年，静岡新聞社）など。

〔砂漠の師父の言葉〕　ISBN978-4-901654-28-9
2004年4月15日　第1刷発行
2018年9月20日　第3刷発行
訳者　谷　隆一郎
　　　岩倉さやか
発行者　小山光夫
製版　野口ビリケン堂
発行所　〒113-0033　東京都文京区本郷1-13-2
電話（3814）6161　振替00120-6-117170
http://www.chisen.co.jp
株式会社　知泉書館
Printed in Japan　印刷・製本／藤原印刷